通用管理系列教材

Economy Prediction and Decision

经济预测与决策

(第二版)

主编 / 吴仁群

中国人民大学出版社
· 北京 ·

第二版前言

PREFACE

本书第二版是在第一版基础上修订而成的。修订后的内容仍包含 10 章和一个附录。第 1 章介绍了经济预测与决策中涉及的统计知识；第 2 章介绍了经济预测的含义、类型、基本原理以及预测数据的处理；第 3 章介绍了定性预测的含义以及常见的定性预测方法：头脑风暴法、德尔菲法、主观概率法和对比类推法等；第 4 章介绍了趋势外推预测法的基本原理和应用举例；第 5 章介绍了回归分析预测法的基本原理和应用举例；第 6 章介绍了常见的确定型时间序列预测法，并举例进行说明；第 7 章介绍了随机型时间序列预测模型、自相关函数和偏相关函数、模型识别、参数估计以及预测等；第 8 章介绍了马尔科夫预测法的基本原理和应用举例；第 9 章介绍了决策的含义、基本过程，并对确定型决策、不确定型决策和风险型决策进行了介绍及举例说明；第 10 章介绍了主成分分析法、层次分析法和数据包络法等常用决策方法，并举例说明这些方法的应用。附录收集了作者编写的用于预测和决策的宏函数的使用说明。修订仍由北京印刷学院的吴仁群完成。主要修订内容包括：(1) 修改了绝大部分陈旧的实例或案例，更便于理论联系实际；(2) 局部进行了完善，使得逻辑更加清晰，更便于读者理解；(3) 在第 10 章增加了模糊综合评价法；(4) 修正了部分编辑错误。同时，对 Excel 电子计算模板中的数据相应进行了更新。此外，作者制作了更加友好的 PPT 课件，以方便教学或自学。读者可登录 www. rd-jg. com. cn 获取 Excel 电子计算模板（包含附录涉及的宏函数）和 PPT 课件。

第一版前言

PREFACE

古人云：凡事预则立，不预则废。所谓预测是指通过对事物的过去和现在的情况进行分析、研究，找出其发展变化的规律，从而利用一定的方法或技术来预计和推测未来的情况，简言之，就是根据过去和现在来预计未来，根据已知的信息来推测未知的信息。经济预测作为预测的一个分支，是预测理论和方法在经济领域中的应用。因此，可以认为经济预测是根据经济活动的历史和现实，运用定性和定量方法，揭示出经济活动的客观规律，分析经济现象之间的联系以及作用机制，指出各类经济现象和经济过程未来发展的可能途径以及结果。预测是为决策提供信息的重要手段，是科学决策的基础。在经济活动中，预测有助于克服决策的盲目性，减少不确定性。经济领域中的许多问题都需要作预测。例如，预测未来一段时间内的生产发展趋势、商品需求情况。企业中典型的财务预测、成本预测以及发展前景预测等都属经济预测范畴。

本书共 10 章，还有一个附录。第 1 章介绍了经济预测与决策中涉及的统计知识；第 2 章介绍了经济预测的含义、类型、基本原理以及预测数据的处理；第 3 章介绍了定性预测的含义以及常见的定性预测方法：头脑风暴法、德尔菲法、主观概率法和对比类推法等；第 4 章介绍了趋势外推预测法的基本原理和应用举例；第 5 章介绍了回归分析预测法的基本原理和应用举例；第 6 章介绍了常见的确定型时间序列预测法，并举例进行说明；第 7 章介绍了随机型时间序列预测模型、自相关函数和偏相关函数、模型识别、参数估计以及预测等；第 8 章介绍了马尔科夫预测法的基本原理和应用举例；第 9 章介绍了决策的含义、基本过程，并对确定型决策、不确定型决策和风险型决策进行了介绍及举例说明；第 10 章介绍了主成分分析法、层次分析法和数据包络法等常用决策方法，并举例说明这些方法的应用。附录收集了作者编写的用于预测和决策的宏函数的使用说明，有关宏函数的源代码见作者提供的 Excel 电子计算模板，读者可登录 www. rdjg. com. cn 获取。

本书由北京印刷学院的吴仁群主编，系“北京市属市管高等学校人才强教计划资助项目”。在编写过程中，参考了本书参考文献所列举的资料，并得到了中国人民大学出版社的大力支持，在此对参考文献中图书的作者及中国人民大学出版社表示深深的感谢。

由于时间仓促，书中难免存在一些不足之处，敬请读者批评指正。

吴仁群

目录

CONTENTS

统计基础 第1章

1.1 随机变量

1.1.1 随机变量及分布

1. 随机变量的含义

一个随机试验的可能结果（称为基本事件）的全体组成一个样本空间 Ω。

随机变量 X 是定义在样本空间 Ω 上的取值为实数的函数，即对每一个随机试验 $e\in\Omega$，有一个实数 $X(e)$ 与之对应。则称定义在 Ω 上的实值单值函数 $X=X(e)$ 为随机变量。

当一个随机变量的取值范围仅为有限个或可列无限个实数时，该随机变量称为离散型随机变量。例如，记 X 为一天内某证券交易市场的股民数，X 可能取值为 $\{0, 1, 2, 3, \cdots\}$，X 为离散型随机变量。

当一个随机变量的取值范围为数轴上的一个区间 (a, b) 时，该随机变量称为连续型随机变量。这里 a 可以为 $-\infty$，b 可以为 $+\infty$。例如，记 Y 为某产品直径，Y 可能取区间 $[1.2, 2.3]$ 之间的任何数，Y 为连续型随机变量。

2. 分布函数

设 X 是随机变量，x 为任意实数，函数 $F(x)=P\{X\leqslant x\}$ 为 X 的分布函数。对于任意实数 x_1，x_2 $(x_1<x_2)$，有

$$P(x_1<X\leqslant x_2)=P(X\leqslant x_2)-P(X\leqslant x_1)=F(x_2)-F(x_1)$$

由上可知，若已知 X 的分布函数，就可以知道 X 落在任一区间 $(x_1, x_2]$ 上的概率，从这个意义上讲，分布函数完整地描述了随机变量的统计规律性。

3. 离散型随机变量的分布律

对离散型随机变量而言，常用分布律来表示其分布。

离散型随机变量 X 的分布律就是 X 所有可能取值及其概率。如果 X 的所有可能取值为 x_1，x_2，$\cdots$，x_k，$\cdots$，则 X 的分布律用公式表示为：

$$P\{X=x_i\}=p_i, \quad i=1, 2, \cdots$$

分布律也可用表格方式表示，如表1—1所示。

表1—1　　随机变量 X 的分布律

X	x_1	x_2	$\cdots$	x_k	$\cdots$
p_i	p_1	p_2	$\cdots$	p_k	$\cdots$

以下是常见的离散型随机变量的分布律。

（1）0—1分布。如果随机变量 X 只能取0或1两个值，其分布律为：

$$P\{X=k\}=p^k(1-p)^{1-k}, \quad k=0, 1; \ 0<p<1$$

则称 X 服从0—1分布（见表1—2）。

表1—2　　0—1分布

X	0	1
p_k	p	$1-p$

（2）二项分布。设随机试验的结果只有 A 或 $\overline{A}$，$p(A)=p$，$p(\overline{A})=1-p=q$。将试验独立地重复进行 n 次，则称这一串重复试验为 n 重伯努利试验，简称伯努利试验。其分布律为：

$$P\{X=k\}=C_n^k p^k q^{n-k}, \quad k=0, 1, \cdots, n$$

如果随机变量 X 的分布律满足上式，则称随机变量 X 服从参数为 n，p 的二项分布，记为 $X\sim b(n, p)$。

（3）泊松分布。设随机变量 X 所有可能取值为0，1，2，…，取各个值的概率为：

$$P\{X=k\}=\frac{\lambda^k e^{1-\lambda}}{k!}, \quad k=0, 1, 2, \cdots$$

式中，$\lambda>0$，是常数，则称随机变量 X 服从参数为 λ 的泊松分布，记为 $X\sim\pi(\lambda)$。

4. 连续型随机变量的概率密度函数

对随机变量 X 的分布函数 $F(X)$，若存在非负函数 $f(x)$ 使得对于任意实数 x，有

$$F(x)=\int_{-\infty}^{x} f(t)\mathrm{d}t$$

则称 $f(x)$ 为 X 的概率密度函数。

以下是常见的连续型随机变量的概率密度函数。

（1）均匀分布。若连续型随机变量 X 的概率密度函数为：

$$f(x)=\begin{cases}\dfrac{1}{b-a}, & a<x<b \\ 0, & \text{其他}\end{cases}$$

则称 X 在区间 (a, b) 上服从均匀分布。

（2）正态分布。若连续型随机变量 X 的概率密度函数为：

$$f(x)=\frac{1}{\sqrt{2\pi}\sigma}e^{-\frac{(x-\mu)^2}{2\sigma^2}}, \quad -\infty<x<\infty$$

则称 X 服从参数为 μ，σ 的正态分布，记为 $X\sim N(\mu, \sigma^2)$。其中 μ，$\sigma(\sigma>0)$ 为常数。

若 $\mu=0$，$\sigma=1$，则称 X 服从标准正态分布，记为 $X\sim N(0, 1)$。

对一般正态分布可通过下面的变换转换成标准正态分布。

若 $X\sim N(\mu, \sigma^2)$，则 $Z=\frac{X-\mu}{\sigma}\sim N(0, 1)$。

若 $X\sim N(0, 1)$，z_α满足以下条件：

$$P(X>z_\alpha)=\alpha, \quad 0<\alpha<1$$

则称 z_α为标准正态分布的上 α 分位点，如图 1—1 所示。

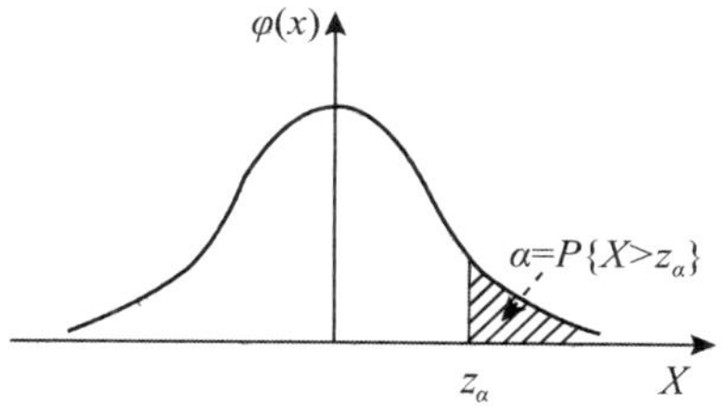

图 1—1　正态分布的上 α 分位点

1.1.2　随机变量的数字特征

1. 数学期望及方差

对离散型随机变量 X 而言，数学期望是 X 的各种取值与其概率的乘积。若离散型随机变量 X 的分布律为：

$$P\{X=x_k\}=p_k, \quad k=0, 1, \cdots$$

X 的数学期望 $E(X)$ 为：

$$E(X)=\sum_{k=1}^{\infty}x_k p_k$$

对连续型随机变量 X 而言，其数学期望可通过概率密度函数来计算。

设连续型随机变量 X 的概率密度函数为 $f(x)$，如果积分 $\int_{-\infty}^{\infty}xf(x)\mathrm{d}x$ 绝对收敛，则称其为 X 的数学期望，记为 $E(X)$，即

$$E(X)=\int_{-\infty}^{\infty}xf(x)\mathrm{d}x$$

设 X 是随机变量，若 $E\{[X-E(X)]^2\}$ 存在，则称其为 X 的方差，记为 $D(X)$，即

$$D(X)=E\{[X-E(X)]^2\}$$

方差用于度量随机变量 X 与其均值 $E(X)$ 即期望的偏离程度。

$\sqrt{D(X)}$ 为 X 的标准差或均方差，记为 $\sigma(X)$。

表 1—3 中是常见随机变量的数学期望及方差。

表 1—3　常见随机变量的数学期望及方差

分布	参数	分布律或概率密度函数	数学期望 $E(X)$	方差 $D(X)$
0—1 分布	$0<p<1$	$P\{X=k\}=p^k\ (1-p)^{1-k}(k=0,1)$	p	$p(1-p)$
二项分布	$n\geqslant 1$ $0<p<1$	$P\{X=k\}=C_n^k p^k q^{1-k}(k=0,1,\cdots,n)$	np	$np(1-p)$
泊松分布	$\lambda>0$	$P\{X=k\}=\dfrac{\lambda^k e^{1-\lambda}}{k!}(k=0,1,2,\cdots)$	λ	λ
均匀分布	$a<b$	$f(x)=\begin{cases}\dfrac{1}{b-a}, & a<x<b\\ 0, & \text{其他}\end{cases}$	$\dfrac{a+b}{2}$	$\dfrac{(b-a)^2}{12}$
正态分布	μ，σ $\sigma>0$	$f(x)=\dfrac{1}{\sqrt{2\pi}\sigma}e^{-\frac{(x-\mu)^2}{2\sigma^2}}$	μ	σ^2

2. 协方差及相关系数

$E\{[X-E(X)][Y-E(Y)]\}$ 称为随机变量 X 与 Y 的协方差，记为 $\mathrm{Cov}(X,Y)$，即

$$\mathrm{Cov}(X,Y)=E\{[X-E(X)][Y-E(Y)]\}$$

协方差作为描述随机变量 X 和 Y 相关程度的量，在同一物理量纲之下有一定的作用，但同样的两个量采用不同的量纲使它们的协方差在数值上表现出很大的差异。此时可使用相关系数来表示。

随机变量 X 与 Y 的相关系数为：

$$\rho_{XY}=\frac{\mathrm{Cov}(X,Y)}{\sqrt{D(X)}\sqrt{D(Y)}}$$

当 $\rho_{XY}=0$ 时，称 X 与 Y 不相关；当 $\rho_{XY}>0$ 时，称 X 与 Y 正相关；当 $\rho_{XY}<0$ 时，称 X 与 Y 负相关。

3. 矩、协方差矩阵

设 X 和 Y 是随机变量，若 $E(X^k)$ $(k=1,2,\cdots)$ 存在，则称其为 X 的 k 阶原点矩，简称 k 阶矩。

若 $E\{[X-E(X)]^k\}(k=1,2,\cdots)$ 存在，则称其为 X 的 k 阶中心矩。

若 $E(X^kY^l)(k,l=1,2,\cdots)$ 存在，则称其为 X 和 Y 的 $k+l$ 阶混合矩。

若 $E\{[X-E(X)]^k[Y-E(Y)]^l\}(k,l=1,2,\cdots)$ 存在，则称其为 X 和 Y 的

$k+l$ 阶混合中心矩。

设 n 维随机变量（X_1，X_2，…，X_n）的二阶混合中心矩

$$c_{ij}=\mathrm{Cov}(X_i, X_j)=E\{[X_i-E(X_i)][X_j-E(X_j)]\} \quad i,j=1,2,\cdots,n$$

都存在，则称矩阵

$$C=\begin{pmatrix} c_{11} & c_{12} & \cdots & c_{1n} \\ c_{21} & c_{22} & \cdots & c_{2n} \\ \vdots & \vdots & & \vdots \\ c_{n1} & c_{n2} & \cdots & c_{nn} \end{pmatrix}$$

为 n 维随机变量（X_1，X_2，…，X_n）的协方差矩阵。

1.1.3 应用举例

例 1—1 已知随机变量 X 的概率分布如表 1—4 所示。请计算 X 的数学期望和方差。

表 1—4　　随机变量 X 的概率分布

随机变量 X	7	3	5	6	4
概率	0.1	0.2	0.3	0.3	0.1

解　随机变量 X 的数学期望值 $E(X)$ 为：

$$E(X)=\sum_{i=1}^{n}X_ip_i=7\times0.1+3\times0.2+5\times0.3+6\times0.3+4\times0.1=5$$

随机变量 X 的方差 Var(X) 为：

$$\begin{aligned}\mathrm{Var}(X)&=E\{[X-E(X)]^2\}=\sum_{i=1}^{n}X_i[-E(X)]^2p_i\\&=(7-5)^2\times0.1+(3-5)^2\times0.2+(5-5)^2\times0.3\\&\quad+(6-5)^2\times0.3+(4-5)^2\times0.1\\&=1.6\end{aligned}$$

以下说明如何使用 Excel 中的函数来计算数学期望和方差。

在 Excel 工作表中建立计算模板如表 1—5 所示。

表 1—5　　计算模板

	A	B	C
1	随机变量 X	概率	$[X-E(X)]^2$
2	7.00	0.10	4.00
3	3.00	0.20	4.00
4	5.00	0.30	0.00
5	6.00	0.30	1.00

6	4.00	0.10	1.00
7			
8	数学期望 E(X)	5	
9	方差	1.60	
10	标准差	1.26	

有关表 1—5 各单元格中公式及其功能的描述详见表 1—6。

表 1—6　　表 1—5 各单元格中公式及其功能

单元格	公式	功能	公式复制操作
b8	=sumproduct(a2：a6，b2：b6)	计算 $E(X)$	
c2	= (a2－b8)*(a2－b8)	计算 $[X-E(X)]^2$	复制到区域 c3:c6
b9	=sumproduct(c2：c6，b2：b6)	计算 $D(X)$	
b10	=sqrt(b9)	计算 $\sigma(X)$	

说明：公式复制操作按照如下步骤进行，首选选择被复制对象并按组合键 Ctrl+C，其次选择复制区域并按组合键 Ctrl+V 完成复制。本书所有公式复制操作均如此实现，故以后不再介绍。

表 1—6 中函数 sumproduct(arr1，arr2) 的功能是计算单元格区域 arr1 和 arr2 对应单元格的乘积和。sqrt(　) 的功能是求平方根。这两个函数为 Excel 内置函数，详细说明见 Excel 中帮助项。

因此，只要在有关单元格输入计算公式后，便可自动计算出数学期望和方差，同时当随机变量 X 的取值及其概率发生变化时，计算结果也随之发生变化。这也是利用 Excel 进行计算的好处，即对同一类型问题，只要设计一个公共计算模板后，并在需要输入数据的地方输入对应的数据，便可实现不同计算。

1.2　样本及抽样分布

1.2.1　基础知识

1. 总体、个体、样本

研究对象的某项数量指标的值的全体称为总体，构成总体的每个成员称为个体。

设 X 是具有分布函数 F 的随机变量，若 X_1，X_2，…，X_n是具有同一分布函数 F 且相互独立的随机变量，则称 X_1，X_2，…，X_n 为从分布函数 F 得到的容量为 n 的简单随机样本，简称样本，它们的观察值 x_1，x_2，…，x_n称为样本值，又称为 X 的 n 个独立的观察值。

2. 统计量及观察值

设 X_1，X_2，…，X_n是来自总体 X 的一个样本，$g(X_1，X_2，…，X_n)$ 是 X_1，X_2，…，X_n的函数，若 g 是连续函数且 g 中不含任何未知参数，则称 $g(X_1，X_2，…，X_n)$ 为统计量。

若 x_1，x_2，…，x_n为样本 X_1，X_2，…，X_n的观察值，则 $g(x_1，x_2，…，x_n)$ 为

统计量 $g(X_1, X_2, \cdots, X_n)$ 的观察值。

表 1—7 给出了常见统计量及观察值。

表 1—7　常见统计量及观察值

统计量名称	统计量	观察值
样本平均值	$\overline{X}=\frac{1}{n}\sum_{i=1}^{n}X_i$	$\overline{x}=\frac{1}{n}\sum_{i=1}^{n}x_i$
样本方差	$S^2=\frac{1}{n-1}\sum_{i=1}^{n}(X_i-\overline{X})^2$	$s^2=\frac{1}{n-1}\sum_{i=1}^{n}(x_i-\overline{x})^2$
样本标准差	$S=\sqrt{S^2}$	$s=\sqrt{s^2}$
样本 k 阶矩	$A_k=\frac{1}{n}\sum_{i=1}^{n}X_i^k(k=1,2,\cdots)$	$a_k=\frac{1}{n}\sum_{i=1}^{n}x_i^k(k=1,2,\cdots)$
样本 k 阶中心矩	$B_k=\frac{1}{n}\sum_{i=1}^{n}(X_k-\overline{X})^k(k=1,2,\cdots)$	$b_k=\frac{1}{n}\sum_{i=1}^{n}(x_k-\overline{x})^k(k=1,2,\cdots)$

1.2.2　抽样分布

统计量是样本的函数，它是一个随机变量，其分布称为抽样分布。

以下介绍来自正态总体的几种常见统计量的分布。

1. χ^2 分布

设 X_1，X_2，…，X_n 是来自总体 $N(0, 1)$ 的样本，则称统计量 $\chi^2=X_1^2+X_2^2+\cdots+X_n^2$ 服从自由度为 n 的 χ^2 分布，记为 $\chi^2\sim\chi^2(n)$。

$\chi^2(n)$ 分布的概率密度函数为：

$$F(y)=\begin{cases}\dfrac{1}{2^{\frac{n}{2}}\Gamma\left(\frac{n}{2}\right)}y^{\frac{n}{2}-1}e^{-\frac{y}{2}}, & y>0\\ 0, & \text{其他}\end{cases}$$

对于给定的正数 $\alpha(0<\alpha<1)$，称满足条件 $P\{\chi^2>\chi^2_\alpha(n)\}=\int_{\chi^2_\alpha(n)}^{\infty}f(y)dy=\alpha$ 的点 $\chi^2_\alpha(n)$ 为 $\chi^2(n)$ 分布的上 α 分位点，如图 1—2 所示。

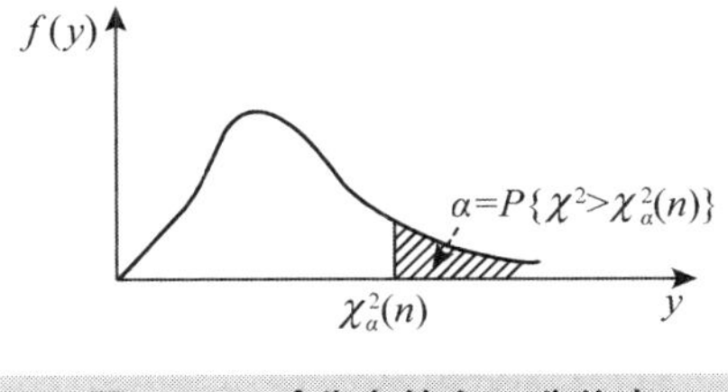

图 1—2　χ^2 分布的上 α 分位点

2. t 分布

设 $X\sim N(0, 1)$，$Y\sim\chi^2(n)$，X 与 Y 相互独立，则称统计量 $t=\dfrac{X}{\sqrt{\dfrac{Y}{n}}}$ 服从自由

度为 n 的 t 分布，记为 $t\sim t(n)$。

$t(n)$ 分布的概率密度函数为：

$$h(t)=\frac{\Gamma\left(\frac{n+1}{2}\right)}{\sqrt{\pi n}\Gamma\left(\frac{n}{2}\right)}\left(1+\frac{t^2}{n}\right)^{-\frac{n+1}{2}},\quad -\infty<t<\infty$$

对于给定的正数 $\alpha(0<\alpha<1)$，称满足条件 $P\{t>t_\alpha(n)\}=\int_{t_\alpha(n)}^{\infty}h(t)\mathrm{d}t=\alpha$ 的点 $t_\alpha(n)$ 为 $t(n)$ 分布的上 α 分位点，如图 1—3 所示。

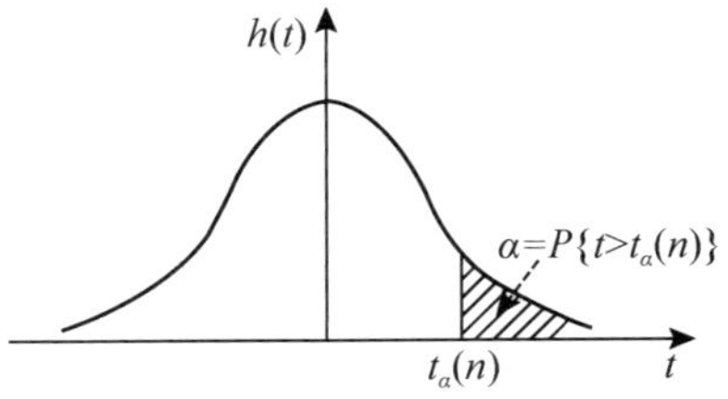

图 1—3 t 分布的上 α 分位点

3. F 分布

设 $U\sim\chi^2(n_1)$，$V\sim\chi^2(n_2)$，U 与 V 相互独立，则称统计量 $F=\dfrac{\frac{U}{n_1}}{\frac{V}{n_2}}$ 服从自由度为 (n_1, n_2) 的 F 分布，记为 $F\sim F(n_1, n_2)$。

$F(n_1, n_2)$ 分布的概率密度函数为：

$$\Psi(y)=\begin{cases}\dfrac{\Gamma\left(\frac{n_1+n_2}{2}\right)\left(\frac{n_1}{n_2}\right)^{\frac{n_1}{2}}y^{\frac{n_1}{2}-1}}{\Gamma\left(\frac{n_1}{2}\right)\Gamma\left(\frac{n_2}{2}\right)\left(1+\frac{n_1 y}{n_2}\right)^{\frac{n_1+n_2}{2}}}, & y>0\\ 0, & \text{其他}\end{cases}$$

对于给定的正数 α $(0<\alpha<1)$，称满足条件 $P\{F>F_\alpha(n_1, n_2)\}=\int_{F_\alpha(n_1,n_2)}^{\infty}\Psi(y)\mathrm{d}y=\alpha$ 的点 $F_\alpha(n_1, n_2)$ 为 $F(n_1, n_2)$ 分布的上 α 分位点，如图 1—4 所示。

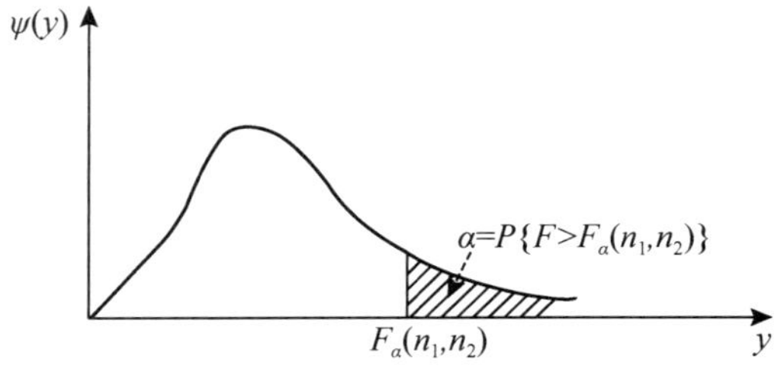

图 1—4 F 分布的上 α 分位点

4. 正态总体的样本均值和样本方差的分布

设 X_1，X_2，…，X_n 是来自总体 $N(\mu, \sigma^2)$ 的样本，$\overline{X}$，S^2 分别是样本均值和样本方差，则有

(1) $\overline{X}$ 与 S^2 相互独立。

(2) $\frac{(n-1)S^2}{\sigma^2} \sim \chi^2(n-1)$。

(3) $\frac{\overline{X}-\mu}{S/\sqrt{n}} \sim t(n-1)$。

设 X_1，X_2，…，X_n 与 Y_1，Y_2，…，Y_n 分别是具有相同方差的正态总体 $N(\mu_1, \sigma^2)$，$N(\mu_2, \sigma^2)$ 的样本，且两样本相互独立。$\overline{X}$，$\overline{Y}$ 分别为两样本的样本均值，S_1^2，S_2^2 分别是两样本的样本方差，则有

$$\frac{(\overline{X}-\overline{Y})-(\mu_1-\mu_2)}{S_w\sqrt{\frac{1}{n_1}+\frac{1}{n_2}}} \sim t(n_1+n_2-2)$$

式中，$S_w = \frac{(n_1-1)S_1^2+(n_2-1)S_2^2}{n_1+n_2-2}$。

1.2.3　应用举例

例 1—2　已知随机变量 X 的一个样本及其观察值如表 1—8 所示。试计算样本均值、样本方差和样本标准差。

表 1—8　　**随机变量 X 的观察值**

序号	1	2	3	4	5	6	7	8	9	10
样本观察值	82.92	31.64	77.34	33.73	79.16	48.80	46.07	14.46	33.10	20.12

解　样本均值 $\overline{X}$ 为：

$$\overline{X} = \frac{1}{n}\sum_{i=1}^{n} X_i = 46.73$$

样本方差 S^2 为：

$$S^2 = \frac{1}{n-1}\sum_{i=1}^{n}(X_i-\overline{X})^2 = 626.09$$

样本标准差 S 为：

$$S = \sqrt{S^2} = 25.02$$

下面说明如何使用 Excel 中的函数来计算样本均值、样本方差和样本标准差。在 Excel 工作表中建立计算模板如表 1—9 所示。

表 1—9 计算模板

	A	B	C	…
1	序号	样本观察值		
2	1	82.92		
3	2	31.64		
4	3	77.34		
5	4	33.73		
6	5	79.16		
7	6	48.80		
8	7	46.07		
9	8	14.46		
10	9	33.10		
11	10	20.12		
12				
13	样本均值	46.73		
14	样本方差	626.09		
15	样本标准差	25.02		

有关表 1—9 各单元格中公式及其功能的描述详见表 1—10。

表 1—10 有关表 1—9 各单元格中公式及其功能

单元格	公式	功能
b13	=average（b2：b11）	计算 $\bar{X}$
b14	=var(b2：b11)	计算 S^2
b15	=sqrt(b14)	计算 S

显然在数据量比较大时，使用人工方式计算均值、方差等计算量比较大，不如使用 Excel 计算来得快。

例 1—3 随机变量 X 服从正态分布 $N(40，1.5^2)$，$\alpha=0.05$，计算 N 分布的上 α 分位点 z_α。

解 对标准正态分布 $N(0，1)$ 而言，$z^0_{\alpha=0.05}=1.645$，因此对于一般正态分布 $N(40，1.5^2)$，其上 α 分位点 z_α 为：

$$z_\alpha=z^0_{\alpha=0.05}\times 1.5+40=42.47$$

在 Excel 中内置函数 NORMINV 用于计算一般正态分布函数的上 α 分位点 z_α。使用格式为：

$$z_\alpha=\text{NORMINV}(1-\alpha，\mu，\sigma)$$

对本例来说：

$$z_\alpha=\text{NORMINV}(1-0.05，40，1.5)=42.467\ 3$$

函数 NORMINV(prob，μ，σ) 返回概率为 prob(=1−α)、均值为 μ、方差为 σ^2 的正态分布的上 α 分位点 z_α。对应的相反函数为 NORMDIST，详见 Excel 中的

帮助项。

表 1—11 给出了常见分布在 Excel 中对应的计算上 α 分位点的内置函数。

表 1—11　　Excel 中常见分布对应的计算上 α 分位点的内置函数

分布名称	上 α 分位点记号	计算上 α 分位点的 Excel 函数
正态分布 $N(\mu,\sigma^2)$	z_α	NORMINV(1－α，μ，σ)
$\chi^2(n)$ 分布	$\chi^2_\alpha(n)$	CHIINV(α，n)
t 分布	$t_\alpha(n)$	TINV(α＊2，n)
F 分布	$F_\alpha(n_1,n_2)$	FINV(α，n_1，n_2)

例 1—4　$n=50$，$\alpha=0.05$，计算 χ^2 分布的上 α 分位点$\chi^2_\alpha(n)$。

解　$\chi^2_\alpha(n)$ ＝CHIINV(α，n)＝CHIINV(0.05，50)＝67.50

函数 CHIINV(prob，df) 返回概率为 prob 和自由度为 df 的 χ^2 分布的上 α 分位点$\chi^2_\alpha(n)$。对应的相反函数为 CHIDIST，详见 Excel 中的帮助项。

例 1—5　$n=50$，$\alpha=0.05$，计算 t 分布的上 α 分位点 $t_\alpha(n)$。

解　$t_\alpha(n)$ ＝TINV(α＊2，n)＝TINV(0.1，50)＝1.676

TINV(prob，df) 返回概率为 prob(＝α＊2) 和自由度为 df 的学生 t 分布的上 α 分位点 $t_\alpha(n)$。对应的相反函数为 TDIST，详见 Excel 中的帮助项。

例 1—6　$n_1=10$，$n_2=20$，$\alpha=0.05$，计算 F 分布的上 α 分位点 $F_\alpha(n_1,n_2)$。

解　$F_\alpha(n_1,n_2)$ ＝FINV(α，n_1，n_2)＝FINV(0.05，10，20) ＝2.35

FINV(prob，$df1$，$df2$) 返回概率为 prob(＝α) 和自由度为 $df1$，$df2$ 的 F 分布的上 α 分位点 $F_\alpha(n_1,n_2)$。对应的相反函数为 FDIST，详见 Excel 中的帮助项。

1.3　参数估计

1.3.1　点估计

1. 点估计含义

设总体 X 的分布函数 $F(x;\theta)$ 的形式为已知，θ 为未知参数，X_1，X_2，…，X_n是 X 的一个样本，x_1，x_2，…，x_n为相应的样本值。

所谓点估计就是通过构造一个适当的统计量 $\theta(X_1,X_2,\cdots,X_n)$，用它的观察值 $\hat{\theta}(x_1,x_2,\cdots,x_n)$ 来估计未知参数 θ。则称 $\theta(X_1,X_2,\cdots,X_n)$ 为 θ 的估计量，$\hat{\theta}(x_1,x_2,\cdots,x_n)$ 为 θ 的估计值。

构造估计量的常用方法有矩估计法和极大似然估计法。

2. 点估计评价标准

对同一参数，使用不同估计方法求出的估计量可能不相同。评价估计量的常用标准有：

（1）无偏性。如果估计量 $\hat{\theta}=\hat{\theta}(X_1, X_2, \cdots, X_n)$ 的数学期望 $E(\hat{\theta})$ 存在，且对任意 $\theta\in\Theta$ 有 $E(\hat{\theta})=\theta$，则称 $\hat{\theta}$ 是 θ 的无偏估计量。

（2）有效性。如果估计量 $\hat{\theta}_1=\hat{\theta}_1(X_1, X_2, \cdots, X_n)$ 与 $\hat{\theta}_2=\hat{\theta}_2(X_1, X_2, \cdots, X_n)$ 都是 θ 的无偏估计量，若有 $D(\hat{\theta}_1)<D(\hat{\theta}_2)$，则称 $\hat{\theta}_1$ 比 $\hat{\theta}_2$ 有效。

（3）一致性。设 $\hat{\theta}(X_1, X_2, \cdots, X_n)$ 为参数 θ 的估计量，若对于任意 $\theta\in\Theta$，当 $n\to\infty$ 时 $\hat{\theta}(X_1, X_2, \cdots, X_n)$ 依概率收敛于 θ，即 $\lim\limits_{n\to\infty}P(|\hat{\theta}-\theta|<\varepsilon)=1$，则称 $\hat{\theta}$ 是 θ 的一致估计量。

在实际应用中往往使用无偏性和有效性两个标准，一致性只有在样本容量相当大时才能显示出优越性，这在实践中往往难以做到。

1.3.2 区间估计

1. 区间估计含义

所谓区间估计就是确定两个统计量 $\hat{\theta}_L=\hat{\theta}_L(X_1, X_2, \cdots, X_n)$ 和 $\hat{\theta}_H=\hat{\theta}_H(X_1, X_2, \cdots, X_n)$，使得 $\hat{\theta}_L<\hat{\theta}_H$，并得到 θ 在区间 $(\hat{\theta}_L, \hat{\theta}_H)$ 的可信程度。区间 $(\hat{\theta}_L, \hat{\theta}_H)$ 称为置信区间。

设总体 X 的分布函数为 $F(x;\theta)$，未知参数为 θ，对于给定 $\alpha(0<\alpha<1)$，若由样本 $X_1, X_2, \cdots, X_n$ 确定的两个统计量 $\hat{\theta}_L=\hat{\theta}_L(X_1, X_2, \cdots, X_n)$ 和 $\hat{\theta}_H=\hat{\theta}_H(X_1, X_2, \cdots, X_n)$ 满足 $P\{\hat{\theta}_L<\theta<\hat{\theta}_H\}=1-\alpha$，则称区间 $(\hat{\theta}_L, \hat{\theta}_H)$ 是 θ 的置信度为 $1-\alpha$ 的置信区间，$\hat{\theta}_L$ 和 $\hat{\theta}_H$ 分别称为置信度为 $1-\alpha$ 的双侧置信区间的置信下限和置信上限，$1-\alpha$ 为置信度。

2. 正态总体均值与方差的区间估计

（1）单个总体 $N(\mu, \sigma^2)$。

1）均值 μ 的置信区间：

当 σ^2 已知时，μ 的置信度为 $1-\alpha$ 的置信区间为：

$$\overline{X}\pm\frac{\sigma}{\sqrt{n}}z_{\alpha/2}$$

当 σ^2 未知时，μ 的置信度为 $1-\alpha$ 的置信区间为：

$$\overline{X}\pm\frac{S}{\sqrt{n}}t_{\alpha/2}(n-1)$$

2）方差 σ^2 的置信区间：

当 μ 未知时，σ^2 的置信度为 $1-\alpha$ 的置信区间为：

$$\left(\frac{(n-1)S^2}{\chi^2_{\alpha/2}(n-1)}, \frac{(n-1)S^2}{\chi^2_{\alpha/2}(n-1)}\right)$$

（2）两个总体 $N(\mu_1, \sigma_1^2)$，$N(\mu_2, \sigma_2^2)$。

1）两个总体均值差 $\mu_1-\mu_2$ 的置信区间：

当σ_1^2，σ_2^2均已知时，$\mu_1-\mu_2$的置信度为$1-\alpha$的置信区间为：

$$\bar{X}-\bar{Y}\pm z_{\alpha/2}\sqrt{\frac{\sigma_1^2}{n_1}+\frac{\sigma_2^2}{n_2}}$$

当σ_1^2，σ_2^2均未知时，$\mu_1-\mu_2$的置信度为$1-\alpha$的置信区间为：

$$\bar{X}-\bar{Y}\pm z_{\alpha/2}\sqrt{\frac{S_1^2}{n_1}+\frac{S_2^2}{n_2}}$$

当$\sigma_1^2=\sigma_2^2=\sigma^2$，$\sigma^2$未知时，$\mu_1-\mu_2$的置信度为$1-\alpha$的置信区间为：

$$\bar{X}-\bar{Y}\pm t_{\alpha/2}(n_1+n_2-2)S_w\sqrt{\frac{1}{n_1}+\frac{1}{n_2}}$$

式中，$S_w=\frac{(n_1-1)S_1^2+(n_2-1)S_2^2}{n_1+n_2-2}$。

2）两个总体方差比σ_1^2/σ_2^2的置信区间：

当μ_1，μ_2均未知时，σ_1^2/σ_2^2的置信度为$1-\alpha$的置信区间为：

$$\left(\frac{S_1^2}{S_2^2}\frac{1}{F_{\alpha/2}(n_1-1,n_2-1)},\ \frac{S_1^2}{S_2^2}\frac{1}{F_{1-\alpha/2}(n_1-1,n_2-1)}\right)$$

3. 0—1分布参数的区间估计

记

$$p_1=\frac{1}{2a}(-b-\sqrt{b^2-4ac})$$

$$p_2=\frac{1}{2a}(-b+\sqrt{b^2-4ac})$$

$$a=n+z_{\alpha/2}^2,\ b=-(2n\bar{X}+z_{\alpha/2}^2),\ c=n\bar{X}^2$$

p的置信度为$1-\alpha$的置信区间为（p_1，p_2）。

4. 单侧置信区间

对于给定$\alpha(0<\alpha<1)$，若由样本X_1，X_2，…，X_n确定的统计量$\hat{\theta}_L=\hat{\theta}_L(X_1, X_2, \cdots, X_n)$满足$P\{\theta>\hat{\theta}_L\}=1-\alpha$，则称随机区间（$\hat{\theta}_L$，$\infty$）是$\theta$的置信度为$1-\alpha$的单侧置信区间，$\hat{\theta}_L$是置信度为$1-\alpha$的单侧置信区间的置信下限。

对于给定$\alpha(0<\alpha<1)$，若由样本X_1，X_2，…，X_n确定的统计量$\hat{\theta}_H=\hat{\theta}_H(X_1, X_2, \cdots, X_n)$满足$P\{\theta<\hat{\theta}_H\}=1-\alpha$，则称随机区间（$-\infty$，$\hat{\theta}_H$）是$\theta$的置信度为$1-\alpha$的单侧置信区间，$\hat{\theta}_H$是置信度为$1-\alpha$的单侧置信区间的置信上限。

1.3.3 应用举例

例1—7 已知某上市公司近16个工作日的股票价格如表1—12所示。设股票价格近似服从正态分布。试求总体均值μ的置信度为0.95的置信区间。

表 1—12　　某上市公司近 16 个工作日的股票价格

日期	1	2	3	4	5	6	7	8
股票价格	68	67	69	68	68	69	79	64
日期	9	10	11	12	13	14	15	16
股票价格	67	64	76	69	77	65	68	69

解　假定股票价格数据存放在 Excel 单元格区域 b2：b17。

$\alpha=0.95$，$n=16$

对单个服从正态分布的总体，当 σ^2 为未知时，μ 的置信度为 $1-\alpha$ 的置信区间为：

$$\overline{X}\pm\frac{S}{\sqrt{n}}t_{\frac{\alpha}{2}}(n-1)$$

查表或利用 Excel 的 TINV 函数得到 t 值：

$$t_{0.025}(15)=\text{TINV}(2*0.025,15)=2.13$$

样本的均值为：

$$\overline{X}=\text{AVERAGE}(b2:b17)=69.19$$

样本的标准差为：

$$S=\text{SQRT}(\text{VAR}(b2:b17))=4.16$$

因此当 σ^2 未知时，μ 的置信度为 $1-\alpha$ 的置信区间为：

$$\overline{X}\pm\frac{S}{\sqrt{n}}t_{\alpha/2}(n-1)=69.19\pm4.16$$

计算表明，股票价格的均值 μ 在 65.03～73.35，此估计的可信度为 95%。

1.4　假设检验

1.4.1　基础知识

1. 假设检验的含义

所谓假设检验就是在总体的分布函数完全未知或只知其形式但不知其参数的情况下，为了推断总体的某些性质，提出关于总体的假设，进而作出“接受”或“拒绝”的判断。基本步骤为：

（1）建立假设，即根据实际问题的要求，提出原假设 H_0 及备择假设 H_1；

（2）给定显著性水平 α 及样本容量 n；

（3）确定检验统计量以及拒绝域的形式；

（4）按 $P\{$拒绝 $H_0 \mid H_0$ 为真$\}=\alpha$ 求出拒绝域；

（5）作出判断，即根据样本观察值确定接受还是拒绝 H_0。

2. 正态总体均值、方差的检验

表 1—13 给出了显著性水平为 α 时正态总体均值、方差的检验法。

表 1—13　正态总体均值、方差的检验法

	原假设 H_0	检验统计量	H_0 为真时统计量的分布	备择假设 H_1	拒绝域
1	$\mu=\mu_0$（σ^2 已知）	$z=\dfrac{\bar{x}-\mu_0}{\sigma/\sqrt{n}}$	N(0，1)	$\mu>\mu_0$ $\mu<\mu_0$ $\mu\neq\mu_0$	$z\geqslant z_\alpha$ $z\leqslant -z_\alpha$ $\lvert z\rvert\geqslant z_{\alpha/2}$
2	$\mu=\mu_0$（σ^2 未知）	$t=\dfrac{\bar{x}-\mu_0}{S/\sqrt{n}}$	$t(n-1)$	$\mu>\mu_0$ $\mu<\mu_0$ $\mu\neq\mu_0$	$t\geqslant t_\alpha(n-1)$ $t\leqslant -t_\alpha(n-1)$ $\lvert t\rvert\geqslant t_{\alpha/2}(n-1)$
3	$\mu_1-\mu_2=\delta$（σ_1^2，σ_2^2 已知）	$z=\dfrac{\bar{x}-\bar{y}-\delta}{\sqrt{\dfrac{\sigma_1^2}{n_1}+\dfrac{\sigma_2^2}{n_2}}}$	N(0，1)	$\mu_1-\mu_2>\delta$ $\mu_1-\mu_2<\delta$ $\mu_1-\mu_2\neq\delta$	$z\geqslant z_\alpha$ $z\leqslant -z_\alpha$ $\lvert z\rvert\geqslant z_{\alpha/2}$
4	$\mu_1-\mu_2=\delta$（$\sigma_1^2=\sigma_2^2=\sigma^2$ 未知）	$t=\dfrac{\bar{x}-\bar{y}-\delta}{S_w\sqrt{\dfrac{1}{n_1}+\dfrac{1}{n_2}}}$ $S_w=\dfrac{(n_1-1)S_1^2+(n_2-1)S_2^2}{n_1+n_2-2}$	$t(n_1+n_2-2)$	$\mu_1-\mu_2>\delta$ $\mu_1-\mu_2<\delta$ $\mu_1-\mu_2\neq\delta$	$t\geqslant t_\alpha(n_1+n_2-2)$ $t\leqslant -t_\alpha(n_1+n_2-2)$ $\lvert t\rvert\geqslant t_{\alpha/2}(n_1+n_2-2)$
5	$\sigma^2=\sigma_0^2$（μ 未知）	$\chi^2=\dfrac{(n-1)S^2}{\sigma_0^2}$	$\chi^2(n-1)$	$\sigma^2>\sigma_0^2$ $\sigma^2<\sigma_0^2$ $\sigma^2\neq\sigma_0^2$	$\chi^2\geqslant\chi_\alpha^2(n-1)$ $\chi^2\leqslant\chi_{1-\alpha}^2(n-1)$ $\chi^2\geqslant\chi_{\alpha/2}^2(n-1)$ 或 $\chi^2\leqslant\chi_{1-\alpha/2}^2(n-1)$
6	$\sigma_1^2=\sigma_2^2$（μ_1，μ_2 未知）	$F=\dfrac{S_1^2}{S_2^2}$	$F(n_1-1，n_2-1)$	$\sigma_1^2>\sigma_2^2$ $\sigma_1^2<\sigma_2^2$ $\sigma_1^2\neq\sigma_2^2$	$F\geqslant F_\alpha(n_1-1，n_2-1)$ $F\leqslant F_{1-\alpha}(n_1-1，n_2-1)$ $F\geqslant F_{\alpha/2}(n_1-1，n_2-1)$ 或 $F\leqslant F_{1-\alpha/2}(n_1-1,n_2-1)$
7	$\mu_d=0$（成对数据）	$t=\dfrac{\bar{d}-0}{S/\sqrt{n}}$	$t(n-1)$	$\mu_d>0$ $\mu_d<0$ $\mu_d\neq0$	$t\geqslant t_\alpha(n-1)$ $t\leqslant -t_\alpha(n-1)$ $\lvert t\rvert\geqslant t_{\alpha/2}(n-1)$

1.4.2　应用举例

例 1—8　已知某上市汽车公司汽车近 10 个月的需求量，如表 1—14 所示。设需求近似服从正态分布。试分别在下列条件下检验假设。（$\alpha=0.05$）

$$H_0:\mu\leqslant 100,\ H_1:\mu>100$$

（1）已知 $\sigma=1.6$；

（2）σ 未知。

表 1—14　产品需求一览表

月份	1	2	3	4	5	6	7	8	9	10
需求量（千辆）	114	117	108	108	114	109	104	112	113	114

解 假定需求量数据存放在 Excel 单元格区域 b2：b11。

$\alpha=0.05$，$n=10$

样本均值 $\overline{X}$ 为：

$\overline{X}=\text{AVERAGE}(b2:b11)=111.30$

样本标准差 S 为：

$S=\text{SQRT}(\text{VAR}(b2:b11))=3.92$

（1）已知 $\sigma=1.6$。

从表 1—13 可知，应使用服从正态分布的统计量检验。

$$z=\frac{\overline{x}-\mu_0}{\sigma/\sqrt{n}}=\frac{111.30-100}{1.6/\sqrt{10}}=22.33$$

查表或利用 Excel 的函数 NORMINV 计算得到正态分布的上 α 分位点为：

$z_{0.05}=\text{NORMINV}(1-0.05,\ 0,\ 1)=1.64$

$z>z_{0.05}$，因此拒绝 H_0，接受 H_1，即需求量的均值大于 100。

（2）σ^2 未知。

从表 1—13 可知，采用服从 t 分布的统计量检验。

$$t=\frac{\overline{x}-\mu_0}{S/\sqrt{n}}=\frac{111.30-100}{3.92/\sqrt{10}}=9.12$$

查表或利用 Excel 的函数 TINV 计算得到同分布的上 α 分位点为：

$t_{0.05}(9)=\text{TINV}(2*0.05,\ 9)=1.8331$

$t>t_{0.05}(9)$，因此接受 H_1，拒绝 H_0，即需求量的均值大于 100。

1.5 Excel 统计函数及分析工具简介

1.5.1 Excel 统计函数

表 1—15 中是 Excel 2003 提供的统计函数。这里仅给出了函数名称及其功能。读者可通过 Excel 提供的帮助功能得到每个函数详细的使用说明。

表 1—15　　Excel 2003 的统计函数一览表

函数名称	函数功能
AVEDEV	返回一组数据与其均值的绝对偏差的平均值
AVERAGE	返回参数的平均值（算术平均值）
AVERAGEA	计算参数列表中数值的平均值（算数平均值）。不仅数字，而且文本和逻辑值（如 TRUE 和 FALSE）也将计算在内

续前表

函数名称	函数功能
BETADIST	返回 Beta 累积分布函数
BETAINV	返回指定 Beta 分布的累积分布函数的反函数
BINOMDIST	返回一元二项式分布概率值
CHIDIST	返回 χ^2 分布的单尾概率
CHIINV	返回 χ^2 分布单尾概率的反函数值
CHITEST	返回独立性检验值
CONFIDENCE	返回构建总体平均值的置信区间的一个值 v。置信区间为一个数值区域。样本平均值 $\bar{x}$ 位于该区域的中间，区域范围为 $\bar{x}\pm v$
CORREL	返回两个数据集之间的相关系数
COUNT	返回包含数字以及包含参数列表中的数字的单元格的个数
COUNTA	返回参数列表中非空值的单元格个数
COUNTBLANK	计算指定单元格区域中空白单元格的个数
COUNTIF	计算区域中满足给定条件的单元格的个数
COVAR	返回协方差，即每对数据点的偏差乘积的平均数
CRITBINOM	返回使累积二项式分布大于等于临界值的最小值
DEVSQ	返回数据点与各自样本平均值偏差的平方和
EXPONDIST	返回指数分布
FDIST	返回 F 概率分布
FINV	返回 F 概率分布的反函数值
FISHER	返回 Fisher 变换
FISHERINV	返回 Fisher 变换的反函数值
FORECAST	根据已有的数值计算或预测未来值
FREQUENCY	以一列垂直数组返回某个区域中数据的频率分布
FTEST	返回 F 检验的结果
GAMMADIST	返回 Gamma 分布
GAMMAINV	返回 Gamma 分布的反函数值
GAMMALN	返回 Gamma 函数的自然对数，$\Gamma(x)$
GEOMEAN	返回正数数组或区域的几何平均值
GROWTH	根据现有的数据预测指数增长值
HARMEAN	返回数据集合的调和平均值
HYPGEOMDIST	返回超几何分布
INTERCEPT	利用现有的 x 值与 y 值计算直线与 y 轴的截距
KURT	返回数据集的峰值
LARGE	返回数据集中第 k 个最大值
LINEST	使用最小二乘法对已知数据进行最佳直线拟合，并返回描述此直线的数组
LOGEST	在回归分析中，计算最符合数据的指数回归拟合曲线，并返回描述该曲线的数值数组
LOGINV	返回 x 的对数累积分布函数的反函数
LOGNORMDIST	返回 x 的对数累积分布函数
MAX	返回参数列表中的最大值
MAXA	返回参数列表中的最大值，包括数字、文本和逻辑值

续前表

函数名称	函数功能
MEDIAN	返回给定数值集合的中值
MIN	返回参数列表中的最小值
MINA	返回参数列表中的最小值，包括数字、文本和逻辑值
MODE	返回在某一数组或数据区域中出现频率最多的数值
NEGBINOMDIST	返回负二项式分布
NORMDIST	返回指定平均值和标准偏差的正态累积分布函数
NORMINV	返回指定平均值和标准偏差的正态累积分布函数的反函数
NORMSDIST	返回标准正态累积分布
NORMSINV	返回标准正态累积分布的反函数
PEARSON	返回 Pearson 乘积矩相关系数
PERCENTILE	返回区域中数值的第 k 个百分点的值
PERCENTRANK	返回特定数值在一个数据集中的百分比排位
PERMUT	返回从给定数目的对象集合中选取的若干对象的排列数
POISSON	返回 Poisson 分布
PROB	返回区域中的数值落在指定区间内的概率
QUARTILE	返回数据集的四分位数
RANK	返回某数在数字列表中的排位
RSQ	返回 Pearson 乘积矩相关系数的平方
SKEW	返回分布的偏斜度
SLOPE	返回线性回归直线的斜率
SMALL	返回数据集中的第 k 个最小值
STANDARDIZE	返回正态化数值
STDEV	计算基于给定样本的标准偏差
STDEVA	计算基于给定样本的标准偏差，数字、文本和逻辑值均计算在内
STDEVP	计算基于整个样本总体的标准偏差
STDEVPA	计算整个样本总体的标准偏差，数字、文本和逻辑值均计算在内
STEYX	返回通过线性回归法预测每个 x 的 y 值时所产生的标准误差
TDIST	返回学生 t 分布的百分点（概率）
TINV	返回作为概率和自由度函数的学生 t 分布的 t 值
TREND	返回一条线性回归拟合线的值
TRIMMEAN	返回数据集的内部平均值
TTEST	返回与学生 t 检验相关的概率
VAR	计算基于给定样本的方差
VARA	计算基于给定样本的方差，数字、文本值和逻辑值均计算在内
VARP	计算基于整个样本总体的方差
VARPA	基于整个样本总体计算方差，包括数字、文本和逻辑值
WEIBULL	返回 Weibull 分布
ZTEST	返回 z 检验的单尾概率值

1.5.2 Excel 统计分析工具

Excel 提供了一组数据分析工具，称为“分析工具库”，在建立复杂统计或工程分析时可节省步骤。只需为每一个分析工具提供必要的数据和参数，该工具就会使用适当的统计或工程宏函数，在输出表格中显示相应的结果。其中有些工具在生成输出表格时还能同时生成图表。

若要使用这些工具，可单击“工具”菜单中的“数据分析”。如果没有显示“数据分析”命令，则需要加载“分析工具库”加载项程序。加载步骤为：

（1）在“工具”菜单上，单击“加载宏”。

（2）在“可用加载宏”列表中，选中“分析工具库”，再单击“确定”。

（3）如有必要，请按安装程序中的指示进行操作。

1. 方差分析

利用方差分析工具，可进行单因素和双因素的方差分析。

（1）单因素方差分析：利用“单因素方差分析”分析工具，可以对两个以上总体均值的显著性差异进行检验。

（2）双因素方差分析：利用“无重复双因素分析”分析工具，可以对两个因素各自对试验结果影响的显著性进行检验。

利用“可重复双因素分析”分析工具，可以对两个因素各自对试验结果及两因素交互作用对试验结果影响的显著性进行检验。

2. 相关系数

CORREL 和 PEARSON 函数可计算两组不同测量值变量之间的相关系数，条件是每种变量的测量值都是对 N 个对象进行观测所得到的。任何对象的任何丢失的观测值都会引致在分析中忽略该对象。系数分析工具特别适合于当 N 个对象中的每个对象都有多于两个测量值变量的情况。它可提供输出表和相关矩阵，并显示应用于每种可能的测量值变量对的 CORREL（或 PEARSON）值。

与协方差一样，相关系数是描述两个测量值变量之间的离散程度的指标。相关系数与协方差的不同之处在于，相关系数是成比例的，因此它的值独立于这两种测量值变量的表示单位。例如，如果两个测量值变量分别为重量和高度，如果重量单位从磅换算成千克，则相关系数的值不改变。任何相关系数的值必须介于-1～$+1$。

可以使用相关分析工具来检验每对测量值变量，以便确定两个测量值变量的变化是否相关：一个变量的较大值是否与另一个变量的较大值相关联（正相关）；一个变量的较小值是否与另一个变量的较大值相关联（负相关）；两个变量中的值是否互不关联（相关系数近似为零）。

3. 协方差

相关和协方差工具可在相同设置下使用。对一组个体进行观测可获得 N 个不同的测量值变量。相关和协方差工具都可返回一个输出表和一个矩阵，分别表示每对测量值变量之间的相关系数和协方差。不同之处在于相关系数的取值在-1～$+1$，而协方差没有限定的取值范围。如前所述，相关系数和协方差都是描述两个变量之间离散程度的指标。

协方差工具为每对测量值变量计算工作表函数 COVAR 的值。当只有两个测量值变量，即 $N=2$ 时，可直接使用函数 COVAR，而不是协方差工具。在协方差工具的输出表中的第 i 行、第 j 列的对角线上的输入值就是第 i 个测量值变量与其自身的协方差；这就是用工作表函数VARP计算得出的变量的总体方差。

可以使用协方差工具来检验每对测量值变量，以便确定两个测量值变量的变化是否相关，即：一个变量的较大值是否与另一个变量的较大值相关联（正相关）；一个变量的较小值是否与另一个变量的较大值相关联（负相关）；两个变量中的值是否互不关联（协方差近似为零）。

4. 描述统计

描述统计工具用于生成数据源区域中数据的单变量统计分析报表，提供有关数据趋中性和易变性的信息。

5. 指数平滑

指数平滑工具基于前期预测值导出相应的新预测值，并修正前期预测值的误差。此工具将使用平滑常数a，其大小决定了本次预测对前期预测误差的修正程度。

0.2～0.3之间的数值可作为合理的平滑常数。这些数值表明本次预测应将前期预测值的误差调整20%～30%。大一些的常数导致快一些的响应但会生成不可靠的预测。小一些的常数会导致预测值长期的延迟。

6. F—检验　双样本方差

“F—检验　双样本方差”工具通过“双样本F—检验”，对两个样本总体的方差进行比较。

例如，可在一次游泳比赛中对每两个队的时间样本使用F—检验工具。该工具提供空值假设的检验结果，该假设的内容是：这两个样本来自具有相同方差的分布，而不是方差在基础分布中不相等。

该工具计算F—统计（或F—比值）的F值。F值接近于1说明基础总体方差是相等的。在输出表中，如果$F<1$，则当总体方差相等且根据所选择的显著水平“F单尾临界值”返回小于1的临界值时，“$P(F<=f)$ 单尾”返回F—统计的观察值小于F的概率α。如果$F>1$，则当总体方差相等且根据所选择的显著水平，“F单尾临界值”返回大于1的临界值时，“$P(F<=f)$ 单尾”返回F—统计的观察值大于F的概率α。

7. 傅立叶分析

傅立叶分析工具可以解决线性系统问题，并能通过快速傅立叶变换（FFT）进行数据变换来分析周期性的数据。此工具也支持逆变换，即通过对变换后的数据的逆变换返回初始数据。

8. 直方图

直方图工具可计算数据单元格区域和数据接收区间的单个和累积频率。此工具可用于统计数据集中某个数值出现的次数。

例如，在一个有20名学生的班里，可按字母评分的分类来确定成绩的分布情况。直方图表可给出字母评分的边界，以及在最低边界和当前边界之间分数出现的次数。出现频数最多的分数即为数据集中的众数。

9. 移动平均

移动平均工具可以基于特定的过去某段时期中变量的平均值，对未来值进行预测。移动平均值提供了由所有历史数据的简单的平均值所代表的趋势信息。使用此工具可以预测销售量、库存或其他趋势。预测值的计算公式如下：

$$F_{t+1}=\frac{1}{N}\sum_{j=1}^{n}X_{t-j+1}$$

式中：N——进行移动平均计算的过去期间的个数；

X_j——期间 j 的实际值；

F_j——期间 j 的预测值。

10. 随机数发生器

随机数发生器工具可用几个分布中的一个所产生的独立随机数来填充某个区域。可以通过概率分布来表示总体中的主体特征。

例如，可以使用正态分布来表示人体身高的总体特征，或者使用双值输出的伯努利分布来表示掷币试验结果的总体特征。

11. 排位与百分比排位

排位与百分比排位工具可以产生一个数据表，在其中包含数据集中各个数值的顺序排位和百分比排位。该工具用来分析数据集中各数值间的相对位置关系。该工具使用工作表函数 RANK 和 PERCENTRANK。RANK 不考虑重复值。如果希望考虑重复值，可在使用工作表函数 RANK 的同时，使用帮助文件中所建议的函数 RANK 的修正因素。

12. 回归分析

回归分析工具通过对一组观察值使用最小二乘法直线拟合来执行线性回归分析。该工具可用来分析单个因变量是如何受一个或几个自变量影响的。

例如，观察某个运动员的运动成绩与一系列统计因素的关系，如年龄、身高和体重等。可以基于一组已知的成绩统计数据，确定这三个因素分别在运动成绩测试中所占的比重，使用该结果对尚未进行过测试的运动员的表现作出预测。

回归工具使用工作表函数 LINEST。

13. 抽样分析

抽样分析工具以数据源区域为总体，从而为其创建一个样本。当总体太大而不能进行处理或绘制时，可以选用具有代表性的样本。如果确认数据源区域中的数据是周期性的，还可以对一个周期中特定时间段内的数值进行采样。

例如，如果数据源区域包含季度销售量数据，因一年有四个季度，则以 4 为周期进行取样，将在输出区域中生成与数据源区域中相同季度的数值。

14. t—检验

“双样本 t—检验”工具基于每个样本检验样本总体平均值是否相等。三个工具分别使用不同的假设：样本总体方差相等；样本总体方差不相等；两个样本代表处理前后同一对象上的观察值。

对于以下所有三个工具，t—统计值被计算并在输出表中显示为“t Stat”。数据决定了 t 是负值还是非负值。假设基于相等的基础总体平均值，如果 $t<0$，则

“$P(T<=t)$单尾”返回 t—统计的观察值比 t 更趋向负值的概率。如果 $t\geqslant 0$，则“$P(T<=t)$ 单尾”返回 t—统计的观察值比 t 更趋向正值的概率。“t 单尾临界值”返回截止值，这样，t—统计的观察值将大于或等于“t 单尾临界值”的概率就为 α。

“$P(T<=t)$ 双尾”返回将被观察的 t—统计的绝对值大于 t 的概率。“P 双尾临界值”返回截止值，这样，被观察的 t—统计的绝对值大于“P 双尾临界值”的概率就为 α。

t—检验：双样本等方差假设。本分析工具可进行双样本学生 t—检验。此 t—检验窗体先假设两个数据集取自具有相同方差的分布，故也称作同方差 t—检验。可以使用此 t—检验来确定两个样本是否来自具有相同总体平均值的分布。

t—检验：双样本异方差假设。本分析工具可进行双样本学生 t—检验。此 t—检验窗体先假设两个数据集取自具有不同方差的分布，故也称作异方差 t—检验。如同上面的“等方差”情况，可以使用此 t—检验来确定两个样本是否来自具有相同总体平均值的分布。当两个样本中有截然不同的对象时，可使用此检验。对于每个对象具有唯一一组对象以及代表每个对象在处理前后的测量值的两个样本，则应使用下面所描述的成对检验。

用于确定统计值 t 的公式如下：

$$t=\frac{\overline{x}-\overline{y}-\Delta_0}{\sqrt{\frac{S_1^2}{m}+\frac{S_2^2}{n}}}$$

下列公式可用于计算自由度 df。因为计算结果一般不是整数，所以 df 的值被舍入为最接近的整数以便从 t 表中获得临界值。因为有可能为 TTEST 计算出一个带有非整数 df 的值，所以 Excel 工作表函数 TTEST 使用计算出的、未进行舍入的 df 值。由于这些决定自由度（TTEST 函数的结果）的不同方式，此 t—检验工具将与异方差情况下不同。

$$df=\frac{\left(\frac{S_1^2}{m}+\frac{S_2^2}{n}\right)^2}{\frac{(S_1^2/m)^2}{m-1}+\frac{(S_2^2/n)^2}{n-1}}$$

t—检验：成对双样本平均值。当样本中存在自然配对的观察值时（例如，对一个样本组在试验前后进行了两次检验），可以使用成对检验。该分析工具及其公式可以进行成对双样本学生 t—检验，以确定取自处理前后的观察值是否来自具有相同总体平均值的分布。此 t—检验窗体并未假设两个总体的方差是相等的。

由此工具生成的结果中包含有合并方差，亦即数据相对于平均值的离散值的累积测量值，可以由下面的公式得到：

$$S^2=\frac{n_1S_1^2+n_2S_2^2}{n_1+n_2-2}$$

15. z—检验

“z—检验：双样本平均值”工具可对具有已知方差的平均值进行双样本 z—检验。此工具用于检验两个总体平均值之间存在差异的空值假设，而不是单方或双方的其他假设。如果方差已知，则应该使用工作表函数 ZTEST。

当使用 z—检验工具时，应该仔细理解输出。当总体平均值之间没有差别时，“$P(Z<=z)$ 单尾”是“$P[Z>=ABS(z)]$”，即与 z 观察值沿着相同的方向远离 0 的 z 值的概率。当总体平均值之间没有差异时，“$P(Z<=z)$ 双尾”是“$P[Z>=ABS(z)$ 或 $z<=-ABS(z)]$”，即沿着任何方向（而非与观察到的 z 值的方向一致）远离 0 的 z 值的概率。双尾结果只是单尾结果乘以 2。z—检验工具还可用于当两个总体平均值之间的差异具有特定的非零值的空值假设的情况。

例如，可以使用此检验来确定两种汽车之间的性能差异情况。

习　题

1. 已知随机变量 $\boldsymbol{X}$ 的概率分布如表 1—16 所示。计算 X 的数学期望和方差。

表 1—16　　随机变量 X 的概率分布

随机变量 X	7	3	5	6	8	4
概率	0.1	0.2	0.3	0.15	0.15	0.1

2. 已知随机变量 X 的一个样本及其观察值如表 1—17 所示。试计算样本均值、样本方差和样本标准差。

表 1—17　　随机变量 X 的观察值

序号	1	2	3	4	5	6	7	8	9	10
样本观察值	37.15	42.83	39.21	42.30	39.07	39.89	34.10	35.72	36.93	30.85

3. 随机变量 X 服从正态分布 $N(20, 2.5^2)$，$\alpha=0.05$，计算 N 分布的上 α 分位点 z_α。

4. 已知 $n=60$，$\alpha=0.025$，计算 χ^2 分布的上 α 分位点 $\chi_\alpha^2(n)$。

5. 已知 $n=45$，$\alpha=0.01$，计算 t 分布的上 α 分位点 $t_\alpha(n)$。

6. 已知 $n_1=15$，$n_2=30$，$\alpha=0.025$，计算 F 分布的上 α 分位点 $F_\alpha(n_1, n_2)$。

7. 已知某公司近 20 个月的销售额如表 1—18 所示。设销售量近似服从正态分布。试求总体方差 σ^2 的置信度为 0.95 的置信区间。

表 1—18　　某公司近 20 个月的销售额

月份	1	2	3	4	5	6	7	8	9	10
销售额	511	522	547	525	504	538	510	536	500	521
月份	11	12	13	14	15	16	17	18	19	20
销售额	542	508	511	502	525	503	525	539	516	547

8. 已知某公司两名销售员近 12 个月销售同一种商品的数量如表 1—19 所示。设销售量近似服从正态分布，方差保持不变。假定以销售数量的多少来衡量销售员销售能力。试

说明在显著性水平 $\alpha=0.05$ 时两销售员的销售能力是否存在显著差异。

表 1—19　　销售情况一览表

月份	1	2	3	4	5	6	7	8	9	10	11	12
甲销售量	503	514	519	515	510	511	511	518	513	507	508	513
乙销售量	505	514	525	501	522	524	525	500	521	509	508	520

经济预测概述 第2章

2.1 经济预测的含义及分类

2.1.1 经济预测的含义及特点

所谓预测是指通过对事物的过去和现在的情况进行分析、研究，找出其发展变化的规律，从而利用一定的方法或技术来预计和推测未来的情况，简言之，就是根据过去和现在预计未来，根据已知的信息推测未知的信息。

经济预测作为预测的一个分支，是预测理论和方法在经济领域中的应用。因此，可以认为经济预测是根据经济活动的历史和现实，运用定性和定量方法，揭示出经济活动的客观规律，分析经济现象之间的联系以及作用机制，指出各类经济现象和经济过程未来发展的可能途径以及结果。

预测是为决策提供信息的重要手段，是科学决策的基础。在经济活动中，预测有助于克服决策的盲目性，减少不确定性。经济领域中的许多问题都需要做预测。例如，预测未来一段时间内的生产发展趋势、商品需求情况。企业中典型的财务预测、成本预测以及发展前景预测等都属经济预测范畴。

一般来说，预测具有以下三个特点：

（1）科学性。预测是通过对过去的统计资料和现在掌握的信息的收集、整理和分析，并运用一定的程序、方法和模型，分析预测对象诸因素之间的相互联系和制约关系及其影响的程度，从而揭示出预测对象的特性和变化规律，因此预测具有科学性。

（2）近似性。预测企图揭示预测对象的特性和变化规律，但由于事物的发展不是直线型的简单重复，要受多种因素变化的影响，因此预测值与实际值不可能完全吻合，往往存在一定的偏差，所以预测具有近似性。

（3）局限性。预测者对预测对象的认识，往往受其知识、经验、观察和分析能力的限制，再加上掌握的资料和信息不够准确和完整，或建立预测模型时简化了一些因素等，从而导致预测分析不够全面，因此预测具有一定的局限性。

正确认识预测的这些特点，可以避免一些妨碍预测的研究与应用的不正确的看法。实践中，既不能不加分析地怀疑和否定预测结果，使决策缺乏足够的依据，也不能绝对相信预测结果，使实际工作缺乏弹性和灵活性，更不能过分苛求预测的精确度，而忽视客观和现实的要求。事实上，只要掌握足够的数据资料，采用适当的预测方法，达到一定的精确度，预测结果就可以用于指导实际工作。

2.1.2 经济预测的分类

按照不同的标准（如预测期限、预测性质等），经济预测可以有不同的分类。经济预测的分类主要有以下几种。

1. 按预测期限分类

按预测期限可分为短期预测、中期预测和长期预测。

(1) 短期预测。短期预测是指对预测对象近期发展情况所做的预测。由于短期预测直接影响到当前的行动安排，因此需要有较高的精确度。

(2) 中期预测。中期预测是指对预测对象较长期的发展情况所做的预测，为中期计划和决策服务。对中期预测结果精确度的要求要比短期预测宽松。

(3) 长期预测。长期预测是为制定长远规划和战略决策而做的预测。对长期预测结果精确度的要求要比中期预测宽松。

短期、中期和长期的划分没有固定标准，依预测对象的性质、预测目的和要求等而定。例如，短期预测有一年以内的，也有两年或三年的；长期预测有五年以上的，也有十年或更长时间的。

2. 按预测性质分类

按预测性质可分为定性预测、定量预测和综合预测。

(1) 定性预测。定性预测是指预测者通过调查研究，了解实际情况，凭借实践经验、理论知识和业务水平，对经济现象未来的性质、发展方向和程度做出判断、进行预测的方法。定性预测的准确程度，主要取决于预测者的实践经验、理论知识和业务水平及掌握的信息、分析判断能力。在预测中，虽然有数量计算，但主要不在于推算未来的数量表现。常见的方法有德尔菲法、市场调查法、主观概率法及类推法等。

(2) 定量预测。定量预测是指根据准确、及时、系统、全面的调查统计资料和经济信息，运用统计方法和数学模型，对经济现象未来的规模、水平和比例关系等做出测定。由于定量预测和统计资料、统计方法有密切关系，因此也称为统计预测。

定量预测是以经济条件和影响经济发展的各种主要因素相对稳定为前提的，当经济条件和因素发生突然变动时，定量预测结果就出现较大偏误。依据预测结果的表现形式，定量预测可分为点值预测和区间预测，前者预测结果为单个数值，后者预测结果为一数值区间。例如，若预测得到 2010 年某县的国民生产总值为 30 亿元，这是点值预测；若预测得到 2010 年某县的国民生产总值在25 亿～

35 亿元，则为区间预测。定量预测常见的方法包括时间序列预测和因果关系预测等。

(3) 综合预测。综合预测是采用两种以上方法进行预测，目的是提高预测质量，为决策提供可靠的依据。由于任何一种预测方法都有一定的适用范围，都有一定的局限性，因此在实际中一般综合应用以上两种预测方法，有时甚至采用两种以上的预测方法，兼获多种预测方法的长处，弥补它们的不足，从而获得较好的预测效果。

3. 按经济预测对象的范围分类

按经济预测对象的范围可分为宏观经济预测、中观经济预测和微观经济预测。

(1) 宏观经济预测。宏观经济预测是指对大系统的总体的、综合的预测，是对整个国民经济活动的总前景及相应经济变量的全社会综合数值的预测，如对一个国家或地区的国民生产总值、国民收入、总投资、总消费、货币发行量、物价水平、外汇收支等的预测。宏观经济预测是政府制定方针政策、编制计划、调整经济结构的重要依据。

(2) 中观经济预测。中观经济预测是指对某个产业部门的经济行为及相应的经济变量的预测，如农业部门预测、工业部门预测、服务业预测等。中观经济预测是制定部门产业政策，调控产业结构的依据。

(3) 微观经济预测。微观经济预测是指对单个经济单位（如一个企业或一个公司）的经济行为及相应的经济变量的预测，如对一个企业的产品产量、成本、需求量和市场占有率等的预测。微观经济预测是企业制定生产经营决策，调整产业、产品结构的依据。

2.2 经济预测的原理、要求及过程

2.2.1 经济预测的基本原理

1. 惯性原理

任何事物的发展在时间上都具有连续性，表现为特定的过去、现在和未来这样一个过程。任何一种事物的发展与其过去的行为都有联系，过去的行为不仅影响现在，还会影响未来。事物发展的这个特点一般称为惯性。

在经济活动中，惯性通常表现为两种形式。一是经济内在联系的惯性，表现为在一定时间和条件下各类因素之间相互联系，相对稳定不变。例如，房地产行业与钢铁行业之间的需求存在一定的稳定比例关系。据测算，每亿平方米的房地产建筑约消耗 297.6 万吨钢。只要技术水平和其他条件不发生大的变动，在一定时期内，可以认为这种需求比例结构关系相对稳定。二是经济系统的某些因素在一定发展阶段中所呈现的惯性，表现为某些因素随时间延续，其基本特征和性质将维持下去。例如，在一定时期内某一技术的应用推广趋势，某产品在市场上所

占份额等。

经济活动中惯性的存在，不仅为经济预测的可行性提供了一定的理论依据，而且也为经济预测工作提供了方便。目前应用于预测工作的各种方法和技术，有许多是属于或基本属于惯性理论的范围，如回归分析法和时间序列外推法等。

利用惯性原理对事物发展进行预测是以经济系统的稳定性为前提的。只有在系统稳定时，事物之间的内在联系及基本特征才有可能延续下去。

2. 相关原理

任何事物都不可能孤立地存在，都与周围的各种事物相互联系、相互影响，一个事物的发展变化，必然对其他相关事物的发展变化产生影响。例如，国民经济作为一个统一的整体，由彼此之间互相联系、互相协调、互相制约的若干经济部门构成。任何一个部门的发展都不仅需要其他部门的协作和支持，而且会影响到这些部门的发展。

所谓相关性就是事物发展变化过程中的相互联系。因果关系是最重要、应用最广的一种相关性表现形式，是事物之间普遍联系和相互作用的形式之一。其特点在于，原因在前，结果在后，并且原因和结果之间通常存在类似数学函数关系的紧密联系。利用事物之间的这种紧密联系（因果关系）建立模型，为预测工作提供了方便。

在经济活动中，利用事物发展过程中的相关性进行预测之前，首先需要确定两事物之间是否具有相关性。当事物之间不具备相关性或相关性较弱时，很难建立相关数学模型。

此外，事物间的相关性是有条件的，即事物间的相关程度可能随着条件的变化而变化，从而使得利用历史资料建立起的模型失效。因此，在利用相关模型进行预测时，需要分析这种相关性在计划期内是否会发生较大的改变。如果发生改变，可能需要对模型进行修正，甚至重新建立新模型。

3. 类推原理

许多事物相互之间在结构、模式、性质、发展趋势等方面客观存在着相似之处，即有相似性。根据这种相似性，人们可以基于某一已知事物的发展变化情况，类推出另一相似事物未来可能的发展趋势。例如，彩色电视机的发展与黑白电视机的发展存在某些类似之处，这样可以利用黑白电视机的发展规律类推彩色电视机的发展规律。

在经济活动中，利用类推原理进行预测时，首先需要判断两事物之间的发展变化是否具有相似性。如果事物之间不存在相似性，则不能进行类推。

相似并不等于相同，同时由于时间、地点、范围以及其他许多条件的不同，常常会使两事物的发展变化产生较大的差距。例如，在利用经济和技术比较先进国家或地区的经济发展历史来类推预测本国或本地区的经济发展情况时，就必须考虑并研究社会制度、经济基础、消费习惯等一系列因素的差异性可能造成的影响，分析在这些不同因素的影响之下是否还能利用类推原理，如果能用的话，应当估计并修正这些差异所带来的偏差，以使预测的误差尽量最小，等等。

4. 概率原理

任何事物的发展都有一定的必然性和偶然性，经济发展过程也不例外。人们在充分认识事物之前，只知道其中有些因素是确定的，有些因素是不确定的，即存在着偶然性因素。通过对事物发展偶然性的分析，揭示其内部隐藏着的必然性，借此推测事物未来的发展。从偶然性中发现必然性是通过概率论和数理统计方法，求出随机事件出现各种状态的概率，然后根据概率去推测预测对象的未来状态。马尔科夫预测法、交叉影响法等都需要运用概率原理。

2.2.2 经济预测的基本要求

经济预测的准确度愈高，预测效果就愈好。然而，由于各种主客观原因，预测不可能没有误差。为了提高预测的准确程度，预测工作应该满足客观性、全面性、及时性、科学性、持续性和经济性等基本要求。

1. 客观性

经济预测是一种以客观事物作为依据的分析活动，这种活动是通过人的主观活动完成的，可能受到人的知识、经验等的限制，但是预测工作不能主观随意地“想当然”，更不能弄虚作假。

2. 全面性

影响经济活动的因素是多方面的，既包括经济活动本身，也包括政治因素、社会因素和技术因素等。这些因素相互作用使经济活动呈现出纷繁复杂的局面。因此，预测者应从各个角度归纳和概括经济活动的变化，避免以偏概全。

3. 及时性

信息无处不在，无时不有，任何信息对经济活动主体来说，都既是机会又是风险。对预测来说，过时的信息是毫无价值的。信息越及时，不能预计的因素就越少，预测的误差就越小。因此，为了做出正确的决策，需要及时收集相关信息。

4. 科学性

预测所采用的资料，只有经过去粗取精、去伪存真的筛选过程，才能反映预测对象的客观规律。运用资料时，应遵循近期资料影响大、远期资料影响小的规则。预测模型也应精心挑选，必要时还须先进行试验，找出最能代表事物本质的模型，以减少预测误差。

5. 持续性

经济活动的变化是连续不断的，不可能停留在某一个时点上。相应地，经济预测需要不间断地持续进行。实际工作中，一旦经济预测有了初步结果，就应当将预测结果与实际情况相比较，及时纠正预测误差，使经济预测保持较高的动态准确性。

6. 经济性

一般来说，经济预测需要投入大量的人力、物力和财力。因此，进行预测工作时需量力而行，要讲求经济效益。有时，预测者（如企业或公司）在发现自身进行预测时成本太高，可委托专门机构（如咨询公司）来进行预测。

2.2.3 经济预测的基本步骤

预测过程大体包括以下几个步骤：

1. 确定预测目标

预测工作的第一步就是明确预测目标，即预测什么，通过预测要解决什么问题，例如预测某一产品品种的市场需求就是一个具体的预测目标。预测目标规定了预测的内容、范围、要求、期限，它是预测的主题，直接影响预测结果。因此，确定预测目标要准确、清楚和具体。

预测的问题或目的不同，所需的资料和采用的预测方法也有所不同。如对人民群众生活水平，既可从收入方面来预测，也可从消费结构方面来预测，还可从物价变动对生活的影响程度等方面来预测。只有有了明确的目的，才能据以收集必要的统计资料和采用合适的统计预测方法。

2. 拟定预测方案

根据预测目标的内容和要求，编制预测计划和确定参加人员，拟定预测方案，为全面展开预测工作做好组织上、行动上的准备。

3. 收集整理资料

根据预测目标和拟定的预测方案，尽可能全面地收集与预测目标相关的各种资料和数据。例如，根据选定的某种产品市场需求预测目标，广泛收集该产品历史资料及市场经济形势、社会购买力、消费者偏好等有关因素变化的各种信息。准确的统计资料是进行预测的基础。预测之前必须掌握大量（完备）的、全面的、准确有用的数据和情况信息。为保证统计资料的准确性，还必须对资料进行审核、调整和推算。对审核、调整后的资料要进行初步分析，画出统计图形，以观察统计数据的性质和分布，并分析其发展变化的规律，作为选择预测模型的依据。

4. 建立预测模型

在获得数据资料的基础上，根据有关经济理论、预测目标、预测要求及实际情况，选择适当的预测和评估方法，确定经济参数，分析各变量间的关系，建立能反映实际的预测模型。

5. 进行分析评价

利用建立的预测模型和方法，对各种变量数据进行具体计算，并对获得的计算结果进行分析、检验和评价，若预测值和实际值相差较小，在要求允许的范围之内，则预测效果较好，可以采用；反之，则预测效果较差，不能采用。这时，应重新拟定预测方案，建立新的预测模型，进行新的预测和分析。

6. 修正预测结果

在允许的误差范围内，如预测值和预期值差异较大时，应具体分析产生误差的原因，并及时加以修正。

7. 提出分析报告

全面、完整、系统地总结市场预测，提交总结报告。其主要内容有预测目标、预测方法、预测时间、参加人员、参考资料、预测结果以及分析评价意见，作为制定诸如经营战略、销售策略及生产计划等决策的重要依据。

2.3　预测数据的收集与处理

1. 预测数据的来源

预测数据的来源可以是预测者调查收集的第一手资料，也可以是政府、主管业务部门、综合管理部门公布或单位内部积累的历史资料和市场信息资料。

2. 预测数据的要求

预测时，对收集到的资料要认真审核，对不完整的或不便使用的资料要进行必要的推算或调整，保证资料的完整性、准确性、可比性和一致性。

完整性是预测分析对数据资料的要求，是指数据的精确性和可靠性。它是针对防止存在不符合规定的数据和防止因错误信息的输入输出造成错误信息而提出的。

准确性有两方面的含义：一是必须准确反映所代表的经济主体的状态；二是必须是预测分析中所要求的数据。

可比性是通常所说的数据口径问题，即作为预测使用的数据统计口径一致，相互可比。

一致性是指作为预测使用的数据的基本特征或特性相同，其他特性或特征相类似。

3. 预测数据的类型

在经济预测中常见的数据类型有两类。

一类是时间序列数据。它是指对同一经济单元在不同时间连续观察所取得的数据。它着眼于研究对象（经济变量）在时间顺序上的变化，寻找经济对象随着时间变化的规律。

例如，全国 2001—2011 年的城镇居民可支配收入情况如表 2—1 所示。

表 2—1　　2001—2011 年的城镇居民可支配收入

年份	2001	2002	2003	2004	2005	2006	2007	2008	2009	2010	2011
城镇居民可支配收入（元）	6 860	7 703	8 472	9 422	10 493	11 759	13 786	15 781	17 175	19 109	21 810

表 2—1 中的数据就是时间序列数据。

利用时间序列数据作样本时，要注意几个问题：一是所选择的样本区间内经济行为的一致性；二是样本数据在不同样本点之间不可比，需要对原始数据进行调整，消除其不可比因素；三是样本观测值过于集中，因而时间序列数据不适于对模型中反映长期变化关系的结构参数的估计；四是模型随机误差的序列相关问题。

另一类是横截面数据。它是指在某一时点收集的不同经济单元的数据。它对应同一时点上不同经济单元（经济变量）所组成的一维数据集合，研究的是某一时点上的某种经济现象，突出经济单元的差异。

例如，2013 年北京、上海等十个省市的城镇居民人均可支配收入如表 2—2 所示。

表 2—2　　2013 年北京、上海等十个省市的城镇居民人均可支配收入

地区	上海	北京	浙江	广东	江苏	天津	福建	山东	辽宁	内蒙古
城镇居民人均可支配收入（元）	43 851	40 321	37 851	33 090	32 538	32 294	30 816	28 264	25 578	25 497

表 2—2 中的数据就是横截面数据。

横截面数据的突出特点就是离散性强。横截面数据体现的是个体的个性，突出个体的差异，通常横截面数据表现的是无规律的而非真正的随机变化，即计量经济学中所谓的“无法观测的异质性”。在分析横截面数据时，主要应注意两个问题：一是异方差问题。由于数据是在某一时期对个体或地域的样本的采集，不同个体或地域本身就存在差异。二是数据的一致性，主要包括变量的样本容量是否一致，样本的取样时期是否一致，数据的统计标准是否一致。

4. 预测数据的处理

（1）剔除法：就是删除那些不能反映预测对象正常发展趋势的数据。例如，某公司 2005—2013 年销售额总体呈现上升趋势，详见表 2—3。但由于 2009 年受董事长受贿事件等的影响，2009 年的销售额出现明显下滑。如要使用这些数据来建立预测模型并对公司未来前景进行预测，就应该剔除 2009 年的数据。

表 2—3　　某公司 2005—2013 年销售额

年份	2005	2006	2007	2008	2009	2010	2011	2012	2013
销售额（万元）	600	625	700	885	660	1 045	1 205	1 305	1 430

（2）还原法：就是采用一定方式将数据变换成没有偶然因素影响时本应该发生的数据。例如，对表 2—3 中 2009 年的数据，可用使用前后两年数据的算术平均值替代。

$$2009\text{ 年销售额}=\frac{885+1\ 045}{2}=965(\text{万元})$$

（3）拉平法：就是采用一定方式消除因为条件重大变化而导致前后数据出现的较大差异。例如，某公司 2005—2013 年销售额如表 2—4 所示。

表 2—4　　某公司 2005—2013 年销售额（拉平前）

年份	2005	2006	2007	2008	2009	2010	2011	2012	2013
销售额（万元）	600	634	679	623	1 336	1 392	1 449	1 494	1 562

从表 2—4 可知，2009 年销售额出现很明显的增加，主要原因是 2009 年公司新建一条生产线，该生产线可每年为企业新增 700 万元销售收入。因此，在使用表 2—4 中的数据来建立预测模型并对公司未来前景进行预测时，应该将 2009 年以前的各年数据增加 700，即拉平由于新建生产线带来的影响，拉平后的数据如表 2—5 所示。

表 2—5　　某公司 2005—2013 年销售额（拉平后）

年份	2005	2006	2007	2008	2009	2010	2011	2012	2013
销售额（万元）	1 300	1 334	1 379	1 323	1 336	1 392	1 449	1 494	1 562

2.4　经济预测方法

2.4.1　预测方法概述

经济预测的准确性在很大程度上取决于所选择的方法是否科学。选择预测方法要从预测对象的特点出发，综合考虑预测的目的和要求、数据资料、预测费用与收益的比较等因素。预测方法比较多，应用中的关键是选择恰当有效的方法。有时可综合使用多种方法，以便相互验证。

按照预测的性质，可将预测方法分为两大类：定性预测方法和定量预测方法。

定性预测方法是指预测者基于已经掌握的历史资料和直观材料，运用其知识、经验和分析判断能力，对事物的未来发展趋势做出性质和程度上的判断，并通过一定的形式综合各方面的意见，得出统一的预测结论的一类方法。常见的方法有头脑风暴法、德尔菲法等。

定量预测方法是指预测者根据准确、及时、系统、全面的调查统计资料和经济信息，运用统计方法和数学模型，对经济现象未来的规模、水平和比例关系等做出测定的一类方法。常见的方法有趋势外推预测法、回归分析预测法、时间序列预测法等。

2.4.2　预测方法的选择

预测方法的选择主要取决于以下因素：

（1）预测项目的性质，如是定性预测还是定量预测。

（2）决策者对预测的要求，如预测期限要求（是长期预测、中期预测还是短期预测）、预测精度要求等。

（3）预测条件，如收集资料的难易程度，资料的丰富程度和有效程度，预测经费等。

表 2—6 给出了常见预测方法的主要应用范围和特点，仅供预测工作者选择预测方法时参考。

表 2—6　　常见预测方法的主要应用范围和特点

预测方法	主要应用范围	预测精确度			数据条件	预测成本	预测所需时间
		短期预测	中期预测	长期预测			
专家调查法	技术预测；新产品开发	中等至良好	中等至良好	中等至良好	以调查表方式收集信息	中等	两个月以上
移动平均法	有历史统计数据的定量预测	差至良好	差	较差	一定数量的历史数据	低	几天以内
指数平滑法	有历史统计数据的定量预测	中等至良好	差至良好	极差	一定数量的历史数据	低	几天以内
趋势分析法	各种预测对象的趋势分析	良好	良好	良好	最好有 5 年以上数据，视使用趋势形式而定	低	几天以内
时间序列法	有历史统计数据的定量预测	良好至优	良好至中等	差	在模型识别时需要 50 个以上的历史数据	中等偏低	一个星期左右
回归预测法	可以找到相关因素的定量预测	良好至优	良好至优	差	需要数年历史统计数据或调查数据	中等偏低	一个月左右

2.4.3　预测模型的评价标准

对同一个预测项目，可以选用多种预测方法来建立预测模型，利用这些模型往往会得到差异较大的预测结果。因此，这里存在对模型的优劣进行评价的问题。一般地，对预测模型的评价应遵循以下准则：

（1）合理性。此准则要求利用预测模型得到的预测结果应与利用经验和逻辑判断得出的事物发展趋势相一致。

（2）预测能力。此准则要求预测模型要能解释预测期间事物的发展情况并且预测误差要在一定的置信区间。

（3）稳定性。此准则要求预测模型能在较长时期内准确地反映预测对象的发展变化。

（4）简单些。此准则要求预测模型在满足预测能力的前提下尽量形式简单、易于运用。

2.5　经济预测的误差

2.5.1　经济预测的误差原因分析

在经济预测中，我们常会遇到预测值偏低或偏高，出现预测误差的现象。产生误差的主要原因有：

（1）主观因素。预测过程中不论是了解预测系统特性，选择影响预测事物变化的主要因子，对数据的取舍与整理，还是选定预测模型等，都需依赖于人的主观判断和选择。预测者的分析判断能力和认识的局限性是产生预测误差的重要原因之一。因此，熟悉预测对象的过去和现在，知识渊博、经验丰富，计算机应用能力、思维判断能力和责任心比较强的预测者是减小预测误差的重要保证。

（2）条件因素。经济预测是以经济统计资料和经济信息为基础，根据过去和现在的资料去预测未来。不论是时间序列数据还是截面数据，往往都存在不完整、不及时或不准确的现象，这也是产生预测误差的重要原因之一，因此，收集准确、全面、及时的经济统计资料是提高经济预测精确度、减少预测误差的重要条件。此外，经费和期限的约束等都对预测误差具有一定的影响。

（3）技术因素。预测方法和预测模型的选择不恰当，也是产生预测误差的重要原因。常用的经济预测方法有：趋势预测法、时间序列分析预测法、回归分析预测法、马尔科夫预测法等。每一种预测方法都有其优点和不足，适用于不同的对象和条件，具有不同的预测效果、预测能力。因此，在选择预测方法时应避其短用其长，才会提高预测的精确度。只有选用正确的预测方法，才会减少预测误差。

（4）环境因素。作为预测对象的经济现象，总是处在一定的特定环境之中，受多种环境因素（社会、经济、政治、生态、管理等）影响。经济方面的因素如用户的需求及生产成本会影响对某产品的推广应用的预测，社会、生态方面的因素如人口增长、社会水准、生态环境也会影响预测的精度。因此，预测者必须考虑这些环境因素对技术、经济发展的影响程度。

2.5.2 预测误差的度量

记预测指标的实际值序列为 $\{y_1, y_2, \cdots, y_n\}$，相应的预测值序列为 $\{\hat{y}_1, \hat{y}_2, \cdots, \hat{y}_n\}$。

1. 绝对误差 e_i

$$e_i = y_i - \hat{y}_i$$

当 $e_i > 0$，表示 $\hat{y}_i$ 为低估预测值；当 $e_i < 0$，表示 $\hat{y}_i$ 为高估预测值。

2. 相对误差 $\tilde{e}_i$

$$\tilde{e}_i = \frac{y_i - \hat{y}_i}{y_i} \times 100\%$$

相对误差克服了预测指标本身量纲的影响。

3. 平均误差 ME

$$ME = \frac{1}{n}\sum_{i=1}^{n} e_i$$

由于实际值与预测值之间的离差有正有负，相加后会相互抵消，甚至为零，因此该指标实际上无法反映预测误差的大小。

4. 平均绝对误差 MAE

$$MAE=\frac{1}{n}\sum_{i=1}^{n}|e_i|$$

该指标可以反映预测误差的大小。

5. 均方误差 S^2

$$S^2=\frac{1}{n}\sum_{i=1}^{n}e_i^2$$

6. 均方根误差 S

$$S=\sqrt{\frac{1}{n}\sum_{i=1}^{n}e_i^2}$$

2.5.3 预测误差的修正

如前所述，经济预测是在一定内外部条件下基于经济活动过去的信息和现实情况，运用定性、定量的方法或技术来预计和推测未来的过程。一般说来，当经济活动发展规律发生作用的条件不变，合乎规律的经济现象就会重复出现。然而，经济活动的内外部条件总是在不断变化的，经济活动未来的发展也绝不是过去现象的简单重复，因此，预测者必须根据经济活动的内外部条件的变化，及时修正预测误差，为决策提供真实准确的依据。

做好预测误差的修正工作，除了要选择、配备一定数量的懂业务、工作态度好、具有预测经验的人员，构建合理的预测队伍外，还应做好以下工作：首先，要核实已有的数据资料，及时掌握近期有关的经济活动的数据资料，建立经济活动的数据档案，从各种所需资料对比中，分析其特性和成因；其次，要根据资料的具体特征选择预测方法，在符合预测要求的前提下，力求省时、省力、方便、简单；最后，要在真实准确的数据资料与合理预测的方法基础上，进行实事求是的预见和推测，保证预测值的真实可靠。

查明较大误差的成因后，即可对症下药。纠正误差的重要内容之一是修正预测模型。下面以简单平均法逐期修正模型为例进行介绍：

（1）求出相邻两期预测误差的平均值，作为预测模型的修正值，其计算公式为：

$$D_1=\frac{(\hat{Y}_1-Y_1)+(\hat{Y}_2-Y_2)}{2}$$

式中，D_1为修正值；Y_1，$\hat{Y}_1$分别为第一期的实际值和预测值；Y_2，$\hat{Y}_2$分别为第二期的实际值和预测值。

（2）将 D_1加进模型（简单平均法逐期修正模型）的常数项，再用修正后的模型进行第三期预测，求出第二次的修正值 D_2，其计算公式为：

$$D_2=\frac{(\hat{Y}_2-Y_2)+(\hat{Y}_3-Y_3)}{2}$$

再用 D_2 对模型进行修正，依此用简单平均逐期修正预测模型，实质上是边预测边修正，使结果有良好的跟踪性，为预测值的可靠性提供保证。

习　题

1. 简述经济预测的含义及特点。
2. 简述经济预测的基本原理及要求。
3. 简述经济预测的基本步骤。
4. 简述预测数据的类型及处理方法。
5. 简述经济预测误差原因及修正方法。

定性预测方法 第3章

3.1 定性预测法概述

3.1.1 定性预测法的含义

定性预测是指预测者基于已经掌握的历史资料和直观材料，运用其知识、经验和分析判断能力，对事物的未来发展趋势做出性质和程度上的判断，并通过一定的形式综合各方面的意见，得出统一的预测结论。

这种方法不可能提供有关事件的精确的定量概念，而只能定性地估计某一事件的发展趋势、优劣程度和发生的概率。预测准确与否完全取决于预测者的知识和经验。进行定性预测时，虽然为了汇总个人意见和综合地说明问题，也需将定性的资料进行量化，但并不改变这种方法的性质。

定性预测特别适合于对预测对象的数据资料（包括历史的和现实的）掌握不充分，或影响因素复杂，难以用数字描述，或对主要影响因素难以进行数量分析等情况。由于该方法不用或很少用数字模型，预测结果并没有经过量化或者定量分析，因而受人为的主观因素影响大，客观确定性差，精度难以估计和控制。

定性预测方法的主要用途是：在定量分析之前进行定性分析，明确发展趋势，为定量分析做准备工作；在缺乏定量预测的数据时，直接进行预测；与定量分析方法结合使用，以提高预测的可靠程度；对定量预测的结果进行评价。

3.1.2 定性预测法的优点及不足

1. 定性预测法的优点

优点主要表现为：第一，定性预测通常比定量预测操作简单，且操作成本低；第二，由于定性预测的资料收集等大部分来源于消费现场，可以了解到消费者的动机及感觉，这是定量预测无法做到的；第三，定性预测方法往往是定量调查的前提，对于市场调研者或决策者来说，往往是将这两种预测方法综合使用。所以，当这两种方法有效地结合起来后，可以更透彻地了解消费者的要求。

2. 定性预测法的不足

不足主要表现为：第一，定性预测法只能预测简单的事件，对技术要求比较高的决策事件无法提供准确的预测；第二，定性预测法的主观性较强，往往由于个人主观的错误而带来整个预测结果的偏差；第三，由于个人之间的意见有时偏差较大，因而一般不易得出综合意见。

3.2 头脑风暴法

3.2.1 头脑风暴法概述

头脑风暴法又称智力激励法、BS法，是由美国创造学家A. F. 奥斯本于1939年首次提出、1953年正式发表的一种激发创造性思维的方法。此法经各国创造学研究者的实践和发展，形成了一个系列方法群，如奥斯本智力激励法、默写式智力激励法、卡片式智力激励法等。

头脑风暴法是一种专家会议法，就是指根据规定的原则选定一定数量的专家，按照一定的方式组织专家会议，发挥专家集体的智力结构效应，对预测对象未来的发展趋势及状况，作出判断的方法。它通过小型会议的组织形式，让所有参加者在自由愉快、畅所欲言的气氛中，自由交换想法或点子，并以此激发与会者的创意及灵感，使各种设想在相互碰撞中激起脑海的创造性“风暴”。

这种方法适合于解决那些比较简单、严格确定的问题，比如研究产品名称、广告语、销售方法、产品的多样化研究等，以及需要大量构思、创意的行业，如广告业。

3.2.2 头脑风暴法的操作程序

头脑风暴法的操作程序如下。

1. 确定议题

一个好的头脑风暴法从对问题的准确阐明开始。因此，实施头脑风暴法之前应对所议问题进行一定的研究，弄清问题的实质，找到问题的关键，设定解决问题所要达到的目标。一般而言，比较具体的议题能使与会者较快产生设想，主持人也较容易掌握；比较抽象和宏观的议题引发设想的时间较长，但设想的创造性也可能较强。

2. 准备阶段

收集一些资料预先给大家参考，以便与会者了解与议题有关的背景材料和外界动态。同时选定参加会议人员，一般以5～10人为宜，不宜太多。会场可作适当布置，座位排成圆环形的环境往往比教室式的环境更为有利。应提前将会议的时间、地点、所要解决的问题、可供参考的资料和设想、需要达到的目标等事宜一并提前通知与会人员，让大家做好充分的准备。

3. 明确分工

要推选一名主持人，1～2 名记录员（秘书）。主持人的作用是在头脑风暴畅谈会开始时重申讨论的议题和纪律，在会议进程中启发引导，掌握进程，如通报会议进展情况，归纳某些发言的核心内容，提出自己的设想，活跃会场气氛，或者让大家静下来认真思索片刻再组织下一个发言高潮等。记录员应将与会者的所有设想都及时编号，简要记录，最好写在黑板等醒目处，让与会者能够看清，记录员也应随时提出自己的设想，切忌持旁观态度。

4. 热身阶段

这个阶段的目的是创造一种自由、密切配合、祥和的氛围，使大家得以放松，进入一种无拘无束的状态。主持人宣布开会后，先说明会议的规则，然后随便谈点有趣的话题或问题，让大家的思维轻松和活跃起来。

5. 明确问题

主持人扼要地介绍有待解决的问题。介绍时须简洁、明确，不可过分周全，否则，过多的信息会限制人的思维，干扰思维创新的想象力。

6. 重新表述问题

经过一段讨论后，大家对问题已经有了较深程度的理解。这时，为了使大家对问题的表述能够具有新角度、新思维，主持人或记录员要记录大家的发言，并对发言记录进行整理。通过记录的整理和归纳，找出富有创意的见解，以及具有启发性的表述，供下一步畅谈时参考。

7. 畅谈阶段

畅谈是头脑风暴法的创意阶段。为了使大家能够畅所欲言，需要制定的规则是：第一，不要私下交谈，以免分散注意力。第二，不妨碍及评论他人发言，每人只谈自己的想法。第三，发表见解时要简单明了，一次发言只谈一种见解。主持人首先要向大家宣布这些规则，随后引导大家自由发言，自由想象，自由发挥，使彼此相互启发，相互补充，真正做到知无不言，言无不尽，畅所欲言，然后对会议发言记录进行整理。

8. 筛选阶段

会议结束后的一两天内，主持人应向与会者了解会后的新想法和新思路，补充会议记录。然后将大家的想法整理成若干方案，再根据一定的标准进行筛选。经过多次反复比较和优中择优，最后确定 1～3 个最佳方案。这些最佳方案往往是多种创意的优势组合，是大家集体智慧综合作用的结果。

3.2.3 头脑风暴法的五大原则及注意事项

1. 头脑风暴法的五大原则

（1）自由畅谈原则。该原则要求参加者能解放思想，不受任何条条框框限制，无拘无束地思考问题并畅所欲言，不必顾虑自己的想法是否离经叛道或荒唐可笑。参加者从不同角度、不同层次，大胆地展开想象，尽可能地标新立异，与众不同，提出独创性的想法。

（2）延迟评判原则。该原则要求一切评价和判断都要延迟到会议结束以后才能进行。头脑风暴法必须坚持当场不对任何设想作出评价的原则。既不能肯定某个设想，又不能否定某个设想，也不能对某个设想发表评论性的意见。这样做一方面是为了防止评判约束与会者的积极思维，破坏自由畅谈的有利气氛；另一方面是为了集中精力先开发设想，避免把应该在后阶段做的工作提前进行，影响创造性设想的产生。

（3）禁止批评原则。绝对禁止批评是头脑风暴法应该遵循的一个重要原则。参加头脑风暴会议的每个人都不得对别人的设想提出批评意见，因为批评无疑会对创造性思维产生抑制作用。同时，发言人的自我批评也在禁止之列。有些人习惯于用一些自谦之词，这些自我批评性质的说法同样会破坏会场气氛，影响自由畅想。

（4）以量求质原则。头脑风暴法的目标是获得尽可能多的设想，追求数量是它的首要任务。参加会议的每个人都要尽可能多而广地提出设想，以大量的设想来保证质量较高的设想的存在。至于设想的质量问题，自可留到会后的设想处理阶段去解决。在某种意义上，设想的质量与数量密切相关，产生的设想越多，其中的创造性设想就可能越多。

（5）结合改进原则。在头脑风暴法中应尽量鼓励参加者积极进行智力互补，鼓励参加者对他人已经提出的设想进行补充、改进和综合，鼓励参加者注意思考如何把两个或更多的设想结合成另一个更完善的设想。

2. 注意事项

（1）关于议题的选择。议题的选择应从平日悬而未决的问题着手。也就是说，议题的选择，必须合乎参加者的层次和关心程度，应以参加者一直期待解决的问题为最佳。当然事先公开议题的做法也是可行的，但参加人员是否会围绕议题尽力去思考设想，仍有必要斟酌。因而将大议题细化，从参加者关心程度较高的议题开始，不失为一种好的办法。

议题的内涵应该明确，不该模棱两可、似是而非。会议开始后，主持人应仔细阐述议题，以便参加者理解。

（2）关于专家的选取。为提供一个良好的创造性思维环境，应该确定专家会议的最佳人数和会议进行的时间。经验证明，专家小组的规模以 10～15 人为宜，会议时间一般以 20～60 分钟最佳。

专家的人选应严格限制，便于参加者把注意力集中于所涉及的问题。具体应按照下述三个原则选取：

第一，如果参加者相互认识，要从同一职位（职称或级别）的人员中选取。领导人员不应参加，否则可能对参加者造成某种压力。

第二，如果参加者互不认识，可从不同职位（职称或级别）的人员中选取。这时不应宣布参加人员的职称，不论成员的职称或级别高低，都应同等对待。

第三，参加者的专业应力求与所论及的决策问题相一致，这并不是专家组成员的必要条件。但是，专家中最好包括一些学识渊博，对所论及问题有较深理解的其他领域的专家。

一般说来，头脑风暴法专家小组应由下列人员组成：

方法论学者——专家会议的主持者；

设想产生者——专业领域的专家；

分析者——专业领域的高级专家；

演绎者——具有较强逻辑思维能力的专家。

（3）主持人须知。头脑风暴法的主持工作最好由对决策问题的背景比较了解并熟悉头脑风暴法的程序和方法的人担任。

- 在参加者的发言气氛相当热烈时，可能会出现许多违背五大原则的现象，如嘲笑别人的意见、公开评论他人的意见等情况，此时主持人应当立即制止。
- 当许多灵感陆续被激发出来，而参与者也呈疲惫状，灵感激发速度明显下降时，主持人可以以“每人再提两个设想就结束”之类的话结束会议。
- 为避免参加者太疲倦而产生反感甚至厌恶情绪，主持人应控制好时间，一般建议控制在 30 分钟左右。
- 会议结束后，主持人应表示感谢并鼓励和表扬大家。

（4）记录员须知。记录员应依照发言顺序标号记录设想，在发言内容含糊不清时，应向发言者确认，发言内容过长时，仅记录要点即可。字迹要清晰，确保每位参与者都能看清，卡片内容应简洁整齐。

（5）注意记录的分类整理工作。会议结束后应该对所作记录进行分类整理，并加以补充，然后交由具有丰富经验和专业知识的专家组进行筛选。筛选应从可行性、应用效果、经济回报率、紧迫性等多个角度进行，以选择最恰当的设想。

此外，由于用头脑风暴法产生出来的构想，大部分都只是一种提示，绝少是可以用来直接解决问题的，因此整理、补充和完善构想这一步就显得相当重要。

3.2.4 头脑风暴法的优点及不足

头脑风暴法的优点在于：有助于专家交换意见，通过互相启发，可以弥补个人意见的不足；通过内外信息的交流与反馈，产生“思维共振”，进而将产生的创造性思维活动集中于预测对象，在较短时间内得到富有成效的创造性成果，为决策提供预测依据。

头脑风暴法的不足之处在于：邀请的专家人数受到一定的限制，若挑选不恰当，容易导致策划的失败。而且，由于专家的地位及名誉等原因，有些专家不敢或不愿当众说出与己相异的观点。

3.2.5 头脑风暴法的经典案例

盖莫里公司是法国的一家拥有 300 人的中小型私人企业，该企业生产的电器产品有许多竞争者。该企业的销售负责人参加了一个关于发挥员工创造力的会议后大受启发，开始在自己公司谋划成立一个创意小组。

在冲破来自公司内部的层层阻力后，负责人把整个小组（约 10 人）安排到一家乡村小旅馆里，在之后的三天中，每人都采取措施，以避免外部的电话或其他干扰。

第一天全部用来训练，通过各种训练，组内人员开始相互认识，他们相互之间的关系逐渐融洽，开始还有人感到惊讶，但很快他们就进入了角色。

第二天开始应用创造力训练技能，涉及头脑风暴法以及其他方法。他们要解决的问题有两个：发明一种拥有其他产品没有的新功能电器，然后为此新产品命名。

在这两个问题的解决过程中，都用到了头脑风暴法，但在解决为新产品命名这一问题过程中，经过两个多小时的激烈讨论，共取了 300 多个名字，主管则暂时将这些名字保存起来。

第三天一开始，主管便让大家根据记忆，默写出昨天大家提出的名字。在 300 多个名字中，大家只记住 20 多个。然后主管又在这 20 多个名字中筛选出了 3 个大家认为比较可行的名字。再就这些名字征求顾客意见，最后确定了一个名字。

结果，新产品一上市，便因为其新颖的功能和朗朗上口、让人回味的名字，受到了顾客的热烈欢迎，迅速占领了大部分市场，在竞争中击败了对手。

员工的创造潜力是巨大的，一个优秀的领导者应该懂得如何发掘和运用这一潜力。

3.3 德尔菲法

3.3.1 德尔菲法概述

德尔菲法（Delphi method）是在 20 世纪 40 年代由 O. 赫尔姆和 N. 达尔克首创，经过 T. J. 戈尔登和兰德公司进一步发展而成的。1946 年，兰德公司为避免集体讨论存在的屈从于权威或盲目服从多数的缺陷，首次用这种方法进行定性预测，后来这种方法被广泛采用。20 世纪中期，当美国政府执意发动朝鲜战争时，兰德公司提交了一份预测报告，预言这场战争必败。政府没有采纳，结果一败涂地。从此以后，德尔菲法得到广泛认可。

德尔菲法最初产生于科技领域，后来逐渐应用于众多领域的预测，如军事预测、人口预测、医疗保健预测、经营和需求预测、教育预测等。此外，还用于评价、决策、管理沟通和规划工作。

德尔菲法是依据系统的程序，采用匿名发表意见的方式，即团队成员之间不互相讨论，不发生横向联系，只能与调查人员联系，反复填写问卷，以集结问卷填写人的共识及收集各方意见，经过反复征询、归纳、修改，最后汇总成专家基本一致的看法，作为预测的结果。

这种特殊的经验意见综合法，与一般的经验意见综合法相比有四个显著特点：

（1）匿名性。在德尔菲法每一轮的征询中，均采取背靠背的办法向专家征询意见，专家之间彼此不通气。这样做可以保证每位专家（如老前辈或者较高地位者）不可能制约其他人的意见，使其他人碍于情面而不提出不同的意见。所以，匿名可以创造一种平等、自由的气氛，鼓励专家发表自己的见解。

（2）反馈性。采用德尔菲法要多次轮番征询意见，每次征询都必须把预测主持者的要求和已经参加应答的专家的意见的统计资料反馈给专家，具有信息反馈沟通特点。经过多次反馈，可以不断修正预测意见，使预测结果比较准确可靠。

（3）集思广益。在整个预测过程中，每一轮都将上一轮的许多意见与信息进行汇总和反馈，可以使专家在背靠背的情况下，能充分了解各方面的客观情况和别人的意见，以及持不同意见的理由，有助于专家开拓思路，集思广益。

（4）趋同性。德尔菲法注意对每一轮专家意见作出定量的统计归纳，使专家能借助反馈意见，最后使预测意见趋于一致。因此，无论是从理论上还是从实践情况来看，德尔菲法常常能使专家的预测结果“趋同”，而且这种“趋同”不带有集体讨论预测法中盲从权威的色彩。

总之，德尔菲法既能发挥每个专家的经验和判断力，又能将个人的意见有效地综合为集体意见。可以认为，它是一种科学性较强、适用范围广、可操作性强、较为实用的定性预测方法。然而，德尔菲法也有一定的局限性，例如，预测需要的时间较长，主要凭专家的主观判断，缺乏客观标准等。为了克服上述局限，预测者应在保证科学性、合理性的前提下，灵活运用德尔菲法。

3.3.2 德尔菲法的实施步骤

德尔菲法的实施主要包括三个步骤：准备阶段、轮番征询阶段和作出预测结论阶段。

1. 准备阶段

此阶段主要完成以下三项工作：

（1）确定预测主题，归纳预测事件。预测主题就是所要研究和解决的问题。一个主题可以包括若干个事件。事件是用来说明主题的主要指标。

（2）拟定意见征询表。根据预测的目的和要求，拟定需要调查了解的问题，列成预测意见征询表。征询表的设计应做到：主题明确，中心突出；语言简练，文字表达准确，不会让人产生误解；问题简单明确，而且数量不宜过多；问题之间应当有一定的内在联系，以便被征询者有一个连贯的思路；问题要有启发性；问题的解答应当便于量化处理；表格的设计应当清楚，不要太复杂；表格中应当提供已掌握的背景材料，供专家预测时参考。总之，征询表的设计要有利于专家充分发表自己的意见，同时又不离题。

（3）选择专家。根据预测主题所需要的知识范围确定专家。专家应当对预测主题和预测问题有比较深入的研究，知识渊博，经验丰富，思路开阔，富有创造性和判断力。

专家的选择要注意以下几点：

第一，自愿性。选择专家时应考虑专家是否有时间，有精力；是否愿意参加此项预测活动。只有充分考虑专家的自愿性，才能避免专家意见回收率低的问题，保证专家充分发挥积极性、创造性和聪明才智。

第二，广泛性。德尔菲法要求专家有广泛的来源，这也是因为定性预测本身有多样化的知识面的需求。专家组一般应由本部门专家、行业专家和社会专家组成，各占 1/3。

第三，人数适度。选择的专家的人数要适度，人数过少，缺乏代表性，信息量不足；人数过多，组织工作困难，成本增加。专家人数的多少，可根据预测主题的大小和涉及面的宽窄而定，一般以 10～50 人为宜。对重大问题的预测，专家人数可适当增加。

2. 轮番征询阶段

准备阶段的各项工作完成后，就要进入向专家进行正式调查的阶段。这一阶段主要通过轮番征询专家的意见来实现。

在第一轮征询中，首先，预测主持者首先通过书信向专家寄送意见征询表，请专家于限定时间内寄回结果。其次，各个专家根据自己所收到的材料，提出自己的预测意见，并说明自己是怎样利用这些材料并提出预测值的，然后在规定时间内将结果反馈给预测小组。

在第二轮征询中，接到各专家的结果之后，将各种不同意见进行综合整理和汇总，列成图表，进行对比，再分送给各位专家，请他们对各种意见进行比较、修正或发表自己的意见、判断。

在第三轮征询中，将所有专家的修改意见收集起来，汇总，再次分发给各位专家。

这样一轮一轮地征询下去，直到每一个专家不再改变自己的意见为止。逐轮收集意见并为专家反馈信息是德尔菲法的主要环节。收集意见和信息反馈一般要经过三四轮。在向专家进行反馈的时候，只给出各种意见，但并不说明发表各种意见的专家的具体姓名。

3. 作出预测结论阶段

根据几次提供的全部资料和几轮反复修改以后的各方面的意见，最后作出预测结论。

3.3.3　意见统计处理方法

在作出预测结论阶段及轮番征询阶段，最主要的工作是用一定的统计方法对专家的意见作出统计归纳处理。常用的统计处理方法有：中位数和上下四分位数法、算术平均统计处理法、主观概率统计处理法等。

下面举例说明。

例 3—1　假定 n 位专家预测值依据情况排列后为 $x_1 \leqslant x_2 \leqslant x_3 \leqslant \cdots \leqslant x_n$。已知预测值序列如表 3—1 所示。试计算中位数、四分位数和算术平均值。

表 3—1 预测值序列

x_i	10	11	12	14	14	15	18	19	20	22	23

解 中位数、上四分位数、下四分位数的项数（位置）及算术平均值的公式分别为：

$$中位数的项数=\frac{n}{2}$$

$$上四分位数的项数=\frac{n+1}{4}$$

$$下四分位数的项数=\frac{3(n+1)}{4}$$

$$算术平均值=\sum\frac{x_i}{n}$$

因此，基于表 3—1 中的数据，利用上述公式计算得到：

中位数的位置为 6，数值为 15；

上四分位数的位置为 3，数值为 12；

下四分位数的位置为 9，数值为 20；

算术平均值为 15.3。

通过 Excel 的内置函数 MEDIAN 和 QUARTILE 可分别计算中位数和四分位数。

MEDIAN 格式：MEDIAN（参数 1，参数 2，…，参数 30）。

功能说明：参数表的每一个参数可为专家给出的预测值或所在的单元格，可以同时处理 30 组数，结果值是这些数的中位数。

QUARTILE 格式：QUARTILE（数组，分位点）。

功能说明：数组是数值数组或数值所在单元格范围，而分位点可以为 0（得到最小值），1（计算上四分位数），2（得到中位数），3（计算下四分位数）和 4（得到最大值）。

例 3—2 假定华联公司准备于计划期间推出一种新型切削工具，该工具过去没有销售记录。现聘请工具专家、销售部经理、外地经销商负责人等 9 人采用德尔菲法来预测计划期间该项新型切削工具的全年销售量。假定对专家进行 3 次征询，征询得到的结果如表 3—2 所示。又假定每次征询中最高、最可能、最低的销售量所占权数（即主观概率）分别为 0.3，0.5，0.2。

表 3—2 德尔菲法分析表（计算结果）

专家编号	第一次判断销售量			第二次判断销售量			第三次判断销售量		
	最高	最可能	最低	最高	最可能	最低	最高	最可能	最低
1	1 800	1 500	100	1 800	1 500	1 200	1 800	1 500	1 100
2	1 200	900	400	1 300	1 000	600	1 300	1 000	800
3	1 600	1 200	800	1 600	1 400	1 000	1 600	1 400	1 000

续前表

专家编号	第一次判断销售量			第二次判断销售量			第三次判断销售量		
	最高	最可能	最低	最高	最可能	最低	最高	最可能	最低
4	3 000	1 800	1 500	3 000	1 500	1 200	2 500	1 200	1 000
5	700	400	200	1 000	800	400	1 200	1 000	600
6	1 500	1 000	600	1 500	1 000	600	1 500	1 200	600
7	800	600	500	1 000	800	500	1 200	1 000	800
8	1 000	600	500	1 200	800	700	1 200	800	700
9	1 900	1 000	800	2 000	1 100	1 000	1 200	800	600
平均值	1 500	1 000	600	1 600	1 100	800	1 500	1 100	800
预测值	1 140								

解 记 $y_{ij}(k)$ 表示专家 k 第 i 次在状态 s_j 下预测值，$p(s_j)$ 为状态 s_j 的概率。状态 s_j 为高、最可能或最低。

$$\text{第 } i \text{ 次预测的平均值 } X_i = \sum_{k=1}^{K}\sum_{j=1}^{J} x_{ij}p(s_j),\quad K=9;\ J=3$$

$$\text{最后预测值 } X = \sum_{i=1}^{I} X_i,\quad I=3$$

因此，得

$$X_1 = 1\,500\times0.3+1\,000\times0.5+600\times0.2=1\,070$$

$$X_2 = 1\,600\times0.3+1\,100\times0.5+800\times0.2=1\,190$$

$$X_3 = 1\,500\times0.3+1\,100\times0.5+800\times0.2=1\,160$$

$$X=\frac{X_1+X_2+X_3}{3}=\frac{1\,070+1\,190+1\,160}{3}=1\,140$$

3.3.4 注意事项

特别需要注意两点：

（1）并不是所有被预测的事件都要经过四步。可能有的事件在第二步就达到统一，而不必在第三步中出现。

（2）在第四步结束后，专家对各事件的预测也不一定都达到统一。不统一也可以用中位数和上下四分位点来作结论。事实上，总会有许多事件的预测结果是不统一的。

其他注意事项：

（1）为专家提供充分的信息，使其有足够的根据做出判断。例如，为专家提供所收集的有关企业人员安排及经营趋势的历史资料和统计分析结果等。

（2）所提的问题应是专家能够回答的问题。

（3）允许专家粗略地估计数字，不要求精确。但可以要求专家说明预计数字的准确程度。

（4）尽可能将过程简化，不问与预测无关的问题。

（5）保证所有专家都能够从同一角度去理解员工分类和其他有关定义。

（6）向专家讲明预测对企业和下属单位的意义，以争取他们对德尔菲法的支持。

3.3.5 德尔菲法的优缺点

德尔菲法同常见的召集专家开会、通过集体讨论、得出一致预测意见的专家会议法既有联系又有区别。德尔菲法能发挥专家会议法的优点，即：

（1）能充分发挥各位专家的作用，集思广益，准确性高。

（2）能把各位专家意见的分歧点表达出来，取各家之长，避各家之短。

同时，德尔菲法又能避免专家会议法的缺点：

（1）权威人士的意见影响他人的意见。

（2）有些专家碍于情面，不愿意发表与其他人不同的意见。

（3）出于自尊心而不愿意修改自己原来不全面的意见。

德尔菲法的主要缺点是过程比较复杂，花费时间较长，主要凭专家的主观判断，缺乏客观标准等。

3.3.6 德尔菲法的应用案例

某书刊经销商采用德尔菲法对某一专著销售量进行预测。该经销商首先选择若干书店经理、书评家、读者、编审、销售代表和海外公司经理组成专家小组。将该专著和一些相应的背景材料发给各位专家，要求大家给出该专著最低销售量、最可能销售量和最高销售量三个数字，同时说明自己作出判断的主要理由。将专家的意见收集起来，归纳整理后返给各位专家，然后要求专家参考他人的意见重新考虑自己的预测。专家完成第一次预测并得到第一次预测的汇总结果以后，除书店经理外，其他专家在第二次预测中都做了不同程度的修正。在第三次预测中，大多数专家又一次修改了自己的看法。第四次预测时，所有专家都不再修改自己的意见。因此，专家意见收集过程在第四次以后停止。最终预测结果为最低销售量 26 万册，最高销售量 60 万册，最可能销售量 46 万册。

德尔菲法作为一种主观的定性方法，不仅可以用于预测领域，而且可以广泛用于各种评价指标体系的建立和具体指标的确定过程。

例如，在考虑一项投资项目时，需要对该项目的市场吸引力作出评价。我们可以列出同市场吸引力有关的若干因素，包括整体市场规模、年市场增长率、历史毛利率、竞争强度、对技术的要求、对能源的要求、对环境的影响等。市场吸引力的这一综合指标就等于上述因素加权求和。每一个因素在构成市场吸引力时的重要性即权重和该因素的得分，需要由管理人员的主观判断来确定。这时，可以采用德尔菲法。

3.4 其他定性预测法

3.4.1 主观概率法

1. 概述

概率是随机事件发生的可能性大小，分为主观概率和客观概率。主观概率是人们凭经验或直觉估算出来的概率。客观概率是根据事件发展的客观性统计出来的一种概率。一般情况下，人们无法计算事情发生的客观概率，只能用主观概率来描述事件发生的可能性大小（即概率）。

在经济预测活动中，许多经济事件根本无法重复试验，因此在事件发生前只能对预测问题进行逻辑推理，主观估计出其发生的概率。主观概率法是一种适用性很强的统计预测方法，可以用于人类活动的各个领域。

用主观概率法有如下的步骤：

（1）准备相关资料。

（2）编制主观概率调查表。

（3）汇总整理。

（4）判断预测。

在预测中常用的主观概率法有主观概率加权平均法和累积概率中位数法。

2. 主观概率加权平均法

该方法是以主观概率为权数，对各种预测值进行加权平均，求得最终预测值的一种方法。其主要步骤如下：

（1）确定主观概率。根据掌握的各种资料来确定各种可能情况发生的主观概率。

（2）计算平均期望预测值。

以下举例说明。

例 3—3 某汽车企业根据市场销售的历史和现状，对下一年度销售情况及可能出现的市场状态进行估计。通过对 8 位市场专家进行调查，得到不同市场状态下的估计值和可能的概率，如表 3—3 所示。

表 3—3　不同市场状态下的估计值和可能的概率　单位：千辆

参与预测人员编号	市场需求高		市场需求一般		市场需求低		期望值
	估计值	概率	估计值	概率	估计值	概率	
1	279	0.33	257	0.49	228	0.18	259
2	261	0.39	275	0.45	263	0.16	268
3	269	0.29	272	0.47	217	0.24	258
4	234	0.25	226	0.41	220	0.34	226
5	208	0.37	228	0.42	237	0.21	222
6	232	0.27	205	0.41	253	0.32	228

续前表

参与预测人员编号	市场需求高		市场需求一般		市场需求低		期望值
	估计值	概率	估计值	概率	估计值	概率	
7	225	0.3	222	0.41	240	0.29	228
8	222	0.3	268	0.37	207	0.33	234

解 首先，计算每个参与预测人员的期望值。计算公式为：

期望值＝需求高时的估计值×概率＋需求一般时的估计值×概率＋需求低时的估计值×概率

如1号参与预测人员预测的期望值为：

$$279\times0.33+257\times0.49+228\times0.18=259(\text{千辆})$$

依此类推，计算其他人员预测的期望值，如表3—3所示。

其次，计算平均期望值。考虑到各位参与预测人员的地位、作用和权威性的不同，分别给予1～8号人员权数1，2，3，3，2，4，4和5。则平均期望值为：

$$\frac{259\times1+268\times2+258\times3+226\times3+222\times2+228\times4+228\times4+234\times5}{1+2+3+3+2+4+4+5}$$
$$=237(\text{千辆})$$

因此，可以认为下一年度汽车销售量为237千辆。

3. 累积概率中位数法

这种方法是根据累积概率，确定不同预测值的中位数，对预测值进行点估计和区间估计。主要步骤如下：

(1) 确定主观概率及其累积概率。每个参与预测人员都要根据现有的资料对未来销售额可能情况进行估计，并给出可能发生的不同概率，概率要在0～1之间分出多个层次，如0.01，0.125，0.25，…，0.99等，一般用累积概率，并填写主观概率调查表，如表3—4所示。

表3—4　主观概率调查表

参与预测人员编号	累积概率								
	0.01	0.125	0.25	0.375	0.5	0.625	0.75	0.875	0.99
	(1)	(2)	(3)	(4)	(5)	(6)	(7)	(8)	(9)

表3—4中第(1)列累积概率为0.01的估计值是可能的最小数值，表示小于该数值的可能性只有1%。

表3—4中第(9)列累积概率为0.99的估计值是可能的最大数值，说明大于该数值的可能性只有1%。

表3—4中第(5)列累积概率为0.5的估计值是最大、最小的中间值，说明大于和小于该数值的机会都是50%。

（2）汇总整理，并进行分析。即将各个参与预测人员填好的调查表进行汇总，并作出点估计和区间估计。

以下举例说明。

例 3—4　A 汽车公司预测 B 区域 2015 年的汽车需求量，选取了 12 位调查人员进行主观概率法预测，调查汇总数据如表 3—5 所示。试对该公司 2015 年的需求量进行预测分析。

表 3—5　**调查汇总数据**　单位：辆

参与预测人员编号	累积概率								
	0.01	0.125	0.25	0.375	0.5	0.625	0.75	0.875	0.99
	(1)	(2)	(3)	(4)	(5)	(6)	(7)	(8)	(9)
1	5 697	5 770	5 827	5 892	5 953	6 009	6 072	6 136	6 215
2	5 378	5 439	5 491	5 552	5 625	5 686	5 761	5 840	5 895
3	5 305	5 381	5 442	5 508	5 580	5 638	5 697	5 747	5 802
4	5 311	5 372	5 440	5 495	5 552	5 611	5 679	5 732	5 784
5	5 730	5 791	5 860	5 936	6 009	6 082	6 145	6 219	6 282
6	5 940	6 013	6 072	6 151	6 208	6 259	6 318	6 382	6 437
7	5 504	5 574	5 640	5 692	5 751	5 822	5 890	5 947	6 001
8	5 407	5 459	5 522	5 584	5 647	5 705	5 773	5 852	5 912
9	5 492	5 551	5 626	5 686	5 764	5 828	5 881	5 956	6 034
10	5 463	5 525	5 596	5 648	5 698	5 765	5 818	5 890	5 962
11	5 820	5 899	5 955	6 032	6 109	6 170	6 222	6290	6 356
12	5 199	5 256	5 314	5 381	5 437	5 499	5 568	5 634	5 692
平均值	5 521	5 586	5 649	5 713	5 778	5 840	5 902	5 969	6 031

解　分析与预测：

（1）综合考虑每一个调查人员的预测，在每个累积概率上取平均值，得到在此累积概率下的预测需求量。由表 3—5 可以得出 A 汽车公司在 B 区域 2015 年需求量预测最低可到 5 521 辆，小于这个数值的可能性只有 1%。

（2）A 汽车公司在 B 区域 2015 年需求量预测最高可到 6 031 辆，大于这个数值的可能性只有 1%。

（3）可以用 5 778 辆作为 A 汽车公司在 B 区域 2015 年需求量的预测值。这是最大值与最小值之间的中间值。其累积概率为 50%，是需求量期望值的估计数。

（4）取预测误差为 200 辆，则预测区间为：（5 778－200）～（5 778＋200），即商品销售额的预测值为 5 578～5 978 辆。

（5）当预测需求量为 5 578～5 978 辆时，在第（3）列到第（8）列的范围之内，其发生概率相当于 0.875－0.125＝0.7。也就是说，需求量为 5 578～5 978 辆的可能性为 70%。

3.4.2　对比类推法

对比类推法是指应用类推性原理，将预测目标与其他类似事物进行对比分析，以推断其未来发展趋势的一种推断方法。

世界上有许多事物的变化发展规律带有某种相似性。对比类推法就是指利用事物之间的相似性，把已发生事物的表现过程类推到后发生或将发生的事物上，从而对后继事物的前景做出预测。依据类推目标，对比类推法可以分为行业类推法、产品类推法、地区类推法和局部总体类推法。

1. 行业类推法

行业类推法是根据同一产品在不同行业使用时间的先后，利用该产品在先使用行业所呈现出的特性，类推该产品在后使用行业的规律。

这种对比类推往往用于新产品开发预测，以相近行业的相近产品的发展变化情况来类比某种新产品的发展方向和变化趋势。许多产品的发展是从某一行业市场开始的，逐步向其他行业推广，如电脑最初是在科研和教育领域使用，然后才转向商用和家用。

2. 产品类推法

产品类推法就是以市场上的同类产品或类似产品在发展中所表现出的特征来类推某产品的生命周期。许多产品在功能、构造、技术、用途等方面具有极大的相似性，因而这些产品的市场发展规律往往也有某种相似性，这样就可以利用这些相似性进行类推。

例如，可以利用直角平面电视的发展特性类推纯平彩电的发展特性。直角平面电视与纯平彩电的功能是相似的，因此可以根据直角平面电视市场的发展过程类推纯平彩电的市场需求变化趋势。与其他家电产品一样，直角平面电视的发展过程遵循一个萌芽—成长—成熟—衰退的生命周期演变过程，不同阶段其市场需求特征是不同的。一般来说，直角平面电视产品在5%以下家庭使用时，尚处萌芽期；有15%的家庭使用时，属成长期；有30%的家庭使用时，就进入成熟期，有70%的家庭使用时，就属衰退期，所以通过对直角平面电视发展过程进行分析，掌握直角平面电视各个阶段的市场需求特征及发生转折的时机，就可以对纯平彩电市场需求进行估计。

3. 地区类推法

地区类推法是依据其他地区（或国家）曾经发生过的事件进行类推。这种推算方法是把所要预测的产品同国内外同类产品的发展过程或变动趋势相比较，找出某些共同的变化规律，用于推测目标的变化趋势。

以下举例说明。

例 3—5 已知某数码产品公司在A，B，C，D，E和F六个区域上年数码产品的销售情况及各区域人口数如表3—6所示。经过对A区域消费者的抽样调查，预测今年A区域的人均数码产品需求量为5件/人。假设今年各区域人口数不变及消费习惯基本保持不变，请运用对比类推预测法，根据A区域情况预测各区域今年的数码产品销售量。

表 3—6　上年数码产品销售情况

区域	销售量（万件）	人口数（万人）
A	88	20
B	140	30
C	120	25
D	170	40
E	115	28
F	160	35

解　分析及预测：

这里的预测目标是根据 A 区域今年的数码产品需求量（5 件/人），预测 B，C，D，E 和 F 五个区域今年的数码产品需求量。由于今年各区域人口数不变及消费习惯基本保持不变，可以认为六个区域的数码产品需求变化具有相同趋势。可采用地区类推法，将 A 区域今年的数码产品需求量（5 件/人）作为类推基准，预测 B，C，D，E 和 F 五个区域今年的数码产品需求量。

具体类推计算如下：

(1) 上年各区域人均数码产品需求量（人均数）。其计算公式为：

$$人均数=\frac{区域销售量}{区域人口数}$$

例如：

$$A 区域上年人均数=\frac{88}{20}=4.40(件/人)$$

依此计算得其他区域人均数如表 3—7 所示。

(2) 以 A 区域为类基准，计算其他各区域的相对人均数。其计算公式为：

$$某区域相对人均数=\frac{该区域上年人均数}{A 区域上年人均数}$$

例如：

$$B 区域相对人均数=\frac{4.67}{4.40}=1.06$$

依此计算得其他区域相对人均数如表 3—7 所示。

(3) 计算各区域今年人均数预测值。其计算公式为：

$$某区域今年人均数预测值=该区域相对人均数\times A 区域今年人均数预测值$$

例如：

$$B 区域今年人均数预测值=1.06\times 5=5.30(件/人)$$

可类似计算其他区域今年人均数预测值，结果见表 3—7。

(4) 计算各区域今年数码产品的预测销售量。其计算公式为：

$$某区域今年数码产品的预测销售量=该区域今年人均数预测值\times 人口数$$

例如：

$$\text{B 区域今年数码产品的预测销售量}=5\times 20=100(\text{万件})$$

可类似计算其他区域今年数码产品的预测销售量，结果见表 3—7。

表 3—7 计算结果表

区域	销售量（万件）	人口数（万人）	上年人均数（件/人）	相对人均数（以 A 区域为基准）	人均数预测值（件/人）	预测销售量（万件）
A	88	20	4.40	1.00	5.00	100.00
B	140	30	4.67	1.06	5.30	159.09
C	120	25	4.80	1.09	5.45	136.36
D	170	40	4.25	0.97	4.83	193.18
E	115	28	4.11	0.93	4.67	130.68
F	160	35	4.57	1.04	5.19	181.82

4. 局部总体类推法

局部总体类推法是指以某个公司（或企业）的普查资料或某个地区的抽样调查资料为基础，分析判断、预测和类推某一行业或整个市场的总体情况。

在预测中，获取全面系统的资料固然很重要，但在许多情况下，由于主客观条件的限制，进行全面普查往往是不可能的，只能进行局部普查或抽样调查，因此运用局部普查资料或抽样调查资料，预测和类推全面或大范围的市场变化，就成为客观需要。事实上，只有在关键因素（如消费偏好等）没有发生较大变化的情况下，这种类推才是合理的，也是有效的。

以下举例说明。

例 3—6 已知 A 市现有总人口 1 000 万人，下设 10 个区。该市某数码产品公司为了预测下一年全市数码产品销售量，由公司经济分析部门选择辖区综合消费、经济发展处于全市中等水平的 C 区进行调查统计。调查表明，C 区现有人口 120 万人，预测下一年全区数码产品销售量为 80 万件，请用对比类推法中的局部总体类推法，根据 C 区情况预测 A 市下一年的数码产品销售量。假定下一年度 A 市人口数和居民消费偏好保持平稳。

解 分析及预测：

这里的预测目标是 A 市下一年的数码产品销售量。由于所辖 C 区综合消费、经济发展处于全市中等水平，因此可以使用局部总体类推法，以 C 区人均消费为基准，类推全市消费总水平。

具体计算如下：

（1）计算 C 区下一年人均数码产品消费量预测值。

$$\text{人均消费量预测值}=\frac{\text{销售量}}{\text{人口数}}=\frac{80}{120}=\frac{2}{3}(\text{件/人})$$

此预测值就是 A 市下一年人均消费量预测值。

（2）计算全市下一年数码产品销售量预测值。

$$\text{A市下一年数码产品销售量预测值}=\text{A市下一年人均消费量预测值}\times\text{人口数}=\frac{2}{3}\times 1\,000$$
$$=666.67(\text{万件})$$

习 题

1. 简述头脑风暴法的操作程序、基本原则及注意事项。

2. 简述头脑风暴法的优缺点。

3. 简述德尔菲法的操作步骤及注意事项。

4. 简述德尔菲法的优缺点。

5. 某公司选取12位调查人员利用主观概率法预测该公司华北地区2015年的产品需求量，调查汇总数据如表3—8所示。试对该公司2015年的需求量进行预测分析。

表3—8 调查汇总数据 单位：件

参与预测人员编号	累积概率								
	0.01	0.125	0.25	0.375	0.5	0.625	0.75	0.875	0.99
	(1)	(2)	(3)	(4)	(5)	(6)	(7)	(8)	(9)
1	1 118	1 184	1 262	1 339	1 398	1 449	1 524	1 602	1 669
2	1 196	1 269	1 335	1 412	1 491	1 543	1 603	1 661	1 717
3	1 130	1 180	1 238	1 312	1 390	1 456	1 514	1 573	1 631
4	1 157	1 207	1 274	1 333	1 389	1 456	1 508	1 580	1 636
5	1 176	1 234	1 287	1 341	1 411	1 486	1 561	1 636	1 688
6	1 126	1 198	1 266	1 324	1 383	1 459	1 534	1 595	1 653
7	1 100	1 171	1 250	1 320	1 390	1 458	1 525	1 593	1 672
8	1 028	1 078	1 144	1 213	1 290	1 355	1 421	1 490	1 542
9	1 026	1 091	1 146	1 219	1 271	1 337	1 397	1 448	1 521
10	1 071	1 123	1 187	1 252	1 308	1 366	1 421	1 485	1 546
11	1 031	1 086	1 140	1 190	1 268	1 334	1 409	1 467	1 533
12	1 154	1 229	1 296	1 356	1 417	1 487	1 561	1 619	1 688

6. 已知某品牌产品上年在7个经济发达城市的销售量及各城市人口情况，详见表3—9。经过对A城市消费者的抽样调查，预测今年A城市对该产品的人均需求量为1.2件，假设今年这7个城市人口数及居民消费习惯基本保持不变，请运用对比类推预测法，根据A城市情况预测其他6个城市今年对该产品的需求量。

表3—9 某品牌产品上年销售量及各城市人口情况

城市	销售量（万件）	人口数（万人）
A	88	120
B	140	130
C	120	125
D	170	150
E	115	168
F	160	155
G	188	200

趋势外推预测法 第4章

4.1 趋势外推预测法概述

4.1.1 趋势外推预测法的含义

趋势外推预测法（trend extrapolation）是根据事物过去和现在的发展趋势推断未来发展趋势的一类方法的总称。这类方法的基本假设是事物的未来发展趋势是过去和现在连续发展的结果。

大量事实表明，决定事物过去发展的因素，在很大程度上也决定该事物未来的发展，即使有变化，这种变化也不会太大。同时，事物发展变化过程一般是渐进式的，而不是跳跃式的。

趋势外推预测法正是基于上述假设，通过对过去和现在的数据资料进行分析，找出事物的发展规律，从而可依据这种规律预测出它的未来趋势和状态。

趋势外推预测法首先由赖恩（Rhyne）用于科技预测。他认为，应用趋势外推预测法进行预测，主要包括以下六个步骤：

（1）选择预测参数。

（2）收集必要的数据。

（3）拟合曲线。

（4）趋势外推。

（5）预测说明。

（6）研究预测结果在制定规划和决策中的应用。

目前，趋势外推预测法已广泛应用于科技、经济和社会发展的预测。显然，如前所述，在经济领域应用该方法必须满足以下两个前提：

（1）影响经济过去和现在发展的因素，在很大程度上决定了经济的未来发展。

（2）经济发展的过程是渐进式的，而不是跳跃式的。

为了拟合数据点，实际中最常用的是一些比较简单的函数模型，如线性模型、曲线模型、指数曲线、生长曲线等。

4.1.2 常用趋势外推预测法简介

1. 线性趋势外推预测法

线性趋势外推预测法是最简单的外推法。这种方法可用来研究随时间按恒定增长率变化的事物。在以时间为横坐标的坐标图中，事物的变化接近一条直线。根据这条直线，可以推断事物未来的变化。

应用线性外推法，首先是收集研究对象的动态数列，然后画数据点分布图，如果散点构成的曲线非常近似于直线，则可按直线规律外推。

2. 指数曲线法

指数曲线法（exponential curve）是一种重要的趋势外推预测法。当描述某一客观事物的指标或参数在散点图上的数据点构成指数曲线或近似指数曲线时，表明该事物的发展是按指数规律或近似指数规律变化。如果在预测期限内，有理由说明该事物仍将按此规律发展，则可按指数曲线外推。

研究结果表明，技术发展，有时包括社会发展，其定量特性往往表现为按指数规律或近似指数规律增长，一种技术的发展通常要经过发生、发展和成熟三个阶段。在技术发展进入成熟阶段之前，有一个高速发展时期。一般来说，在这个时期内，很多技术特性的发展是符合指数增长规律的。例如，运输工具的速度、发动机效率、电站容量、计算机的存储容量和运算速度等，其发展规律均表现为指数增长趋势。

对于处在发生和发展阶段的技术，指数曲线法是一种重要的预测方法，一次指数曲线因与这个阶段的发展趋势相适应，所以比较适合处于发生和发展阶段技术的预测，一次指数曲线也可用于经济预测，因为它与许多经济现象的发展过程相适应，二次指数曲线和修正指数曲线则主要用于经济方面的预测。

3. 生长曲线法

生长曲线模型（growth curve models）可以描述事物发生、发展和成熟的全过程，是情报研究中常用的一种方法。

生物群体的生长，例如人口的增加、细胞的繁殖，开始几乎都是按指数函数的规律增长的。在达到一定的生物密度以后，由于自身和环境的制约作用，逐渐趋于稳定状态。通过对技术发展过程的研究，发现也具有类似的规律。由于技术性能的提高与生物群体的生长存在这种非严谨的类似，因而可用生长曲线模拟技术的发展过程。

生长曲线法几乎可用来研究每个技术领域的发展，它不仅可以描述技术发展的基本倾向，更重要的是，它可以说明一项技术的增长由高速发展变为缓慢发展的转折时期，为规划决策确定开发新技术的恰当时机提供依据。

有些经济现象也符合或近似生长曲线的变化规律，因而它也完全可以用来研究经济领域的问题。

4.2 线性趋势外推预测法

4.2.1 线性趋势外推预测法基本原理

1. 概述

线性趋势外推预测法通常假定影响事物的过去、现在和将来的主要因素基本相同，因而只要将其趋势线性地外推，便可预测未来的情形。这种预测方法一般只适用于短期或经济平稳发展时期的预测。

常用的预测方法有拟合直线法和加权拟合直线法。

2. 拟合直线法的原理

这种方法是基于最小二乘法原理，通过对时间序列数据拟合得出一条直线，使得该直线上的预测值与实际观察值之间的离差平方和最小。

3. 拟合直线方程法的数学模型

设 n 个时间序列观察值分别为（x_1，y_1），（x_2，y_2），…，（x_n，y_n）。设 y_t 为时间序列第 t 期实际观察值，$\hat{y}_t$ 为第 t 期的预测值，e_t 为实际观察值与预测值的离差，Q 为总离差平方和。又设拟合直线方程为：

$$\hat{y}_t = \hat{a} + \hat{b}x_t$$

式中，$\hat{y}_t$ 为第 t 期的预测值；x_t 为自变量，表示第 t 期的时间序列编号的取值；$\hat{a}$ 为截距；$\hat{b}$ 为斜率。

$$e_t = y_t - \hat{y}_t = y_t - \hat{a} - \hat{b}x_t$$

$$Q = \sum_{t=1}^{n} e_t^2 = \sum_{t=1}^{n}(y_t - \hat{a} - \hat{b}x_t)^2$$

利用数学上的最优化求解方法，为使 Q 值最小，可分别对系数求偏导，并令之等于 0，有

$$\frac{\partial Q}{\partial \hat{a}} = \frac{\partial \sum_{t=1}^{n}(y_t - \hat{a} - \hat{b}x_t)^2}{\partial \hat{a}} = 0$$

$$\frac{\partial Q}{\partial \hat{b}} = \frac{\partial \sum_{t=1}^{n}(y_t - \hat{a} - \hat{b}x_t)^2}{\partial \hat{b}} = 0$$

进而得

$$\hat{a} = \bar{y} - \hat{b}\bar{x}$$

$$\hat{b} = \frac{\sum_{t=1}^{n}(x_t - \bar{x})(y_t - \bar{y})}{\sum_{t=1}^{n}(x_t - \bar{x})^2}$$

式中，$\bar{x}=\frac{1}{n}\sum_{i=1}^{n}x_t$；$\bar{y}=\frac{1}{n}\sum_{i=1}^{n}y_t$。

4. 加权拟合直线法的数学模型

在拟合直线法中，计算离差平方和时对近期误差和远期误差赋予的权重是一样的。实际上，近期数据对预测结果的影响更有意义，也就是说，对于预测精确度而言，近期误差比远期误差更重要。因此，在计算离差平方和时，对离差平方项应按照近大远小的原则赋予不同权值，即离差平方项对应的时间点距离现在越近，其赋权值越大。然后对加权离差平方和按照最小二乘法原理，使离差平方和达到最小，进而求出加权拟合直线方程。这种方法称为加权拟合直线法。

假定第 t 期离差平方和的权值为 ω_t，ω_t逐渐递减。加权离差平方和为：

$$Q=\sum_{t=1}^{n}\omega_t(y_t-\hat{a}-\hat{b}x_t)^2$$

利用数学上的最优化求解方法，为使 Q 值最小，分别对系数求偏导，并令之等于 0，有

$$\frac{\partial Q}{\partial \hat{a}}=\frac{\partial \sum_{t=1}^{n}\omega_t(y_t-\hat{a}-\hat{b}x_t)^2}{\partial \hat{a}}=0$$

$$\frac{\partial Q}{\partial \hat{b}}=\frac{\partial \sum_{t=1}^{n}\omega_t(y_t-\hat{a}-\hat{b}x_t)^2}{\partial \hat{b}}=0$$

进而得

$$\hat{a}=\bar{y}-\hat{b}\bar{x}$$

$$\hat{b}=\frac{\sum_{t=1}^{n}\omega_t(x_t-\bar{x})(y_t-\bar{y})}{\sum_{t=1}^{n}\omega_t(x_t-\bar{x})^2}$$

式中，$W=\sum_{t=1}^{n}\omega_t$，$\bar{x}=\frac{1}{W}\sum_{i=1}^{n}\omega_t x_t$，$\bar{y}=\frac{1}{W}\sum_{i=1}^{n}\omega_t y_t$。

实际应用中，可令 $\omega_t=\alpha^{n-t}$（$0\leqslant\alpha<1$），这可使得权值由近及远按 α 比例递减。

4.2.2　线性趋势外推预测法的应用举例

例 4—1　已知某直辖市 2004—2014 年 GDP 数据如表 4—1 所示。试预测该直辖市 2015 年的 GDP。

表 4—1　　**某直辖市 2004—2014 年 GDP 数据**

年份	时间序号 t	GDP$y(t)$（亿元）
2004	1	6 694.23

续前表

年份	时间序号 t	GDP$y(t)$（亿元）
2005	2	8 072.83
2006	3	9 247.66
2007	4	10 572.24
2008	5	12 494.01
2009	6	14 069.87
2010	7	15 046.45
2011	8	17 165
2012	9	19 195
2013	10	20 181
2014	11	21 602

解　首先，基于表 4—1 中的数据绘制趋势图，如图 4—1 所示。

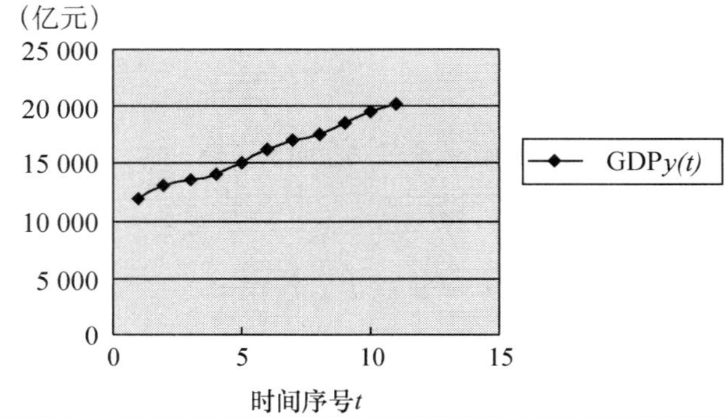

图 4—1

从图 4—1 可知，该直辖市 GDP 呈直线上升趋势。因此采取线性趋势外推预测法进行预测。

其次，基于表 4—1 中的数据计算线性趋势外推预测法模型的参数 a 和 b。

$$\hat{b} = \frac{\sum_{t=1}^{n}(x_t - \bar{x})(y_t - \bar{y})}{\sum_{t=1}^{n}(x_t - \bar{x})^2} = 1\ 565.284\ 5$$

$$\hat{a} = \bar{y} - \hat{b}\bar{x} = 6\ 172.565\ 5$$

上述结果可采用宏函数 linetrend1（　）计算得到。

宏函数 linetrend1（　）可以计算线性趋势外推预测法（直线方程法）模型的参数。

格式：linetrend1（data，timeno），data 为已知的序列数据对应的单元格区域，timeno 为时间序列编号对应的单元格区域。

功能：以矩阵形式返回模型的参数。

以下举例说明。

假定 data 对应的单元格区域为 c2：c12，timeno 对应的单元格区域为 b2：b12，模型的参数对应的单元格区域为 a18：b19。使用宏函数 linetrend1（　）的具体过程如下：

选择一个输出单元格区域 a18：b19，然后按 F2 键，输入格式"=linetrend1（c2：c12，b2：b12）"，然后按组合键 Ctrl＋Shift＋Enter，则在单元格区域 a18：b19 输出模型的参数，如表 4—2 所示。

表 4—2　Excel 中计算结果输出

	A	B	C	…
⋮				
18	a=	6 172.565 5		
19	b=	1 565.284 5		
⋮				

因此预测模型为：

$$y_t=6\ 172.565\ 5+1\ 565.284\ 5t$$

最后，对 2015 年该直辖市 GDP 进行预测，将 $t=12$ 代入模型，得

$$y_t=6\ 172.565\ 5+1\ 565.284\ 5\times 12=24\ 955.98(\text{亿元})$$

以下利用预测模型对 2004—2014 年该直辖市 GDP 进行预测，并计算预测值与实际值的相对误差，借此判断模型是否合适，如表 4—3 所示。

表 4—3　预测值与相对误差

年份	时间序号 t	GDP$y(t)$（亿元）	预测值（亿元）	相对误差
2004	1	8 072.83	7 737.85	4.15%
2005	2	9 247.66	9 303.13	0.60%
2006	3	10 572.24	10 868.42	2.80%
2007	4	12 494.01	12 433.70	0.48%
2008	5	14 069.87	13 998.99	0.50%
2009	6	15 046.45	15 564.27	3.44%
2010	7	17 165	17 129.56	0.21%
2011	8	19 195	18 694.84	2.61%
2012	9	20 181	20 260.13	0.39%
2013	10	21 602	21 825.41	1.03%
2014	11	23 560.94	23 390.70	0.72%

从表 4—3 可知，相对误差均在 5%以内，且除了 2004 年和 2009 年外，其他年份对应的相对误差均小于 3%，由此可见，利用此预测模型进行预测是比较合适的。

例 4—2　仍以表 4—1 中的数据来说明加权拟合直线方程法的应用。表 4—4 给出了各期对应的权值。

表 4—4 权值表

年份	时间序号 t	权值
2004	1	0.107 4
2005	2	0.134 2
2006	3	0.167 8
2007	4	0.209 7
2008	5	0.262 1
2009	6	0.327 7
2010	7	0.409 6
2011	8	0.512 0
2012	9	0.640 0
2013	10	0.800 0
2014	11	1.000 0

解 首先，基于表 4—1 中的数据绘制趋势图，如图 4—1 所示。

从图 4—1 可知，该直辖市 GDP 呈直线上升趋势。因此采取线性趋势外推预测法进行预测。

其次，基于表 4—1 中数据计算线性趋势外推预测法模型的参数 a 和 b。

$$\hat{b}=\frac{\sum_{t=1}^{n}\omega_t(x_t-\bar{x})(y_t-\bar{y})}{\sum_{t=1}^{n}\omega_t(x_t-\bar{x})^2}=6\ 100.046\ 0$$

$$\hat{a}=\bar{y}-\hat{b}\bar{x}=1\ 575.723\ 7$$

上述结果可采用宏函数 linetrend2（　）计算得到。

宏函数 linetrend2（　）可以计算线性趋势外推预测法（加权拟合直线方程法）模型的参数。

格式：linetrend1（data，timeno，weight），data 为已知的序列数据对应的单元格区域，timeno 为时间序列编号对应的单元格区域，weight 为各期权值对应的单元格区域。

功能：以矩阵形式返回模型的参数。

以下举例说明。

假定 data 对应的单元格区域为 c2：c12，data 对应的单元格区域为 b2：b12，weight 对应的单元格区域为 d2：d12，模型的参数对应的单元格区域为 a25：b26。使用宏函数 linetrend2（　）的具体过程如下：

选择一个输出单元格区域 a25：b26，然后按 F2 键，输入格式“＝linetrend2（c2：c12，b2：b12，d2：d12）”，然后按组合键 Ctrl＋Shift＋Enter，则在单元格区域 a25：b26 输出模型的参数，如表 4—5 所示。

表 4—5 Excel 中计算结果输出

	A	B	C	…
⋮				
25	$a=$	6 100.046 0		
26	$b=$	1 575.723 7		
⋮				

因此预测模型为：

$$y_t=6\ 100.046\ 0+1\ 575.723\ 7t$$

最后，对 2015 年该直辖市 GDP 进行预测，将 $t=12$ 代入模型，得

$$y_t=6\ 100.046\ 0+1\ 575.723\ 7\times12=25\ 008.730\ 12(\text{亿元})$$

同样可以利用预测模型对 2004—2014 年该直辖市 GDP 进行预测，并计算预测值与实际值的相对误差，借此判断模型是否合适，结果如表 4—6 所示。

表 4—6 预测值与相对误差

年份	时间序号 t	GDP（亿元）$y(t)$	预测值（亿元）	相对误差
2004	1	8 072.83	7 675.77	4.92%
2005	2	9 247.66	9 251.49	0.04%
2006	3	10 572.24	10 827.22	2.41%
2007	4	12 494.01	12 402.94	0.73%
2008	5	14 069.87	13 978.66	0.65%
2009	6	15 046.45	15 554.39	3.38%
2010	7	17 165	17 130.11	0.20%
2011	8	19 195	18 705.84	2.55%
2012	9	20 181	20 281.56	0.50%
2013	10	21 602	21 857.28	1.18%
2014	11	23 560.94	23 433.01	0.54%

从表 4—6 可知，相对误差均在 5%以内，且除 2004 年和 2009 年外，其他年份对应的相对误差均在 3%以内，由此可见，利用此预测模型进行预测是比较合适的。

4.3 二次曲线趋势外推预测法

4.3.1 二次曲线趋势外推预测法基本原理

1. 概述

二次曲线趋势外推预测法是一种在基于事物的时间序列数据资料的散点图的走向趋势呈现出二次曲线变化时而采用的外推方法。

2. 二次曲线趋势外推预测法的原理

与拟合直线外推预测法相同，二次曲线法也是基于误差最小的标准来确定待定系数的，即依据时间序列数据拟合一条二次曲线，使该曲线上的预测值与实际观察

值之间的离差平方和最小。

设 n 个时间序列观察值分别为 $(x_1,\ y_1)$，$(x_2,\ y_2)$，…，$(x_n,\ y_n)$。

设 y_t 为时间序列第 t 期实际观察值，$\hat{y}_t$ 为第 t 期的预测值，e_t 为实际观察值与预测值的离差，x_t 为时间序列编号，Q 为总离差平方和。又设二次曲线法的模型为：

$$\hat{y}_t = \hat{a} + \hat{b}x_t + \hat{c}x_t^2$$

则误差平方和为：

$$e_t = y_t - \hat{y}_t = y_t - \hat{a} - \hat{b}x_t - \hat{c}x_t^2$$

$$Q = \sum_{t=1}^{n} e_t^2 = \sum_{t=1}^{n}(y_t - \hat{a} - \hat{b}x_t - \hat{c}x_t^2)^2$$

利用数学最优求解方法，为使 Q 值最小，可分别对系数 $\hat{a}$，$\hat{b}$ 和 $\hat{c}$ 求偏导，并令之等于 0，则有

$$\frac{\partial Q}{\partial \hat{a}} = \frac{\partial \sum_{t=1}^{n}(y_t - \hat{a} - \hat{b}x_t - \hat{c}x_t^2)^2}{\partial \hat{a}} = 0$$

$$\frac{\partial Q}{\partial \hat{b}} = \frac{\partial \sum_{t=1}^{n}(y_t - \hat{a} - \hat{b}x_t - \hat{c}x_t^2)^2}{\partial \hat{b}} = 0$$

$$\frac{\partial Q}{\partial \hat{c}} = \frac{\partial \sum_{t=1}^{n}(y_t - \hat{a} - \hat{b}x_t - \hat{c}x_t^2)^2}{\partial \hat{c}} = 0$$

化简，得

$$\sum_{t=1}^{n} y_t = n\hat{a} + \hat{b}\sum_{t=1}^{n} x_t + \hat{c}\sum_{t=1}^{n} x_t^2$$

$$\sum_{t=1}^{n} x_t y_t = \hat{a}\sum_{t=1}^{n} x_t + \hat{b}\sum_{t=1}^{n} x_t^2 + \hat{c}\sum_{t=1}^{n} x_t^3$$

$$\sum_{t=1}^{n} x_t^2 y_t = \hat{a}\sum_{t=1}^{n} x_t^2 + \hat{b}\sum_{t=1}^{n} x_t^3 + \hat{c}\sum_{t=1}^{n} x_t^4$$

记 $X = \sum_{i=1}^{n} x_t$，$Y = \sum_{i=1}^{n} y_t$，$XY = \sum_{i=1}^{n} x_t y_t$，$X2Y = \sum_{i=1}^{n} x_t^2 y_t$

$X2 = \sum_{i=1}^{n} x_t^2$，$X3 = \sum_{i=1}^{n} x_t^3$，$X4 = \sum_{i=1}^{n} x_t^4$

则

$$\hat{a} = \frac{\begin{vmatrix} Y & X & X2 \\ XY & X2 & X3 \\ X2Y & X3 & X4 \end{vmatrix}}{\begin{vmatrix} n & X & X2 \\ X & X2 & X3 \\ X2 & X3 & X4 \end{vmatrix}},\quad \hat{b} = \frac{\begin{vmatrix} n & Y & X2 \\ X & XY & X3 \\ X2 & X2Y & X4 \end{vmatrix}}{\begin{vmatrix} n & X & X2 \\ X & X2 & X3 \\ X2 & X3 & X4 \end{vmatrix}},\quad \hat{c} = \frac{\begin{vmatrix} n & X & Y \\ X & X2 & XY \\ X2 & X3 & X2Y \end{vmatrix}}{\begin{vmatrix} n & X & X2 \\ X & X2 & X3 \\ X2 & X3 & X4 \end{vmatrix}}$$

上述计算比较烦琐，为简化起见，可令时间序列编号呈中心对称，将中间时间序列编号定为 0，且序列个数取奇数（当不是奇数时，可通过忽略第一序列来变为奇数个）。此时时间序列编号形如：…，－4，－3，－2，－1，0，1，2，3，4，…。这样

$$\sum_{i=1}^{n} x_t = 0, \sum_{i=1}^{n} x_t^3 = 0$$

则系数计算公式可简化为：

$$\hat{a} = \frac{\sum_{t=1}^{n} x_t^4 \sum_{t=1}^{n} y_t - \sum_{t=1}^{n} x_t^2 \sum_{t=1}^{n} x_t^2 y_t}{n\sum_{t=1}^{n} x_t^4 - (\sum_{t=1}^{n} x_t^2)^2}$$

$$\hat{b} = \frac{\sum_{t=1}^{n} x_t y_t}{\sum_{t=1}^{n} x_t^2}$$

$$\hat{c} = \frac{n\sum_{t=1}^{n} x_t^2 y_t - \sum_{t=1}^{n} x_t^2 \sum_{t=1}^{n} y_t}{n\sum_{t=1}^{n} x_t^4 - (\sum_{t=1}^{n} x_t^2)^2}$$

4.3.2 应用举例

例 4—3 已知 2005—2013 年某省 GDP 如表 4—7 所示。试预测 2014 年该省的 GDP。

表 4—7 **某省 2005—2013 年 GDP**

年份	GDP（亿元）
2005	3 467.72
2006	3 907.23
2007	4 676.13
2008	5 793.66
2009	6 530.01
2010	7 925.58
2011	10 011.13
2012	11 459.00
2013	12 656.69

解 首先，基于表 4—7 中的数据绘制趋势图，如图 4—2 所示。从图 4—2 可知，

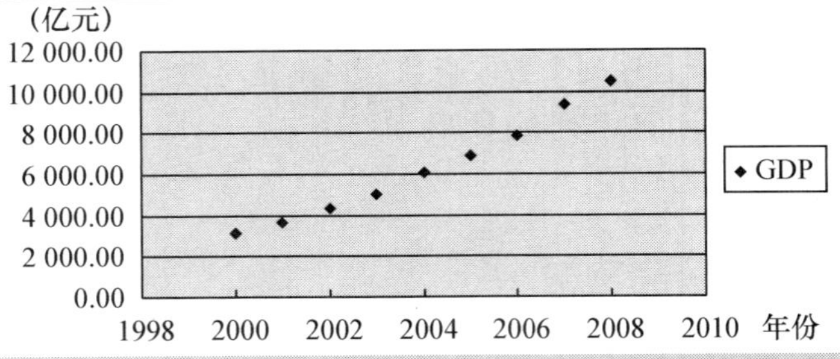

图 4—2

GDP 呈曲线上升趋势。因此采取二次曲线法进行预测。其次，基于表 4—7 中的数据计算线性趋势外推预测法模型的参数 a，b，c。

计算得

$$\hat{a}=\frac{\sum_{t=1}^{n}x_t^4\sum_{t=1}^{n}y_t-\sum_{t=1}^{n}x_t^2\sum_{t=1}^{n}x_t^2y_t}{n\sum_{t=1}^{n}x_t^4-(\sum_{t=1}^{n}x_t^2)^2}=6\ 820.031\ 6$$

$$\hat{b}=\frac{\sum_{t=1}^{n}x_ty_t}{\sum_{t=1}^{n}x_t^2}=1\ 203.551\ 8$$

$$\hat{c}=\frac{n\sum_{t=1}^{n}x_t^2y_t-\sum_{t=1}^{n}x_t^2\sum_{t=1}^{n}y_t}{n\sum_{t=1}^{n}x_t^4-(\sum_{t=1}^{n}x_t^2)^2}=84.114\ 4$$

上述结果可采用宏函数 conictrend（ ）计算得到。

宏函数 conictrend（ ）可以计算线性趋势外推预测法（直线方程法）模型的参数。

格式：conictrend（data，timeno），data 为已知的序列数据对应的单元格区域，timeno 为时间序列编号对应的单元格区域。

功能：以矩阵形式返回模型的参数。

以下举例说明。

假定 data 对应的单元格区域为 b2：b10，timeno 对应的单元格区域为 a2：a10，模型的参数对应的单元格区域为 a24：b26。使用宏函数 conictrend（ ）的具体过程如下：

选择一个输出单元格区域 a24：b26，然后按 F2 键，输入格式“＝conictrend（b2：b10，a2：a10）”，然后按组合键 Ctrl＋Shift＋Enter，则在单元格区域 a24：b26 输出模型的参数，如表 4—8 所示。

因此预测模型为：

$$y_t=6\ 820.031\ 6+1\ 203.551\ 8t+84.114\ 4t^2$$

表 4—8　Excel 中计算结果输出

	A	B	C	…
⋮				
24	a=	6 820.031 6		
25	b=	1 203.551 8		
26	c=	84.114 4		

最后，对 2014 年该省的 GDP 进行预测，将 $t=5$ 代入模型，得

$$y_t=6\ 820.031\ 6+1\ 203.551\ 8\times 5+84.114\ 4\times 25=14\ 940.651\ 43(\text{亿元})$$

以下利用预测模型对 2005—2013 年该省 GDP 进行预测，并计算预测值与实际值的相对误差，借此判断模型是否合适，结果详见表 4—9。

表 4—9　预测值与相对误差

年份	GDP（亿元）	预测值（亿元）	相对误差
2005	3161.00	3 351.655 091	3.35%
2006	3 710.50	3 966.405 939	1.51%
2007	4 330.40	4 749.385 641	1.57%
2008	5 023.80	5 700.594 195	1.61%
2009	6 060.30	6 820.031 602	4.44%
2010	6 886.30	8 107.697 861	2.30%
2011	7 861.00	9 563.592 974	4.47%
2012	9 353.30	11 187.716 940	2.37%
2013	10 488.00	12 980.069 760	2.56%

从表 4—9 可知，相对误差均在 5%以内，由此可见，利用此预测模型进行预测是比较合适的。

4.4　生长曲线预测法

4.4.1　生长曲线预测法基本原理

设 y 为预测目标的定量值。生长曲线预测法的基本模型为：

$$\ln y=K+ab^t,\quad a<0,\ 0<b<1$$

以下说明参数 a，b，K 的估计。

假设已知关于 y 的时间序列为 y_1，y_2，…，y_T。

将 T 个数据分为三段，每段个数为 $n=T/3$ 个，并记

$$\sum\nolimits_1 \ln y_t=\sum_{t=1}^{n}\ln y_t=nK+ab\frac{b^n-1}{b-1}$$

$$\sum{}_2 \ln y_t = \sum_{t=n+1}^{2n} \ln y_t = nK + ab^{n+1}\frac{b^n - 1}{b-1}$$

$$\sum{}_3 \ln y_t = \sum_{t=2n+1}^{3n} \ln y_t = nK + ab^{2n+1}\frac{b^n - 1}{b-1}$$

求解上述方程组，得

$$b = n\sqrt{\frac{\sum_3 \ln y_t - \sum_2 \ln y_t}{\sum_2 \ln y_t - \sum_1 \ln y_t}}$$

$$a = \frac{b-1}{(b^n-1)^2 b}\left(\sum{}_2 \ln y_t - \sum{}_1 \ln y_t\right)$$

$$K = \frac{1}{n}\left[\frac{\sum_1 \ln y_t \sum_3 \ln y_t - \left(\sum_2 \ln y_t\right)^2}{\sum_1 \ln y_t + \sum_3 \ln y_t - 2\sum_2 \ln y_t}\right]$$

4.4.2 生长曲线预测法的应用举例

例 4—4 已知 B 公司 1996—2013 年产品的需求量如表 4—10 所示。试预测该公司 2014 年产品的需求量。

表 4—10　　B 公司 1996—2013 年产品的需求量

年份	时间序号 t	需求量 y（台）
1996	1	201
1997	2	655
1998	3	2 802
1999	4	3 530
2000	5	4 885
2001	6	6 784
2002	7	10 442
2003	8	13 430
2004	9	16 729
2005	10	17 009
2006	11	20 072
2007	12	22 913
2008	13	26 071
2009	14	28 706
2010	15	29 370
2011	16	30 284
2012	17	31 569
2013	18	32 516

解 首先，基于表 4—10 中的数据绘制趋势图，如图 4—3 所示。

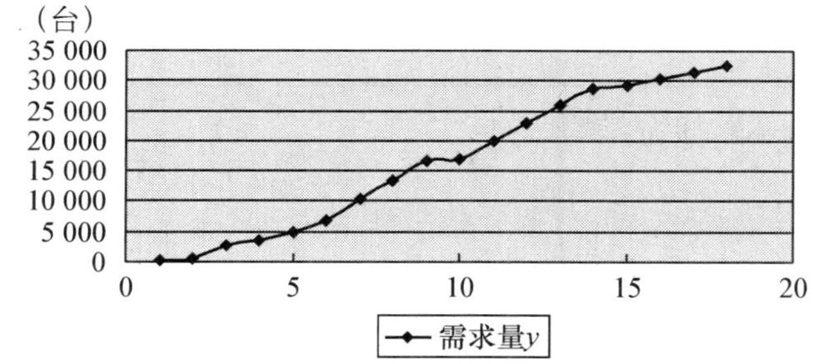

图 4—3

从图 4—3 可知，趋势图类似生长曲线的形态。因此采取生长曲线预测法进行预测。其次，基于表 4—10 中数据计算生长曲线预测法模型的参数 a，b 和 K。

$$\sum\nolimits_1 \ln y_t = \sum_{t=1}^{n} \ln y_t = 45.2849$$

$$\sum\nolimits_2 \ln y_t = \sum_{t=n+1}^{2n} \ln y_t = 58.1756$$

$$\sum\nolimits_3 \ln y_t = \sum_{t=2n+1}^{3n} \ln y_t = 61.7910$$

$$b = \sqrt[n]{\frac{\sum_3 \ln y_t - \sum_2 \ln y_t}{\sum_2 \ln y_t - \sum_1 \ln y_t}} = 0.8091$$

$$a = \frac{b-1}{(b^n-1)^2 b}\left(\sum\nolimits_2 \ln y_t - \sum\nolimits_1 \ln y_t\right) = -5.8761$$

$$K = \frac{1}{n}\left[\frac{\sum_1 \ln y_t \sum_3 \ln y_t - \left(\sum_2 \ln y_t\right)^2}{\sum_1 \ln y_t + \sum_3 \ln y_t - 2\sum_2 \ln y_t}\right] = 10.5334$$

上述结果可采用宏函数 growth1（　）计算得到。

宏函数 growth1（　）可以计算生长曲线预测法模型的参数。

格式：growth1（data），data 为已知的序列数据对应的单元格区域。

功能：以矩阵形式返回模型的参数。

以下举例说明。

假定 data 对应的单元格区域为 c2：c19，模型的参数对应的单元格区域为 b22：c24。使用宏函数 growth1（data）的具体过程如下：

选择一个输出单元格区域 b22：c24，然后按 F2 键，输入格式"＝growth1（c2：c19）"，然后按组合键 Ctrl＋Shift＋Enter，则在单元格区域 b22：c24 输出模型的参数，结果如表 4—11 所示。

表 4—11　　Excel 中计算结果输出

	A	B	C	…
⋮				
22		a=	−5.9107	

23		b=	0.808 4	
24		K=	10.531 6	

因此预测模型为：

$$y_t = e^{10.531\,6 - 5.910\,7 \times 0.808\,4^t}$$

最后，对 2014 年产品的需求量进行预测，将 $t=19$ 代入模型，得

$$y_{t=19} = e^{10.531\,6 - 5.910\,7 \times 0.808\,4^{19}} = 33\,781(\text{台})$$

习 题

1. 已知 B 公司 2005—2014 年销售利润，详见表 4—12。试利用线性外推预测法对该公司 2015 年的销售利润进行预测。

表 4—12　　B 公司 2005—2014 年销售利润

年份	销售利润 $y(t)$（百万元）
2005	508
2006	527
2007	550
2008	583
2009	608
2010	634
2011	657
2012	677
2013	706
2014	735

2. 已知某省 2006—2014 年的 GDP 如表 4—13 所示。试利用二次曲线外推预测法对该省 2015 年的 GDP 进行预测，并分析预测方法是否合理。

表 4—13　　2006—2014 年某省 GDP

年份	GDP（亿元）
20006	3 545.39
2007	3 880.53
2008	4 212.82
2009	4 757.45
2010	5 633.24
2011	6 520.14
2012	7 581.32
2013	9 230.68
2014	11 330.38

回归分析预测法 第5章

5.1 回归分析法概述

在实际经济问题中，某一经济行为往往受到一种或多种因素的影响。例如，汽车的拥有量与汽车配件销售额、经济收入等因素有关；又如西瓜的产量受施肥量、降雨量、气温等因素的影响。在经济预测中，可以从事物变化的因果关系出发，寻找因变量与自变量之间的内在联系。

回归分析法是指在掌握大量试验和观察数据的基础上，利用数理统计方法建立因变量与自变量之间的回归模型的一种预测方法。回归分析中，当研究的因果关系只涉及因变量和一个自变量时，叫做一元回归分析；当研究的因果关系涉及因变量和两个或两个以上自变量时，叫做多元回归分析。此外，又依据描述自变量与因变量之间因果关系的函数表达式是线性的还是非线性的，分为线性回归分析和非线性回归分析。通常，线性回归分析法是最基本的分析方法，非线性回归问题可以借助数学手段转化为线性回归问题处理。

回归分析预测法主要包含以下五个步骤：

（1）确定影响预测目标变化的主要因素。全面分析影响预测目标变化的因素，尽可能地找出影响预测目标变化的所有因素，分别对每一个影响因素与预测目标的相关程度进行分析，选择相关程度较高的影响因素作为自变量。

（2）选择合理的预测模型，确定模型参数。利用最小二乘法可以确定线性回归模型的参数，对于非线性回归预测模型可转化为线性回归模型后再进行参数的估算。

（3）统计假设检验。与时间序列预测法不同，并非任何回归预测模型都能直接用于预测，只有通过统计假设检验后证明有效的回归预测模型才能应用于实际预测。统计假设检验主要采用相关分析、t 检验、F 检验等来判断自变量与因变量之间的相关性以及自变量的变化对因变量的变化的解释程度，借此判断回归预测模型的有效性。

（4）应用模型进行实际预测。当回归预测模型通过统计假设检验后，就可以利用它进行实际预测。首先通过一定方法确定自变量的先期预测值，然后把自变量的先期预测值代入预测模型，便可计算得到预测值。

（5）检验预测结果的可靠性。借助有关专家的经验，将回归分析预测所得到的结果与运用其他预测方法所得到的结果进行对比分析，并结合实际情况，对预测结果是否切合实际做出评价。

5.2 一元线性回归预测法

5.2.1 一元线性回归预测法原理

1. 概述

在进行预测时，若仅考虑一个影响预测目标的因素，且因变量与自变量之间的关系可用一条直线近似表示，则可用一元线性回归预测法进行预测。利用一元线性回归预测法进行预测的基本过程如图 5—1 所示。

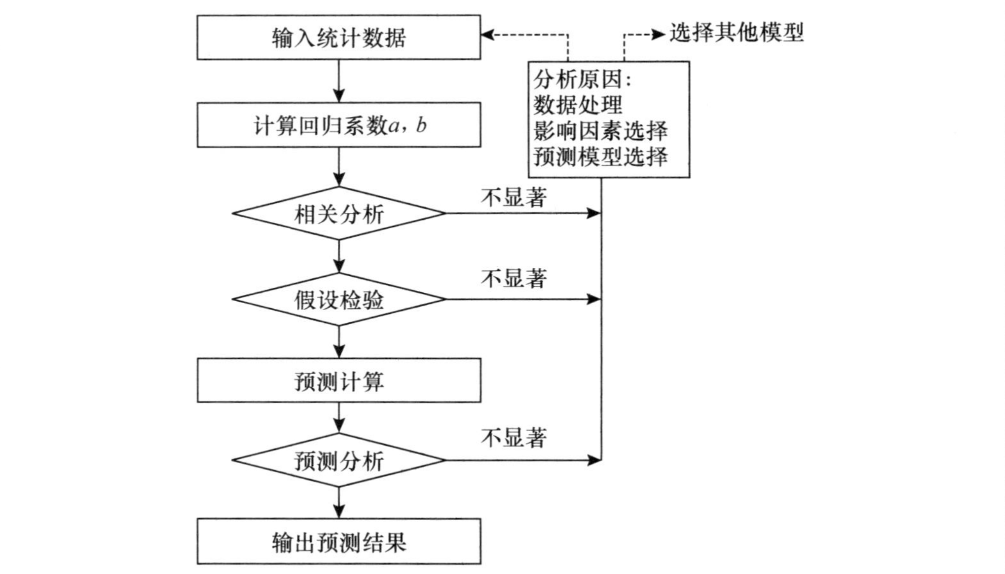

图 5—1 一元线性回归分析基本过程

2. 预测模型求解

对一元线性回归分析模型来说，因变量 y_i 和自变量 x_i 之间的关系可以表示为：

$$y_i = a + bx_i + \varepsilon$$

式中，a 为截距项；b 为回归系数；ε 为随机误差项。假定如下：

（1）$\varepsilon_i \sim N(0, \sigma^2)$；

（2）$E(\varepsilon_i) = 0$；

（3）$D(\varepsilon_i) = \sigma^2$；

(4) $\mathrm{Cov}(\varepsilon_i, \varepsilon_j)=0$，$i\neq j$。

一元线性回归预测模型为：

$$\hat{y}_i=\hat{a}+\hat{b}x_i$$

式中，x_i是影响因素，为自变量（也称解释变量）；$\hat{y}_i$是预测值，为因变量（也称被解释变量）；$\hat{a}$，$\hat{b}$ 是两个待定常数，$\hat{b}$ 称为回归系数。

利用最小二乘法确定 $\hat{a}$ 和 $\hat{b}$ 两个常数。

误差平方和为：

$$Q_e=\sum_{i=1}^{n}(y_i-\hat{y}_i)^2=\sum_{i=1}^{n}(y_i-\hat{a}-\hat{b}x_i)^2$$

根据极值原理，分别对 $\hat{a}$ 和 $\hat{b}$ 求偏导，并令其值等于 0，得

$$\frac{\partial Q_e}{\partial \hat{a}}=-2\sum_{i=1}^{n}(y_i-\hat{a}-\hat{b}x_i)=0$$

$$\frac{\partial Q_e}{\partial \hat{b}}=-2\sum_{i=1}^{n}(y_i-\hat{a}-\hat{b}x_i)x_i=0$$

求解得

$$\hat{b}=\frac{\sum_{i=1}^{n}x_iy_i-\bar{x}\sum_{i=1}^{n}y_i}{\sum_{i=1}^{n}x_i^2-\bar{x}\sum_{i=1}^{n}x_i}$$

$$\hat{a}=\bar{y}-\hat{b}\bar{x}$$

式中，$\bar{x}=\frac{1}{n}\sum_{i=1}^{n}x_i$，$\bar{y}=\frac{1}{n}\sum_{i=1}^{n}y_i$。

例 5—1　已知 A 产品 2014 年 1—10 月销售量与利润数据如表 5—1 所示。试建立它们之间的一元线性回归模型。

表 5—1　**A 产品 2014 年 1—10 月销售量与利润数据**

月份	1	2	3	4	5	6	7	8	9	10
销售量（件）	45	42	56	48	42	35	58	40	39	50
利润（万元）	653	630	952	750	699	590	949	620	656	872

解　首先建立计算表，如表 5—2 所示。

表 5—2　**计算表**

月份	销售量 x（件）	利润 y（万元）	x^2	xy
1	45	653	2 025	29 385
2	42	630	1 764	26 460
3	56	952	3 136	53 312
4	48	750	2 304	36 000

续前表

月份	销售量 x（件）	利润 y（万元）	x^2	xy
5	42	699	1 764	29 358
6	35	590	1 225	20 650
7	58	949	3 364	55 042
8	40	620	1 600	24 800
9	39	656	1 521	25 584
10	50	872	2 500	43 600
$\sum$	455	7 371	21 203	34 4191
平均值	45.5	737.1		

其次，基于表 5—2 计算系数 $\hat{a}$ 和 $\hat{b}$ 。

$$\hat{b}=\frac{\sum_{i=1}^{n}x_iy_i-\bar{x}\sum_{i=1}^{n}y_i}{\sum_{i=1}^{n}x_i^2-\bar{x}\sum_{i=1}^{n}x_i}=\frac{344\ 191-455\times 7\ 371/10}{21\ 203-455\times 455/10}=17.6$$

$$\hat{a}=\bar{y}-b\bar{x}=\frac{7\ 371}{10}-\frac{17.6\times 455}{10}=-63.8$$

因此预测模型为：

$$\hat{y}_i=-63.8+17.6x_i$$

3. 相关分析

相关分析是研究现象之间是否存在某种依存关系，并对具有依存关系的现象探讨其相关方向以及相关程度，是研究随机变量之间的相关关系的一种统计方法。两个变量间线性关系的程度用相关系数 r 来描述。

对任意一组数据，有

$$y_i-\bar{y}=(y_i-\hat{y}_i)+(\hat{y}_i-\bar{y})$$

等式两边平方，并将右边展开，得

$$\begin{aligned}\sum(y_i-\bar{y})^2&=\sum[(y_i-\hat{y}_i)+(\hat{y}_i-\bar{y})]^2\\&=\sum(y_i-\hat{y}_i)^2+\sum(\hat{y}_i-\bar{y})^2+2\sum(y_i-\hat{y}_i)(\hat{y}_i-\bar{y})\end{aligned}$$

由于

$$\begin{aligned}\sum(y_i-\hat{y}_i)(\hat{y}_i-\bar{y})&=\sum(y_i-a-bx_i)(a+bx_i-a-b\bar{x})\\&=b\sum(y_i-\bar{y})(x_i-\bar{x})-b^2\sum(x_i-\bar{x})^2=0\end{aligned}$$

因此有

$$\sum(y_i-\bar{y})^2=\sum(y_i-\hat{y}_i)^2+\sum(\hat{y}_i-\bar{y})^2$$

$$TSS = ESS + RSS$$

$TSS = \sum (y_i - \bar{y})^2$，偏差平方和，反映了 n 个 y 值的分散程度，也称总变差。

$ESS = \sum (y_i - \hat{y}_i)^2$，残差平方和，反映了除 x 对 y 的线性影响之外的一切使 y 变化的因素（其中包括 x 对 y 的非线性影响及观察误差），也称未解释变差。

$RSS = \sum (\hat{y}_i - \bar{y})^2$，回归平方和，体现了 x 对 y 的变化的部分解释说明，也称可解释变差。

可决系数 R^2 定量描述了 x 对 y 的解释程度，是评价两个变量之间线性相关关系强弱的一个指标，$0 \leqslant R^2 \leqslant 1$。

$$R^2 = \frac{\text{可解释变差}}{\text{总变差}} = \frac{RSS}{TSS} = \frac{\sum (y_i - \hat{y}_i)^2}{\sum (y_i - \bar{y})^2} = 1 - \frac{\sum (\hat{y}_i - \bar{y})^2}{\sum (y_i - \bar{y})^2}$$

评价两个变量之间线性相关关系强弱的另一个指标是相关系数。相关系数 r 有两种定义。

（1）根据偏差平方和定义：

$$r = \sqrt{1 - \frac{\sum (\hat{y}_i - \bar{y})^2}{\sum (y_i - \bar{y})^2}}$$

（2）根据 x 和 y 的协方差与方差定义：

$$r = \frac{\sum (x_i - \bar{x})(y_i - \bar{y})}{\sqrt{\sum (x_i - \bar{x})^2 \sum (y_i - \bar{y})^2}}$$

可以证明，对一元线性回归分析，两种定义是等价的。不过后一种定义在概念上便于推广讨论，而且不需要先求回归方程的残差。

正相关：如果 x，y 变化的方向一致（如身高与体重的关系），$r>0$。

一般地：

- $|r|>0.95$，显著相关；
- $|r|\geqslant 0.8$，高度相关；
- $0.5\leqslant |r|<0.8$，中度相关；
- $0.3\leqslant |r|<0.5$，低度相关；
- $|r|<0.3$，关系极弱，认为不相关。

负相关：如果 x，y 变化的方向相反（如吸烟与肺功能的关系），$r<0$。

无线性相关：$r=0$。

对例 5—1 而言，有

$$R^2 = 1 - \frac{\sum (\hat{y}_i - \bar{y})^2}{\sum (y_i - \bar{y})^2} = 0.90$$

$$r=\frac{\sum(x_i-\overline{x})(y_i-\overline{y})}{\sqrt{\sum(x_i-\overline{x})^2\sum(y_i-\overline{y})^2}}=0.95$$

因此利润和销售量高度相关。

4. 模型检验

通过参数确定，很容易得到变量间关系的回归模型，但模型是否与实际数据有很好的拟合度，能否进行预测，数据是否与其他因素有关？为解决这个问题要进行模型的检验。常用方法有经济意义检验、t 检验和 F 检验。

（1）经济意义检验。模型中的参数符号有其特定的经济含义，通过实际经济现象就可以看出模型是否与实际相符。如在例 5—1 中，利润增加与销售量同向变动，即 b 应大于 0；又由 $a=-63.8$，销售量为 0 时，亏损 63.8 元，即所谓非生产性销售，这与实际也是相符的，从而通过了经济意义检验。

（2）t 检验。t 检验就是用 t 统计量对回归系数 b 进行检验，其目的是检验变量 x 与变量 y 之间是否确实有关系，即 x 是否影响 y。t 统计量的计算公式如下：

$$t=\frac{b}{S_b}$$

$$S_b=\sqrt{\frac{\sum_{i=1}^{n}(y_i-\hat{y}_i)^2}{(n-2)\sum_{i=1}^{n}x_i^2}}$$

式中，b 为回归系数；y_i 为实测值；$\hat{y}_i$ 为通过模型计算得到的预测值；n 为样本个数。

t 检验的基本过程为：

首先，通过公式计算 t 统计量，利用例 5—1 中的数据计算得到 $t=8.73$。

其次，选择显著水平 α，即检验可靠性程度，一般取 0.05，自由度为（$n-2$），查 t 检验表以确定临界值 $t_{\alpha/2}$（$n-2$），对例 5—1 而言，$t_{0.025}(8)=2.31$。

$$\text{TINV}(\alpha，n-2)=2.31$$

最后，进行判断。当 $|t|\geqslant t_{\alpha/2}(n-2)$ 时，说明变量 x 与 y 间关系显著，其可靠性程度为 $1-\alpha$。当 $|t|<t_{\alpha/2}(n-2)$ 时，说明 x 与 y 之间没有明确的关系，模型中引入变量 x 是错误的，用该回归模型进行预测是不可行的。对例 5—1 而言，由于 $t=8.73>2.31$，因此，x 与 y 之间存在显著关系，t 检验通过。

（3）F 检验。所谓 F 检验就是通过构造 F 统计量：

$$F=\frac{RSS}{ESS/(n-2)}=\frac{R^2}{(1-R^2)/(n-2)}$$

判断模型是否成立。F 近似等于可解释变差与未解释变差之比，该比值越大越好。可以证明，在 H_0：$b=0$ 成立时，$F\sim F_\alpha(1，n-2)$。F 检验的步骤如下。

首先，计算 F 值。

对例 5—1 而言，$F=76.23$。

其次，根据给定的检验水平 α，查 F 分布表，求临界值 $F_\alpha(1, n-2)$。若 $F>F_\alpha(1, n-2)$，则否定 H_0，认为 x 和 y 之间存在显著的线性统计关系；反之，x 和 y 之间不存在线性统计关系。

$$F_{0.05}(1, 8)=5.32<F=76.23$$

FINV(0.05，1，8)=5.32

可见 F 检验与 t 检验结果是一致的。

对一元线性回归分析来说，R 检验、t 检验和 F 检验是等价的。

5. 预测

通过了检验后，即可进行预测。对例 5—1 而言，假设 2014 年 11 月销售量为 60 件，则 2014 年 11 月的估计利润为：

$$\hat{y}=-63.8+17.6\times 60=992(\text{万元})$$

5.2.2 Excel 在一元线性回归预测法中的应用

下面仍以例 5—1 来说明如何使用 Excel 求解一元线性回归问题。

在 Excel 中利用函数 LINEST 可以返回线性回归分析有关结果值，利用 FINV 和 TINV 函数可分别返回 F 检验标准值和 t 检验标准值。

假定线性回归模型形式为：

$$y=m_1x_1+m_2x_2+\cdots+b$$

LINEST 函数的使用格式为：LINEST（value _ y，value _ x，const，stats）。式中，value _ y 为 y 值（因变量）所在行或列。value _ x 为 x 值（自变量）所在行或列。const 为一逻辑值，用于指定是否将常量 b 强制设为 0。如果 const 为 TRUE 或省略，b 将按正常计算；如果 const 为 FALSE，b 将被设为 0，并同时调整 m 使 $y=mx$。

stats 为一逻辑值，指定是否返回附加回归统计值。如果 stats 为 FALSE 或省略，LINEST 函数只返回系数 m 和常量 b；如果 stats 为 TRUE，则 LINEST 函数返回附加回归统计值，这时返回的数组为：$\{m_n, m_{n-1}, \cdots, m_1, b; se_n, se_{n-1}, \cdots, se_1, se_b; R^2, se_y; F, df; ss_{\text{reg}}, ss_{\text{resid}}\}$。上述数组在 Excel 中对应的输出形式如表 5—3 所示。

表 5—3 LINEST 函数输出结果形式

	A	B	…		
1	m_n	m_{n-1}		m_1	b
2	se_n	se_{n-1}		se_1	se_b
3	R^2	se_y			
4	F	df			
5	ss_{reg}	ss_{resid}			

表 5—4 是对以上符号的简要说明。

表 5—4　　有关符号的含义

统计值	说明
se_1，se_2，…，se_n	系数 m_1，m_2，…，m_n 的标准误差值
se_b	常量 b 的标准误差值（当 const 为 FALSE 时，se_b＝＃N/A）
R^2	判定系数
se_y	y 估计值的标准误差
F	F 统计或 F 观察值
df	自由度。用于在统计表中查找 F 临界值
ss_{reg}	回归平方和
ss_{resid}	残差平方和

在 Excel 中建立计算模板，如表 5—5 所示。

表 5—5　　一元回归分析计算模板

	A	B	C	…
1	月份	销售额 x（件）	利润 y（万元）	
2	1	45	653	
3	2	42	630	
4	3	56	952	
5	4	48	750	
6	5	42	699	
7	6	35	590	
8	7	58	949	
9	8	40	620	
10	9	39	656	
11	10	50	872	
12				
13	结果矩阵			
14		17.6034	−63.8545	
15		2.0162	92.8384	
16		0.9050	45.1057	
17		76.2315	8	
18		155094.7258	16276.1742	
19				
20	α＝	0.05		
21		计算值	标准值	
22	t＝	8.7311	2.3060	
23	F＝	76.2315	5.3177	
24				
25	预测：			
26	自变量值	60		
27	预测结果	992.3493		
⋮				

(1) 在 b2：b11 输入自变量（销售额）数据，c2：c11 输入因变量（利润）数据。

(2) 在 b14：c18 输入数组公式 {=LINEST(c2：c11，b2：b11，TRUE)}。输入方法为：选择区域 b14：c18，按 F2，输入 "=LINEST(c2：c11，b2：b11，TRUE)"，然后按 Ctrl+Shift+Enter 组合键。b14：c18 用于存储数组公式计算得到的结果，对应单元格计算结果的含义详见表 5—6。

表 5—6　返回结果含义说明

	A	B	…
⋮			
14	b	a	
15	se_b	se_a	
16	R^2	se_y	
17	F	df	
18	ss_{reg}	ss_{resid}	
⋮			

(3) 单元格 b20 输入置信水平值 α。

(4) 单元格 b22 输入公式 "=a14/a15" 计算 t 值，单元格 c22 输入公式 "=TINV(b20，c17)" 返回置信水平值 α，自由度为 $n-2$ 的标准 t 值。

(5) 单元格 b23 输入公式 "=a17" 等于 a17 单元格的 F 值，单元格 c23 输入公式 "=FINV(b20，1，c17)" 返回置信水平值 α，自由度为（1，$n-2$）的标准 t 值。

(6) 在单元格 b26 预测时自变量值，在单元格 b26 输入预测公式 "=a4+b14＊b26"。

根据计算模板，得

$$b=17.603\,4$$

$$a=-63.854\,5$$

自变量对应的 t 值绝对值=8.7311>$t_{\alpha/2}(n-2)$ =2.306 0，t 检验通过。

$F=76.231\,5>F_\alpha(1，n-2)=5.317\,7$，$F$ 检验通过。

$R^2=0.905\,0$，相关分析通过。

当 2014 年 11 月销售量为 60 件时，预计利润为 992.349 3 万元。

5.3　多元线性回归预测法

5.3.1　多元线性回归预测法原理

1. 概述

在进行预测时，若预测目标的影响因素不止一个时，则要使用多元线性回归预测法进行预测。利用多元线性回归预测法进行预测的基本过程如图5—2所示。

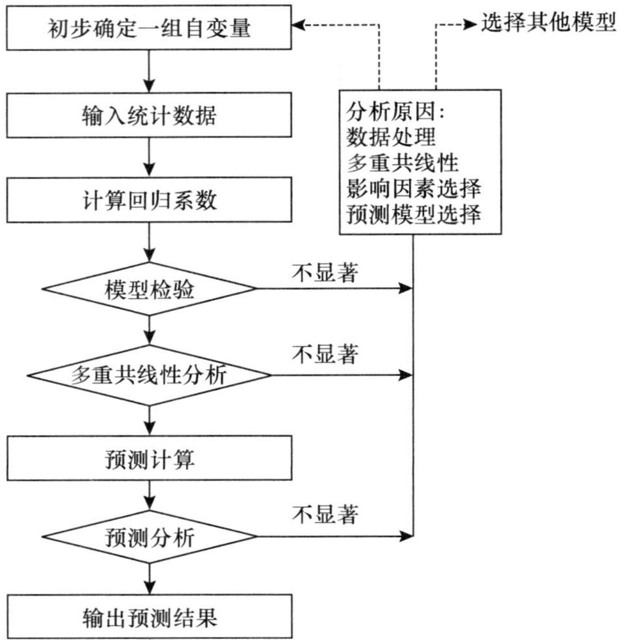

图5—2　多元线性回归分析基本过程

2. 预测模型求解

设 x_i，y_i之间关系可以表述为：

$$y=b_0+b_1x_1+b_2x_2+\cdots+b_mx_m+\varepsilon$$

对 n 组样本观察值的第 i 组样本，模型又可表示为：

$$y_i=b_0+b_1x_{i1}+b_2x_{i2}+\cdots+b_mx_{im}+\varepsilon_i$$

式中，b_0为截距项；b_j（$j=1$，2，…，m）为回归系数；ε_i为随机误差项，假定如下：

(1) $\varepsilon_i \sim N(0, \sigma^2)$；

(2) $E(\varepsilon_i)=0$；

(3) $D(\varepsilon_i)=\sigma^2$；

(4) $\mathrm{Cov}(\varepsilon_i, \varepsilon_j)=0$ ($i\neq j$)；

(5) x_1，x_2，…，x_m之间不线性相关。

对 n 组样本观察值，模型表示为：

$$\begin{cases} y_1=b_0+b_1x_{11}+b_2x_{12}+\cdots+b_mx_{1m}+\varepsilon_1 \\ y_2=b_0+b_1x_{21}+b_2x_{22}+\cdots+b_mx_{2m}+\varepsilon_2 \\ \cdots\cdots \\ y_n=b_0+b_1x_{n1}+b_2x_{n2}+\cdots+b_mx_{nm}+\varepsilon_n \end{cases}$$

记

$$Y=(y_1, y_2, \cdots, y_n)^{\mathrm{T}}$$

$$X=\begin{pmatrix} 1 & x_{11} & x_{12} & \cdots & x_{1m} \\ 1 & x_{21} & x_{22} & \cdots & x_{2m} \\ \vdots & \vdots & \vdots & & \vdots \\ 1 & x_{n1} & x_{n2} & \cdots & x_{nm} \end{pmatrix}$$

$$B=(b_0, b_1, b_2, \cdots, b_m)^{\mathrm{T}}$$

$$V=(\varepsilon_1, \varepsilon_2, \cdots, \varepsilon_n)^{\mathrm{T}}$$

则

$$Y=XB+V$$

因此多元线性回归分析法的数学模型为：

$$\hat{Y}=X\hat{B}$$

$$\hat{Y}=(\hat{y}_1, \hat{y}_2, \cdots, \hat{y}_n)^{\mathrm{T}}$$

$$\hat{B}=(\hat{b}_0, \hat{b}_1, \hat{b}_2, \cdots, \hat{b}_m)^{\mathrm{T}}$$

相应的误差为：

$$Y-\hat{Y}=(e_1, e_2, \cdots, e_n)^{\mathrm{T}}$$

此为随机误差项的估计值。

根据最小二乘法原理，选择 $\hat{B}$ 使残差平方和最小：

$$\min\sum e_i^2=(Y-X\hat{B})^{\mathrm{T}}(Y-X\hat{B})$$

根据极值原理，有

$$\frac{\partial (Y-X\hat{B})^{\mathrm{T}}(Y-X\hat{B})}{\partial \hat{B}}=-2X^{\mathrm{T}}Y+2X^{\mathrm{T}}X\hat{B}=0$$

从而推导得

$$\hat{B}=(X^{\mathrm{T}}X)^{-1}X^{\mathrm{T}}Y$$

例 5—2　已知 B 产品的需求量与个人收入及价格的关系如表 5—7 所示。试建立模型来预测收入为 1 500 元和价格为 8 元时 B 产品的需求量。

表 5—7　　B产品的需求量与个人收入及价格的关系

序号	需求量 y	收入 x_1（百元）	价格 x_2（元）
1	100	10	4
2	75	6	7
3	80	9	6
4	70	5	6
5	50	3	8
6	65	7	7
7	90	13	5
8	100	11	3.8
9	110	13	3
10	60	3	9

解

$$X=\begin{pmatrix}1 & 10 & 4\\ 1 & 6 & 7\\ 1 & 9 & 6\\ 1 & 5 & 6\\ 1 & 3 & 8\\ 1 & 7 & 7\\ 1 & 13 & 5\\ 1 & 11 & 3.8\\ 1 & 13 & 3\\ 1 & 3 & 9\end{pmatrix},\quad X^{\mathrm{T}}X=\begin{pmatrix}10 & 80 & 58.8\\ 80 & 768 & 411.8\\ 58.8 & 411.8 & 379.44\end{pmatrix}$$

$$(X^{\mathrm{T}}X)^{-1}=\begin{pmatrix}13.8581 & -0.6986 & -1.3894\\ -0.6986 & 0.0383 & 0.0667\\ -1.3894 & 0.0667 & 0.1456\end{pmatrix}$$

$$\hat{B}=(X^{\mathrm{T}}X)^{-1}X^{\mathrm{T}}Y=(107.5208\quad 1.5921\quad -6.8466)^{\mathrm{T}}$$

预测模型为：

$$\hat{y}=107.5208+1.5921x_1-6.8466x_2$$

3. 模型检验

在多元线性回归分析中，为了检验模型的假设是否正确、引入的影响因素是否有效，需要对模型进行检验。常用的检验方法是 R 检验、t 检验和 F 检验。

（1）经济意义检验。对例 5—2 而言，产品的需求量与收入同向变动，与价格反向变动，即 $b_1>0$，$b_2<0$；因这与实际是相符的，从而通过了经济意义检验。

（2）R 检验。

对例 5—2 而言：

$$R^2=\frac{RSS}{TSS}=1-\frac{ESS}{TSS}=1-\frac{\sum(\hat{y}_i-\bar{y})^2}{\sum(y_i-\bar{y})^2}=0.922\ 2$$

$$r=\frac{\sum(x_i-\bar{x})(y_i-\bar{y})}{\sqrt{\sum(x_i-\bar{x})^2\sum(y_i-\bar{y})^2}}=0.960\ 3$$

因此 R 检验通过。

（3）F 检验。所谓 F 检验就是通过构造 F 统计量：

$$F=\frac{RSS/m}{ESS/(n-m-1)}=\frac{R^2/m}{(1-R^2)/(n-m-1)}$$

判断模型是否成立。可以证明，在 H_0：$b_0=b_1=\cdots=b_m=0$ 成立时，$F\sim F_\alpha(m, n-m-1)$。F 检验步骤如下。

首先，计算 F 值。

对例 5—2 而言，$F=41.475\ 2$。

其次，根据给定的检验水平 α，查 F 分布表，求临界值 $F_\alpha(1, n-2)$。若 $F>F_\alpha(1, n-2)$，则否定 H_0，认为 x 和 y 之间存在显著的线性统计关系；反之，x 和 y 之间不存在线性统计关系。

对例 5—2 而言，$F_{0.05}(2, 7)=4.737\ 4<F=41.475\ 2$。

FINV(0.05，2，7) =4.737 4

因此 F 检验通过。

（4）t 检验。R 检验和 t 检验都是将所有自变量作为一个整体来检验它们与 y 的相关程度和解释能力，并没有说明每个自变量对 y 的影响。t 检验可以判别每个自变量对 y 的影响。

回归模型是一种统计模型，是从观测数据中得到的。t 检验就是用 t 统计量对回归系数 b 进行检验，其目的是检验变量 x 与变量 y 之间是否确实有关系，x 是否影响 y。t 统计量的计算公式如下：

$$t=\frac{b_j}{S_{b_j}},\quad j=0,1,2,\cdots,m$$

$$S_{b_j}=\sqrt{C_{jj}}\sqrt{\frac{1}{n-m-1}\sum_{i=1}^{n}(y_i-\hat{y}_i)^2}$$

式中，C_{jj} 为矩阵 $(X^{\mathrm{T}}X)^{-1}$ 主对角线上的第 j 个元素。

建立假设：

$$H_0: b_j=0$$

若当 $|t|\geq t_{\alpha/2}(n-m-1)$ 时，说明变量 x 与 y 间关系显著，其可靠性程度为 $1-\alpha$。当 $|t|<t_{\alpha/2}(n-2)$ 时，说明 x 与 y 之间没有明确的关系，模型中引入变量 x 是错误的，用该回归模型进行预测是不可行的。

t 检验的基本步骤：

首先，通过公式计算 t 统计量，根据例 5—2 中的数据计算得到：

$$t(b_2)=2.8973$$
$$t(b_1)=1.3131$$
$$t(b_0)=4.6637$$

其次，选择显著性水平 α，即检验可靠性程度，一般取 0.05，自由度为 $(n-m-1)$，查 t 检验表以确定临界值 $t_{\alpha/2}(n-m-1)$。

对例 5—2 而言，$t_{0.025}(7)=2.3646$。

$$\mathrm{TINV}(\alpha,n-m-1)=2.3646$$

最后，进行判断。当 $|t|\geqslant t_{\alpha/2}(n-2)$ 时，说明变量 x 与 y 间关系显著，其可靠性程度为 $1-\alpha$。当 $|t|<t_{\alpha/2}(n-2)$ 时，说明 x 与 y 之间没有明确的关系，模型中引入变量 x 是错误的，用该回归模型进行预测是不可行的。

对例 5—2 而言，由于 $t(b_2)>t_{0.025}(7)$，$t(b_1)<t_{0.025}(7)$，所以 x_2 与 y 之间存在显著关系，x_1 与 y 之间关系不显著。

4. 多重共线性分析

在预测分析中，若两个解释变量之间存在较强的相关，则认为回归分析中存在多重共线性。

多元回归模型 $Y=XB+V$ 存在多重共线性关系，主要表现为矩阵 X 中存在相关的列。多重共线性可能引起以下后果：

(1) 参数估计的精度较低；

(2) 回归参数的估计值对样本容量非常敏感，不稳定；

(3) 不能正确判断各解释变量对 y 的影响是否显著。

通过计算自变量之间的相关系数矩阵和经验直觉，来判断分析自变量之间是否存在多重共线性。

消除多重共线性的常用方法：

方法 1：消减变量。

从一组高度相关、具有多重共线性的自变量中删除某个变量。例如将一组自变量中与因变量相关系数最小的一个自变量删除，重建回归预测方法。

方法 2：改变变量的定义形式。

定义新的自变量代替具有高度多重共线性的变量，或者通过加权平均等方法，将一组多重共线性的自变量合并为一个自变量。

假设回归模型为：

$$y=b_0+b_1x_1+b_2x_2+\varepsilon$$

如果 x_1 和 x_2 高度相关，那么可以采用变量比的形式：

$$\frac{y}{x_1}=\frac{b_0}{x_1}+b_1+\frac{b_2x_2}{x_1}+\varepsilon'$$

除了以上常用方法，在可能的条件下，还可以通过收集更多的观察资料增加样本容量，减轻多重共线性所造成的影响。

虽然多重共线性对回归模型不利，但是否消除应视其影响程度轻重而定。只要多重共线性对重要的 x_j 影响不大，那么即使估计模型含有多重共线性，仍能有较好的预测效果。

5. 预测

通过了检验后，即可进行预测。在例 5—2 中，假设 $x_1=15$，$x_2=8$，则

$$y=-6.8466x_2+1.5921x_1+107.5208=76.6302$$

5.3.2 Excel 在多元线性回归预测法中的应用

下面仍以例 5—2 为例说明如何使用 Excel 求解多元线性回归问题。

在 Excel 中建立计算模板如表 5—8 所示。

表 5—8　　计算模板

	A	B	C	D	E
1	序号	需求量 y	收入 x1	价格 x2	
2	1	100	10	4	
3	2	75	6	7	
4	3	80	9	6	
5	4	70	5	6	
6	5	50	3	8	
7	6	65	7	7	
8	7	90	13	5	
9	8	100	11	3.8	
10	9	110	13	3	
11	10	60	3	9	
12	$\sum$	800			
13	结果矩阵				
14		−6.8466	1.5921	107.5208	
15		2.3631	1.2125	23.0547	
16		0.9222	6.1931	#N/A	
17		41.4752	7.0000	#N/A	
18		3181.519	268.48104	#N/A	
19	t 检验	b2	b1	b0	标准值
20		−2.8972	1.3131	4.6637	2.3646
21					
22	R 检验	R2	r		
23		0.9222	0.9603		
24	F 检验	计算值	标准值		
25		41.4752	4.7374		
26	预测：	x2	x1		
27	自变量值	8	15		
28	预测结果	76.63016			

（1）在 b2：b11 输入因变量（需求量）数据，c2：c11 输入自变量（收入）数据，d2：d11 输入自变量（价格）数据。

（2）在 b14：c18 输入数组公式“{=LINEST(b2：b11，c2：d11，TRUE)}”。输入方法为：选择区域 b14：d18，按 F2，输入“=LINEST(b2：b11，c2：d11，TRUE)”，然后按 Ctrl+Shift+Enter 组合键。b14：c18 用于存储数组公式计算得到的结果，对应单元格计算结果的含义如表 5—9 所示。

表 5—9　　输出结果对应的值解释

	B	C	D	…
14	b_2	b_1	b_0	
15	se（b_2）	se（b_1）	se（b_0）	
16	r^2	se_y		
17	F	df		
18	ss_{reg}	ss_{resid}		

（3）在单元格 b20 输入公式“=b14/b15”，将 b20 中的公式复制到 c20 和 d20，分别计算系数 b_2，b_1 和 b_0 所对应的 t 值，单元格 e20 输入公式“=TINV(0.05，c17)”返回置信水平值为 0.05，自由度为 $n-2$ 的标准 t 值。

（4）在单元格 b23 输入格式“=b16”等于 b16 单元格的 R^2 值，在单元格 c23 输入格式“=SQRT（b23)”计算复相关系数 r。

（5）在单元格 b25 输入公式“=b17”等于 b17 单元格的 F 值，单元格 c25 输入公式“=FINV（0.05，2，c17)”返回置信水平值为 0.05，自由度为（2，7）的标准 t 值。

（6）在单元格 b26 预测时自变量值，在单元格 b26 输入预测公式“=b14 * b27+c14 * c27+d14”（即 $y=b_0+b_1x_1+b_2x_2$）。

根据计算模板得到：

$$b_2=-6.846\ 6，b_1=1.592\ 1，b_0=107.520\ 8$$

$R^2=0.922\ 2$，R 检验通过。

$F_{0.05}(2，7)=4.737\ 4<F=41.475\ 2$，$F$ 检验通过。

系数 b_2，b_1，b_0 对应的 t 值分别如下：

$$t(b_2)=2.897\ 3$$
$$t(b_1)=1.313\ 1$$
$$t(b_0)=4.663\ 7$$
$$t_{0.025}(7)=2.364\ 6$$

x_2 与 y 之间存在显著关系，x_1 与 y 之间关系不显著。

$$x_1=15，x_2=8，y=76.630\ 160\ 8$$

5.4　非线性回归预测法

5.4.1　常见的非线性回归模型

非线性回归模型的一般形式为：

$$y=f_1(x_1)+f_2(x_2)+\cdots+f_m(x_m)+\varepsilon$$

式中，$f_m(x_m)$ 可以是多项式、指数、幂函数或其他函数形式。

实际预测中，常见的非线性函数有：

（1）二次曲线：

$$y=\beta_0+\beta_1 x+\beta_2 x^2+\varepsilon$$

式中，$\beta_i(i=0，1，2)$ 为参数；ε 为随机项，$\varepsilon\sim N(0，\sigma^2)$。

（2）指数曲线：

$$y=\alpha e^{\beta x}e^{\varepsilon}$$

式中，α，β 为参数；ε 为随机项，$\varepsilon\sim N(0，\sigma^2)$。

（3）修正指数曲线：

$$y=K+\alpha e^{\beta x}e^{\varepsilon}$$

式中，K 为常数；α，β 为参数；ε 为随机项，$\varepsilon\sim N(0，\sigma^2)$。

（4）幂函数：

$$y=\alpha x^{\beta}e^{\varepsilon}$$

式中，α，β 为参数；ε 为随机项，$\varepsilon\sim N(0，\sigma^2)$。

（5）柯布·道格拉斯生产函数：

$$y=AL^{\alpha}K^{\beta}e^{\varepsilon}$$

式中，L 为劳动投入；K 为投资；A，α，β 为参数；ε 为随机项，$\varepsilon\sim N(0，\sigma^2)$。

5.4.2　非线性回归模型求解的基本思路

对非线性模型，求解的基本思路是：

（1）利用变量替代将非线性模型转化为线性模型；

（2）利用线性回归方法求解；

（3）反向转换得到非线性模型的系数；

（4）进行预测。

以下举例说明如何将修正指数曲线转换为线性模型。

修正指数曲线为：

$$y=K+\alpha e^{\beta x} e^{\varepsilon}$$

将 K 移到左边后，等式两边取对数，得

$$\ln(y-K)=\ln\alpha+\beta x+\varepsilon$$

令 $y'=\ln(y-K)$，$\alpha'=\ln\alpha$，得到转换后的线性模型：

$$y'=\alpha'+\beta x+\varepsilon$$

对转换后的模型可应用线性回归技术求解。最后利用逆向转换可求得系数 α。

$$\alpha=e^{\alpha'}$$

表 5—10 给出了常见函数的转换规则。

表 5—10　　常见函数的转换规则

函数形式	转换规则	转换后模型
二次曲线模型 $y=\beta_0+\beta_1 x+\beta_2 x^2+\varepsilon$	$z_1=x$，$z_2=x^2$	$y=\beta_0+\beta_1 z_1+\beta_2 z_2+\varepsilon$
指数曲线 $y=\alpha e^{\beta x} e^{\varepsilon}$	两边取对数 $y'=\ln y$，$\alpha'=\ln\alpha$	$y'=\alpha'+\beta x+\varepsilon$
修正指数曲线 $y=K+\alpha e^{\beta x} e^{\varepsilon}$	K 移项后，两边取对数 $y'=\ln(y-K)$，$\alpha'=\ln\alpha$	$y'=\alpha'+\beta x+\varepsilon$
幂函数 $y=\alpha x^{\beta} e^{\varepsilon}$	两边取对数 $y'=\ln y$，$x'=\ln x$，$\alpha'=\ln\alpha$	$y'=\alpha'+\beta x'+\varepsilon$
柯布·道格拉斯生产函数 $y=AL^{\alpha}K^{\beta}e^{\varepsilon}$	两边取对数 $y'=\ln y$，$z_1=\ln L$，$z_2=\ln K$，$\lambda_0=\ln A$	$y'=\lambda_0+\alpha z_1+\beta z_2+\varepsilon$

5.4.3　应用举例

例 5—3　已知 C 产品 2000—2014 年产量及当年产品成本如表 5—11 所示。试运用非线性回归方法对该产品 2015 年的成本进行预测。

表 5—11　　产量及产品成本关系

年份	产量 $x(t)$（件）	产品成本 y（元/件）
2000	3 000	360.78
2001	3 500	340.24
2002	3 800	345.44
2003	4 004	336.03
2004	4 300	325.54
2005	5 016	319.09
2006	5 511	318.63
2007	5 648	320.25

续前表

年份	产量 $x(t)$（件）	产品成本 y（元/件）
2008	5 876	314.56
2009	6 651	305.72
2010	6 024	310.82
2011	6 354	304.03
2012	6 950	306.84
2013	7 381	300.71
2014	7 558	301.11

解　利用散点图，可以大致判断产品生产成本随着产量的增加、管理水平的提高呈逐步下降趋势。在无重大技术改革、原材料基本不变的情况下，最低生产成本不低于 280 元/件。故选取修正指数曲线：

$$y=280+\alpha e^{\beta x}e^{\varepsilon}$$

建立成本预测模型：

$$y'=\ln(y-K),\quad \alpha'=\ln a$$
$$y'=\alpha'+\beta x+\varepsilon$$

在 Excel 中建立计算模板如表 5—12 所示。

表 5—12　　**计算模板**

	A	B	C	D
1	年份	产量 x(t)	产品成本 y	ln(y−280)
2	2000	3000	360.78	4.3917
3	2001	3500	340.24	4.0983
4	2002	3800	345.44	4.1811
5	2003	4004	336.03	4.0259
6	2004	4300	325.54	3.8186
7	2005	5016	319.09	3.6659
8	2006	5511	318.63	3.6540
9	2007	5648	320.25	3.6951
10	2008	5876	314.56	3.5427
11	2009	6651	305.72	3.2473
12	2010	6024	310.82	3.4282
13	2011	6354	304.03	3.1793
14	2012	6950	306.84	3.2899
15	2013	7381	300.71	3.0306
16	2014	7558	301.11	3.0497
17	$\sum$	81573	4809.79	54.2984
18	结果矩阵			
19		−0.000286	5.174147	
20		0.000017	0.095883	

21		0.955654	0.092528	
22		280.151698	13.000000	
23		2.398482	0.111298	
24	t 检验	b1	b0	标准值
25		−16.7377	53.9629	2.1604
26	R 检验	R2	r	
27		0.9557	0.9776	
28	F 检验	计算值	标准值	
29		280.1517	4.6672	
30	预测：	x1	x2	x3
31	自变量值	8000	10000	12000
32	预测结果	297.9523	290.1362	285.7231

（1）在 b2：b16 输入产量（因变量）数据，c2：c16 成本数据（自变量）数据。

（2）在 d2 单元格数据转换格式“＝LN（b2－280）”，然后将单元格 d2 中公式复制到区域 d3：d16。

（3）在 b19：c23 输入数组公式｛＝LINEST(d2：d16，c2：c16，TRUE)｝。输入方法为：选择区域 b19：c23，按 F2，输入＝LINEST（d2：d16，c2：c16，TRUE)，然后按 Ctrl＋Shift＋Enter 组合键。b19：c23 用于存储数组公式计算得到的结果，对应单元格计算结果的含义如表 5—13 所示。

表 5—13　输出结果对应的值解释

	B	C	…
19	b	a	
20	se_b	se_a	
21	R^2	se_y	
22	F	df	
23	ss_{reg}	ss_{resid}	

（4）单元格 b25 和 c25 分别输入公式“＝b19/b20”和“＝c19/c20”计算 t 值，单元格 d25 输入公式“＝TINV（0.05，c22)”返回置信水平值为 0.05 时自由度为 $n-2$ 的标准 t 值。

（5）单元格 b29 输入公式“＝b22”等于 b22 单元格的 F 值，单元格 c29 输入公式“＝FINV（0.05，1，c22)”返回置信水平值为 0.05，自由度为（1，$n-2$）的标准 F 值。

（6）在单元格 b31 预测时自变量值，在单元格 b32 输入预测公式“＝280＋EXP(＄c19)＊EXP(＄b19＊b31)”。

根据计算模板得到：

$$\beta=-0.000\,286,\ \alpha'=5.174\,147$$

所有的 t 值均满足 $|t|\geqslant t_{\alpha/2}(n-2)$，$t$ 检验通过。

$F=280.151\,7>F_\alpha(1,\ n-2)=4.667\,2$，$F$ 检验通过。

$R^2=0.9557$，相关分析通过。

当 2015 年产量为 8 000 件时，产品成本为 298 元/件。

习 题

1. 已知某公司 2005—2014 年研发费用和利润的数据如表 5—14 所示。试用回归分析预测法分析研发费用和利润的关系，并预测当 2015 年研发费用为 15 百万元时，公司的利润。

表 5—14　　某公司 2005—2014 年研发费用和利润

年份	研发费用（百万元）	利润（百万元）
2005	9	100
2006	10	150
2007	10	200
2008	11	180
2009	9	250
2010	11	280
2011	11	290
2012	12	310
2013	13	320
2014	12	300

2. 已知某公司 2014 年 1—10 月生产 C 产品的间接费用与直接劳动时间和机器运转时间之间关系如表 5—15 所示。试建立模型预测生产 C 产品的直接劳动时间为 47 000 小时和机器运转时间为 18 000 小时的间接费用。

表 5—15　　间接费用与直接劳动时间和机器运转时间之间关系

月份	间接费用（元）	直接劳动时间（小时）	机器运转时间（小时）
1	290 000	45 000	16 000
2	240 000	42 000	14 000
3	270 000	44 000	15 000
4	250 000	45 000	13 000
5	260 000	43 000	13 000
6	280 000	46 000	14 000
7	300 000	44 000	16 000
8	280 000	45 000	16 000
9	280 000	44 000	15 000
10	270 000	43 000	15 000

确定型时间序列预测法 第6章

6.1 基本概述

6.1.1 时间序列预测法的基本含义

时间序列，也称时间数列，是将预测目标的历史数据，按时间先后顺序排列所形成的数列。

时间序列预测法就是通过编制和分析时间序列，根据时间序列所反映出来的发展过程、方向和趋势，分析它随时间的变化趋势，并建立数学模型以预测目标未来可能达到的水平的预测方法。

时间序列预测法以连贯性原理为依据，以假设事物过去和现在的发展变化趋向会延续到未来为前提。它抛开对事物发展变化的因果关系的具体分析，直接从时间序列统计数据中找出反映事物发展的演变规律，从而预测目标的未来发展趋势。

时间序列预测法的基本过程包括：收集与整理预测目标的历史资料；对这些资料进行检查鉴别，排成数列；分析时间数列，从中寻找该预测目标随时间变化而变化的规律，得出一定的模式；以此模式去预测该预测目标将来的情况。

对时间序列来说，一般不能以回归分析方法来建立模型并加以分析，因为回归分析想要建立的是因果模型，而时间序列中各观测值之间通常存在相关性，且时间相隔越短两观测值的相关性越大，时间序列并不满足所谓“各观测值为独立”的必要假设。因此，时间序列分析和其他传统分析不同的是，它不需借助预测变量，仅依照变量本身过去的数据所存在的形态来建立模型。

时间序列预测法可分为随机型和确定型两大类，前者使用概率论的方法，后者使用非概率论的方法。本章主要介绍确定型时间序列预测法，包括移动平均法、指数平滑法、季节周期预测法等方法。

6.1.2 时间序列的影响因素分析

时间序列中每一期数据均是不同因素相互作用的结果。根据各种因素的特点或影响效果，可将这些因素分为四类：（1）长期趋势（T）；（2）季节变动（S）；（3）循环变动（C）；（4）不规则变动（R）。

1. 长期趋势（T）

长期趋势是指受某种关键因素的影响，时间序列朝着一定的方向持续上升、下降或停留在某一水平上的倾向（见图 6—1）。

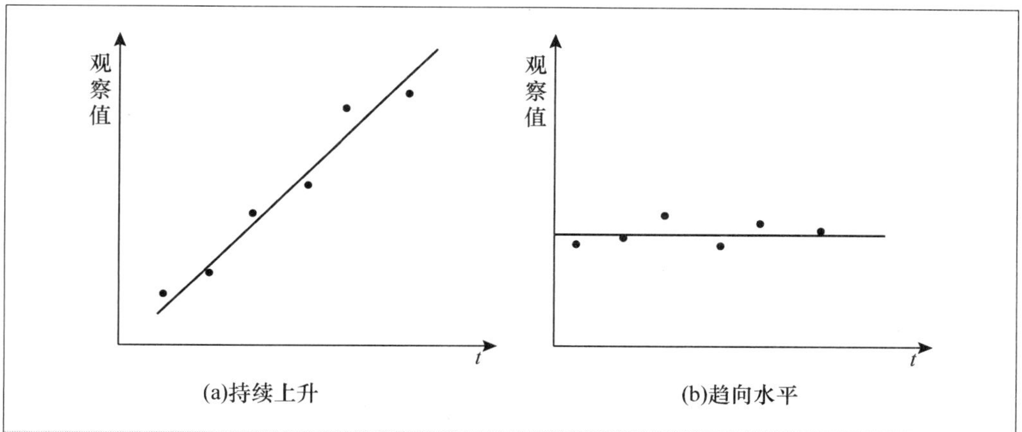

图 6—1 长期趋势示意图

2. 季节变动（S）

季节变动是指时间序列在一定固定周期（一般为一年）内呈现固定的规则变动（见图 6—2）。季节变动主要受到季节与习俗的影响。例如，空调在夏季的销售量多而冬季少；“六一”儿童节前夕玩具的销售量增加，等等。

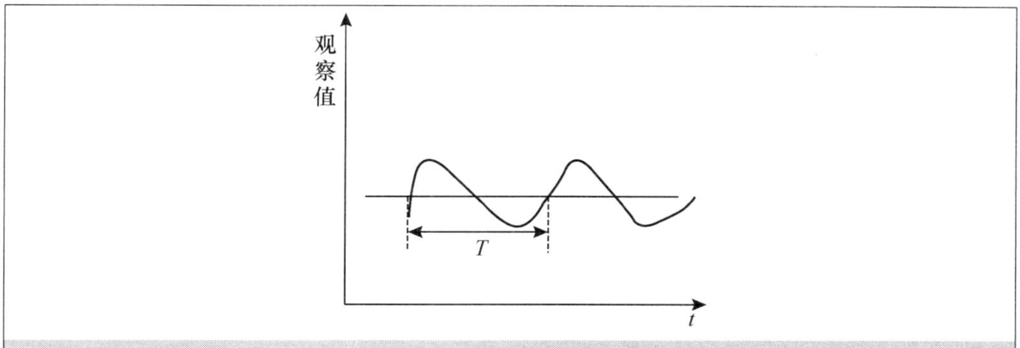

图 6—2 季节变动示意图

3. 循环变动（C）

循环变动是指时间序列围绕长期趋势的一种波浪形或振荡式变动（见图 6—3）。循环变动的周期大约 2～15 年，其变动的原因甚多，而且周期的长短与幅度亦不一致。通常一个时间序列的循环是由其他多个小的时间序列循环组合而成，如总体经济指标的循环往往是由各个产业的循环组合而成。有时总体经济会受到重大政治事件很大的影响，如总统大选或战争。同样，各产业的循环往往受到整体经济环境的影响，例如经济繁荣往往在循环的顶点，而经济萧条则在循环的谷底。

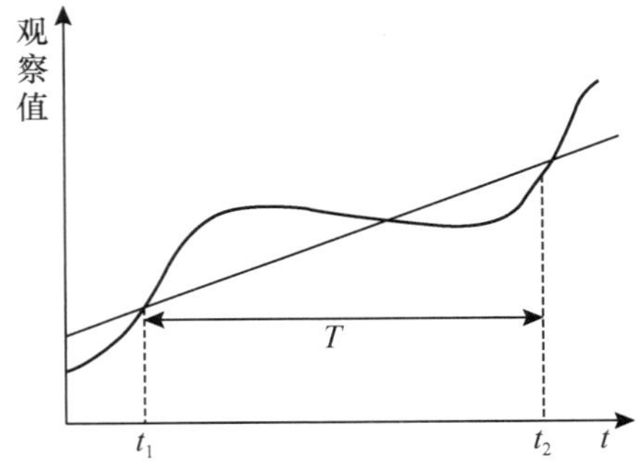

图 6—3 循环变动示意图

4. 不规则变动（R）

不规则变动是指一些随机因素所引起的变动。这些随机因素包括自然灾害、人为的意外因素、天气突然改变及政治情况巨大变化等。在时间序列分析中，不规则变动是将长期趋势、季节变动以及循环变动等成分剔除后所剩下的随机状况的部分。

6.1.3 时间序列预测法的步骤

时间序列预测法的步骤如下：

第一步，收集历史资料，加以整理，编成时间序列，并根据时间序列绘制统计图。

第二步，分析时间序列。时间序列中每一时期的数值都是由许多不同的因素同时发生作用后的综合结果。

第三步，求时间序列的长期趋势（T）、季节变动（S）、循环变动（C）和不规则变动（R）的值，并选定近似的数学模型来代表它们。对于数学模型中的未知参数，使用合适的技术方法求出其值。

第四步，利用时间序列资料求出长期趋势、季节变动和不规则变动的数学模型后，就可以利用它来预测未来的长期趋势 T、季节变动 S 和循环变动 C，在可能的情况下预测不规则变动 R。然后用以下模型计算出未来的时间序列的预测值 Y：

加法模型：$Y=T+S+C+R$

乘法模型：$Y=T\times S\times C\times R$

加法模型通常假定时间序列基于四种成分相加而成，各成分彼此相互独立，无交互影响。

乘法模型通常假定时间序列基于四种成分相乘之结果，各成分之间明显存在相互依赖的关系，即假定季节变动与循环变动为长期趋势的函数。

在时间序列分析中，大多数采用乘法模型，因为乘法模型比加法模型更能正确地代表时间序列。

如果不规则变动的预测值难以求得，就只求长期趋势和季节变动的预测值，以两者相乘之积或相加之和作为时间序列的预测值。如果经济现象本身没有季节变动或不需预测分季或分月的资料，则长期趋势的预测值就是时间序列的预测值，即 $T=Y$。但要注意这个预测值只反映现象未来的发展趋势，即使很准确的趋势线在按时间顺序的观察方面所起的作用，实质上也只是一个平均数的作用，实际值将围绕着它上下波动。

6.2　移动平均法

6.2.1　一次移动平均法

一次移动平均法是在算术平均法的基础上加以改进的。下面介绍移动平均法的基本思想。

假定某个预测目标的 T 个观察值为 y_1，y_2，…，y_T。记 y_t 为 t 期观察值，$t=1$，2，…，T。

选取 N 个最近观察值进行平均，作为 $t+1$ 的预测值。

$$M_t^{(1)}(N)=\frac{y_t+y_{t-1}+\cdots+y_{t-N+1}}{N}$$

式中，N 为计算移动平均值所选定的数据个数，$N<T$，称为步长或跨距。

以下推导一次平均值的递推公式。

$$\begin{aligned}M_t^{(1)}(N)&=\frac{y_t+y_{t-1}+\cdots+y_{t-N+1}}{N}\\&=\frac{y_t+y_{t-1}+\cdots+y_{t-N+1}+y_{t-N}-y_{t-N}}{N}\\&=\frac{y_{t-1}+\cdots+y_{t-N+1}+y_{t-N}}{N}+\frac{y_t-y_{t-N}}{N}\\&=M_{t-1}^{(1)}+\frac{y_t-y_{t-N}}{N}\end{aligned}$$

上式为计算一次平均值的递推公式。

第 $t+1$ 期的预测值为：

$$\hat{y}_{t+1}=M_t^{(1)}(N)$$

舍去前一个周期的最早的一个观察值（即 y_{t-N+1}），将预测值 $\hat{y}_{t+1}$ 作为新周期的一个观察值（即 y_{t+1}），再对 N 个最近观察值进行平均，作为 $t+2$ 的预测值。

$$\hat{y}_{t+2}=M_{t+1}^{(1)}(N)=\frac{y_{t+1}+y_t+\cdots+y_{t-N}}{N}$$

$$(y_{t+1}=M_t^{(1)}(N))$$

依此类推可以求得以后各期的预测值。

以下举例说明。

例 6—1 产品 A 销售情况如表 6—1 所示。

表 6—1 **产品 A 销售情况一览表**

年份	2002	2003	2004	2005	2006	2007	2008	2009	2010	2011	2012	2013	2014
销售量 y_t	469	438	488	431	464	463	406	470	472	442	424	408	

解 $N=3$ 时，有

$$\hat{y}_{2005}=\frac{y_{2004}+y_{2003}+y_{2002}}{3}=\frac{488+438+469}{3}=465$$

$N=5$ 时，有

$$\hat{y}_{2007}=\frac{y_{2006}+y_{2005}+y_{2004}+y_{2003}+y_{2002}}{5}=\frac{464+431+488+438+469}{5}=458$$

依此类推计算其他各期数据，计算结果如表 6—2 所示。

表 6—2 **计算结果**

年份	2002	2003	2004	2005	2006	2007	2008	2009	2010	2011	2012	2013	2014
销售量 y_t	469	438	488	431	464	463	406	470	472	442	424	408	
$y(N=3)$				465	452	461	453	444	446	449	461	446	425
$y(N=5)$						458	457	450	447	455	451	443	443

需特别指出的是，若想使用该方法预测 2015 年的数据，则需将 2014 年的预测值作为实际值，然后按照上面计算方法来计算，即

$N=3$ 时，有

$$\hat{y}_{2015}=\frac{y_{2014}+y_{2013}+y_{2012}}{3}=\frac{425+408+424}{3}=419$$

$N=5$ 时，有

$$\hat{y}_{2015}=\frac{y_{2014}+y_{2013}+y_{2012}+y_{2011}+y_{2010}}{5}=\frac{443+408+424+442+472}{5}=434$$

下面绘制图形对比移动平均前后的结果差异。绘制图形如图 6—4 所示。

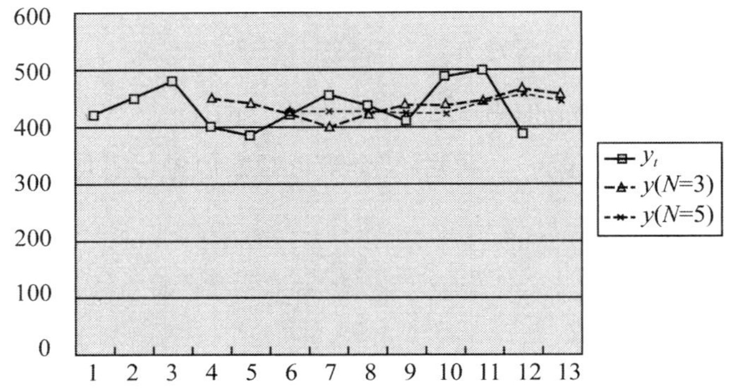

图 6—4 产品 A 的一次移动平均预测

从图 6—4 可知，移动平均的新序列平滑了原来序列的峰谷，即消除了不规则变动的影响。N 越大，修匀的程度也越大；如果 N 值越小，则原序列的特征保留得越多，可能存在的随机干扰也就越大。

因此，N 的选择比较重要。数据的随机因素较大时，宜采用较大的 N，这样有助于较大限度地平滑由随机性所带来的严重偏差；数据的随机因素较小时，宜采用较小的 N，这样有助于跟踪数据的变化，并且预测值滞后的期数也少。

一次移动平均法的预测精度一般采用均方误差 MSE 来衡量，其计算公式为：

$$MSE = \frac{1}{K}\sum_{t=1}^{K}(y_t - \hat{y}_t)^2$$

因此，实践中，可通过计算均方误差 MSE 来作为选择 N 的准则，即令 N 分别取不同值，计算不同 N 值下的 MSE 值，选择最小的 MSE 值对应的 N。

例如，对例 6—1，当 $N=3$ 时，有

$$MSE(N=3) = \frac{1}{9}\sum_{t=4}^{12}(y_t - \hat{y}_t)^2 = 853.67$$

当 $N=5$ 时，有

$$MSE(N=5) = \frac{1}{7}\sum_{t=6}^{12}(y_t - \hat{y}_t)^2 = 816.06$$

计算结果表明，$N=5$ 时，均方差 MSE 较小，故选择 N 为 5，那么 2014 年销售量为 443。

注意事项：

（1）一次移动平均法一般只适用于平稳模式，即时间序列没有明显的周期变化和趋势变化。

（2）由于误差的积累，使得对远期的预测误差越来越大，因此一次移动平均法一般只适用于下一个时期（第 $t+1$ 期）的预测。

6.2.2　二次移动平均法

如前所述，当预测变量的基本趋势发生变化时，一次移动平均法不能迅速地适应这种变化，将产生较大的预测偏差和出现一定的滞后。当时间序列的变化为线性趋势时，一次移动平均法的滞后偏差会使预测值偏低或偏高。对线性增加的时间序列，预测值偏低；对线性减少的时间序列，预测值偏高。设线性趋势方程为：

$$y_t = a + bt$$
$$y_{t+1} - y_t = a + b(t+1) - a - bt = b$$

采用一次移动平均法预测，有

$$M_t^{(1)} = \frac{y_t + y_{t-1} + \cdots + y_{t-N+1}}{N} \tag{6.1}$$

$$\hat{y}_{t+1} = M_t^{(1)}$$

$$=a+bt-\frac{(N-1)b}{2}$$

进而得

$$y_{t+1}-\hat{y}_{t+1}=a+b(t+1)-\left[a+bt-\frac{(N-1)b}{2}\right]=\frac{(N+1)b}{2}$$

从以上推导可知，每进行一次移动平均，得到的新序列就比原序列滞后（$N+1$）$b/2$。

二次移动平均是对一次移动平均再进行一次移动平均。计算公式为：

$$M_t^{(2)}(N)=\frac{M_t^{(1)}+M_{t-1}^{(1)}+\cdots+M_{t-N+1}^{(1)}}{N} \tag{6.2}$$

$$=M_{t-1}^{(2)}+\frac{M_t^{(1)}-M_{t-N}^{(1)}}{N}$$

类似地，可以得到二次移动平均值比一次移动平均值滞后（$N+1$）$b/2$，即

$$M_t^{(1)}-M_t^{(2)}=\frac{(N+1)b}{2}$$

图 6—5 为移动平均滞后示意图。

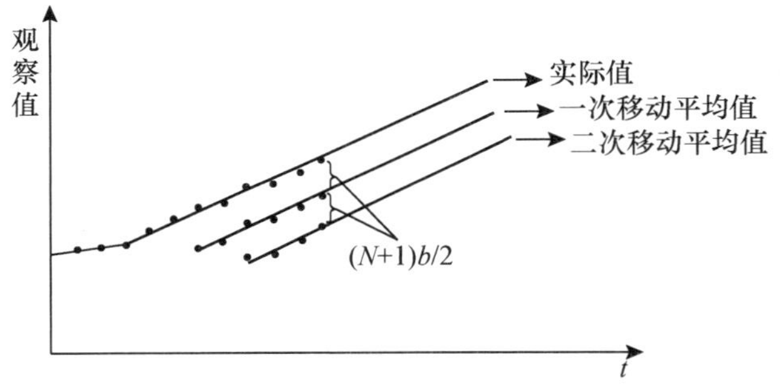

图 6—5 移动平均滞后示意图

从图 6—5 可知，一次移动平均值滞后于实际值，二次移动平均值滞后于一次移动平均值，并且序列为严格线性时，两个滞差相等。为了消除滞后偏差对预测的影响，可在一次平均值的基础上再进行移动平均，即二次移动平均，并在此基础上按照下列思路建立预测模型：将二次移动平均值与一次移动平均值的距离加回到一次移动平均值上去作为预测值。

设时间序列$\{y_t\}$从某时期 T 开始具有直线趋势，且认为未来时期趋势保持不变，则第 $T+L$ 期的预测值可按以下公式计算：

$$\hat{y}_{T+L}=a_T+b_TL$$

式中，T 为当前的时期数；L 为由 T 到预测期的时期数，$L=1，2，\cdots$；a_T 为截距；b_T 为斜率。a_T 和 b_T 的计算公式分别为：

$$a_T=M_T^{(1)}+(M_T^{(1)}-M_T^{(2)})=2M_T^{(1)}-M_T^{(2)} \tag{6.3}$$

$$b_T=\frac{2(M_T^{(1)}-M_T^{(2)})}{N-1} \tag{6.4}$$

例 6—2 假定 1998—2013 年产品 B 销售情况如表 6—3 所示。

表 6—3 **产品 B 销售情况一览表**

年份	1998	1999	2000	2001	2002	2003	2004	2005	2006	2007	2008	2009	2010	2011	2012	2013
销售量 y_t	184	595	637	527	874	1 725	2 366	2 552	2 865	3 729	2 795	4 150	2 474	3 439	5 643	5 917

解 假定 $N=3$。

首先，利用式（6.1）计算一次移动平均值：

$$M_3^{(1)}=\frac{y_3+y_2+y_1}{3}=\frac{637+595+184}{3}=472.00$$

依此类推计算其他一次移动平均值，结果如表 6—4 所示。

其次，利用式（6.2）计算二次移动平均值：

$$M_5^{(2)}=\frac{M_5^{(1)}+M_4^{(1)}+M_3^{(1)}}{3}=\frac{679.33+586.33+472.00}{3}=579.22$$

依此类推计算其他二次移动平均值，结果如表 6—4 所示。

再次，确定 T，并分别利用式（6.3）和式（6.4）计算 a_T和 b_T。

假定 $T=16$，有

$$a_{T=16}=2M_{16}^{(1)}-M_{16}^{(2)}=5\ 930.67$$

$$b_{T=16}=\frac{2(M_{16}^{(1)}-M_{16}^{(2)})}{3-1}=931.00$$

最后，进行预测。

如预测 2014 年销售量，$L=1$：

$$\hat{y}_{17}=a_T+b_TL=6\ 861.67$$

如预测 2015 年销售量，$L=2$：

$$\hat{y}_{18}=a_T+b_TL=7\ 792.67$$

表 6—4 **计算表**

年份	t	销售量 y_t	$M_t^{(1)}$	$M_t^{(2)}$	a_T	b_T	L	预测值
1998	1	184					1	6 861.67
1999	2	595					2	7 792.67
2000	3	637	472.00				3	8 723.67
2001	4	527	586.33				4	9 654.67
2002	5	874	679.33	579.22			5	10 585.67
2003	6	1 725	1 042.00	769.22			6	11 516.67
2004	7	2 366	1 655.00	1 125.44			7	12 447.67

续前表

年份	t	销售量 y_t	$M_t^{(1)}$	$M_t^{(2)}$	a_T	b_T	L	预测值
2005	8	2 552	2 214.33	1 637.11			8	13 378.67
2006	9	2 865	2 594.33	2 154.56			9	14 309.67
2007	10	3 729	3 048.67	2 619.11			10	15 240.67
2008	11	2 795	3 129.67	2 924.22			11	16 171.67
2009	12	4 150	3 558.00	3 245.44			12	17 102.67
2010	13	2 474	3 139.67	3 275.78			13	18 033.67
2011	14	3 439	3 354.33	3 350.67			14	18 964.67
2012	15	5 643	3 852.00	3 448.67			15	19 895.67
2013	16	5 917	4 999.67	4 068.67	5 930.67	931.00	16	20 826.67

二次移动平均法的预测精度一般采用平均相对误差绝对值 $MAPE$ 来衡量，其计算公式为：

$$MAPE=\frac{1}{N}\sum_{t=1}^{N}\left|\frac{y_t-\hat{y}_t}{y_t}\right|$$

6.2.3 Excel 在移动平均法中的应用

利用 Excel 可非常容易地计算出移动平均值。

对例 6—1 只需设计如表 6—5 所示的计算模板。

表 6—5　　计算模板

	A	B	C	D	E	F	G	H	I	J	K	L	M	N
1	年份	2002	2003	2004	2005	2006	2007	2008	2009	2010	2011	2012	2013	2014
2	y_t	469	438	488	431	464	463	406	470	472	442	424	408	
3	$y(N=3)$				465	452	461	453	444	446	449	461	446	425
4	$y(N=5)$						458	457	450	447	455	451	443	443

对计算模板有关单元格进行说明如下：

（1）单元格区域 b2：m2 为时间序列原始数据（即输入数据）。

（2）单元格区域 e3：n3 和 g4：n4 用于存储移动平均值，这些值是由专门公式生成的，有关公式详见表 6—6。

表 6—6　　有关单元格中对应的公式说明

	单元格	公式	功能	复制操作
1	e3	=AVERAGE(b2：d2)	计算 $N=3$ 时一次移动平均值	将 e3 中公式复制到单元格区域 f3：n3
2	g4	=AVERAGE（b2：f2）	计算 $N=5$ 时一次移动平均值	将 g4 中公式复制到单元格区域 h4：n4

这样在单元格区域 b2：m2 中输入相应值后便可计算 $N=3$ 和 $N=5$ 两种情况下的移动平均值。

对例 6—2 只需设计如表 6—7 所示的计算模板。

表 6—7　　计算模板

	A	B	C	D	E	F	G	H	I
1	年份	t	销售量 y_t	$M_t^{(1)}$	$M_t^{(2)}$	a_T	b_T	L	预测值
2	1998	1							
3	1999	2							
⋮	⋮	⋮							
17	2013	16							

对计算模板有关单元格说明如下：

(1) 单元格区域 c2：c17 为时间序列原始数据（即输入数据）。

(2) 单元格区域 d4：d17 和 e6：e17 用于存储移动平均值，这些值是由专门公式生成的，有关公式详见表 6—8。

表 6—8　　有关单元格中对应的公式说明

	单元格	公式	功能	复制操作
1	d4	=AVERAGE（c2：c4）	计算一次移动平均值	将 d5 中公式复制到单元格区域 d6：d17
2	e6	=AVERAGE（d4：d6）	计算二次移动平均值	将 e8 中公式复制到单元格区域 e9：e17
3	f17	=2＊d17－e17	计算 a_T	
4	g17	=2＊（d17－e17）/（3－1）	计算 b_T	
5	h2	=b2	设置 L 值	将 h2 中公式复制到单元格区域 h3：h17
6	i2	=f17+g17＊h2	计算 L 取特定值时预测值	将 i2 中公式复制到单元格区域 i3：i17

这样在单元格区域 c2：c17 中输入相应值后便可计算 $N=3$ 时一次移动平均值、二次移动平均值及相关预测值。

6.3　指数平滑法

在移动平均法中，最近 N 期数据的权重均为 $1/N$，而早于 $t-(N-1)$ 期的观察值的权值均为 0。实际中，最新观察值往往包含更多信息，应该赋予更大的权重。一般认为，越是近期的数据越能反映当前情况，对预测的影响越大，反之则越小。指数平滑法是对移动平均法的改进，是对时间序列由近及远采取具有逐步衰减性质的加权处理。

6.3.1 一次指数平滑法

设 y_0，y_1，…，y_n 为时间序列观察值，$S_t^{(1)}$ 为第 t 期的一次指数平滑值，其计算公式为：

$$S_t^{(1)}=\alpha y_t+(1-\alpha)S_{t-1}^{(1)}$$
$$=\alpha y_t+\alpha(1-\alpha)y_{t-1}+\alpha(1-\alpha)^2y_{t-2}+\cdots$$

式中，α 为平滑系数，$0<\alpha<1$。

化简得

$$S_t^{(1)}=S_{t-1}^{(1)}+\alpha(y_t-S_{t-1}^{(1)})$$

预测公式为：

$$\hat{y}_{t+1}=S_t^{(1)}$$
$$=\hat{y}_t+\alpha(y_t-\hat{y}_t)$$

由上式可知，指数平滑法克服了移动平均法的不足：

（1）不再需要存储过去 N 期的历史数据，而只需最近期观察值 y_t，最近期预测值 $\hat{y}_t$ 和系数 α。

（2）在移动平均法中，最近 N 期数据的权重均为 $1/N$，而早于 $t-(N-1)$ 期的观察值的权值均为 0，而在指数平滑法中，各期数据的权值逐期衰减，最近期数据的权值最大为 α。

α 的大小体现了修正的幅度，α 越大，修正的幅度越大，反之则越小。因此，α 不仅反映了预测模型对时间序列变化的反应速度，而且决定了预测模型修匀误差的能力。在实际应用中，α 值是根据时间序列的变化特性来选取的。若时间序列的波动不大，比较平稳，则 α 应取值小一些，如 0.1～0.3；若时间序列具有迅速且明显的变动倾向，则 α 应取值大一些，如 0.6～0.9。实质上，α 是一个经验数据，通过多个值进行试算比较而定，哪个值引起的预测误差小，α 就采用哪个。最佳的 α 的选择应使预测结果的误差平方和最小。

因此，选取 α 的一种比较有效的方法是：将已知时间序列分为两端，选择一系列 α，用前段数据建立模型，对后一段数据进行预测，以事后预测误差为评价标准。例如，已知某产品三年的月销售量，α 可取 0.05，0.1，0.2，0.3，用前两年的数据来建立模型，预测第三年的销售量，然后计算实际值与预测值之差的平方和，选择误差平方和最小时对应的 α 作为预测时的平滑系数。

例 6—3 假定 1998—2013 年产品 C 销售情况如表 6—9 所示。

表 6—9　　产品 C 在 1998—2013 年的销售情况

年份	1998	1999	2000	2001	2002	2003	2004	2005	2006	2007	2008	2009	2010	2011	2012	2013
销售量 y_t	99	144	110	114	152	193	234	257	298	315	341	345	538	689	797	917

解 假定初始 $\hat{y}_1=S_0^{(1)}=99$。

利用公式 $\hat{y}_{t+1}=\hat{y}_t+\alpha(y_t-\hat{y}_t)$，计算不同平滑系数 α（0.1，0.3，0.5）下的一次指数平滑值，并计算预测值与实际值的误差平方。例如，$\alpha=0.1$ 时，有

$$\hat{y}_2=\alpha y_1+(1-\alpha)\hat{y}_1=0.1\times144+0.9\times99=103.50$$

$$|\hat{y}_2-y_2|^2=42.25$$

依此类推计算其他数据，计算结果如表 6—10 所示。

表 6—10　　计算表

年份	时期 t	实际销售量	一次指数平滑法					
			$\alpha=0.1$		$\alpha=0.3$		$\alpha=0.5$	
			预测值	误差平方	预测值	误差平方	预测值	误差平方
1998	0	99						
1999	1	144	99.00	2 025.00	99.00	2 025.00	99.00	2 025.00
2000	2	110	103.50	42.25	112.50	6.25	121.50	132.25
2001	3	114	104.15	97.02	111.75	5.06	115.75	3.06
2002	4	152	105.14	2 196.33	112.43	1 566.18	114.88	1 378.27
2003	5	193	109.82	6 918.66	124.30	4 720.03	133.44	3 547.69
2004	6	234	118.14	13 423.69	144.91	7 937.34	163.22	5 009.99
2005	7	257	129.73	16 198.82	171.64	7 287.05	198.61	3 409.47
2006	8	298	142.45	24 194.91	197.25	10 151.56	227.80	4 927.38
2007	9	315	158.01	24 646.62	227.47	7 661.23	262.90	2 714.17
2008	10	341	173.71	27 987.01	253.73	7 616.04	288.95	2 709.08
2009	11	345	190.44	23 889.99	279.91	4 236.57	314.98	901.47
2010	12	538	205.89	110 295.37	299.44	56 911.95	329.99	43 269.08
2011	13	689	239.10	202 407.06	371.01	101 119.92	433.99	65 028.11
2012	14	797	284.09	263 073.64	466.40	109 293.39	561.50	55 461.69
2013	15	917	335.38	338 277.57	565.58	123 493.81	679.25	56 525.79
2014	16		393.55		671.01		798.12	
总计				1 055 673.94		444 031.40		247 042.48
平均值				70 378.26		29 602.09		16 469.50

从表 6—10 可知，$\alpha=0.5$ 时，误差平方和最小，因此取 $\alpha=0.5$ 时的预测值作为 2014 年产品 C 的预计销售量（798）。

6.3.2　二次指数平滑法

二次指数平滑法的基本原理与二次移动平均法完全相同，可在完成同样任务的前提下，克服一次指数平滑法的局限性。

计算公式：

$$S_t^{(2)}=\alpha S_t^{(1)}+(1-\alpha)S_{t-1}^{(2)}$$

式中：

$$S_t^{(1)}=\alpha y_t+(1-\alpha)S_{t-1}^{(1)}$$

设时间序列 $\{y_t\}$ 从某时期 T 开始具有直线趋势，且认为未来时期趋势保持不

变，则第 $T+L$ 期的预测值可按以下公式计算：

$$\hat{y}_{T+L}=a_T+b_T L$$

式中，T 为当前的时期数；L 为由 T 到预测期的时期数，$L=1$，2，…；a_T 为截距；b_T 为斜率。a_T 和 b_T 的计算公式分别为：

$$a_T=2S_t^{(1)}-S_t^{(2)}$$

$$b_T=\frac{\alpha}{1-\alpha}(S_t^{(1)}-S_t^{(2)})$$

式中，α 为平滑系数；L 为所需预测的超前时期数；$S_t^{(1)}$ 为一次平滑指数值；$S_t^{(2)}$ 为二次平滑指数值；a_T 为截距；b_T 为斜率。

对于初始值 $S_0^{(1)}$，$S_0^{(2)}$ 的选取：

当 $n>15$ 时，$S_0^{(1)}=S_0^{(2)}=y_0$。

当 $n<15$ 时，取最初几个数据的平均值作为初始值，一般取前 3～5 个数据的算术平均值。

例 6—4 1998—2013 年产品 C 的销售情况如表 6—9 所示。

解 假定 $\alpha=0.5$，由于 $n>15$，因此可选取 $S_0^{(1)}=S_0^{(2)}=y_0=99$。

首先，计算一次指数平滑值：

$$S_1^{(1)}=\alpha y_1+(1-\alpha)S_0^{(1)}=0.5\times144+0.5\times99=121.50$$

其次，计算二次指数平滑值：

$$S_1^{(2)}=\alpha S_1^{(1)}+(1-\alpha)S_0^{(2)}=0.5\times121.50+0.5\times99=110.25$$

再次，计算 a_T 和 b_T，计算公式为：

$$a_T=S_t^{(1)}+(S_t^{(1)}-S_t^{(2)})=2S_t^{(1)}-S_t^{(2)}$$

$$b_T=\frac{\alpha}{1-\alpha}(S_t^{(1)}-S_t^{(2)})$$

最后，计算预测值。假定 $T=15$，$L=1$：

$$\hat{y}_{16}=a_{15}+b_{15}\times1=1\ 023.41$$

计算结果如表 6—11 所示。

表 6—11　　计算结果

年份	t	y_t	$S_t^{(1)}$	$S_t^{(2)}$	a	b	预测值（$L=1$）	误差平方
1998	0	99	99.00	99.00	99.00	0.00		
1999	1	144	121.50	110.25	132.75	11.25	99.00	2 025.00
2000	2	110	115.75	113.00	118.50	2.75	144.00	1 156.00
2001	3	114	114.88	113.94	115.81	0.94	121.25	52.56
2002	4	152	133.44	123.69	143.19	9.75	116.75	1 242.56

续前表

年份	t	y_t	$S_t^{(1)}$	$S_t^{(2)}$	a	b	预测值 ($L=1$)	误差平方
2003	5	193	163.22	143.45	182.98	19.77	152.94	1 605.00
2004	6	234	198.61	171.03	226.19	27.58	202.75	976.56
2005	7	257	227.80	199.42	256.19	28.39	253.77	10.46
2006	8	298	262.90	231.16	294.64	31.74	284.58	180.15
2007	9	315	288.95	260.06	317.85	28.90	326.39	129.66
2008	10	341	314.98	287.52	342.44	27.46	346.74	32.97
2009	11	345	329.99	308.75	351.22	21.24	369.90	619.79
2010	12	538	433.99	371.37	496.61	62.62	372.46	27 403.50
2011	13	689	561.50	466.43	656.56	95.06	559.24	16 838.67
2012	14	797	679.25	572.84	785.66	106.41	751.62	2 059.25
2013	15	917	798.12	685.48	910.77	112.64	892.06	621.90
2014	16						1 023.41	
总计=								54 954.039

6.3.3　Excel 在指数平滑法中的应用

利用 Excel 可非常容易地计算出指数平滑值。

对例 6—3 只需设计如表 6—12 所示的计算模板。

表 6—12　　计算模板

	A	B	C	D	E	F	G	H	I
1	年份	时期 t	实际销售量	一次指数平滑法					
2				$\alpha=0.1$		$\alpha=0.3$		$\alpha=0.5$	
3				预测值	误差平方	预测值	误差平方	预测值	误差平方
4	1998	0							
5	1999	1							
6	2000	2							
7	2001	3							
⋮	⋮	⋮							
19	2013	15							
20	2014	16							
21	总计=								
22	平均值=								

对计算模板有关单元格说明如下：

(1) 单元格区域 c4：c19 为时间序列原始数据（即输入数据）。

(2) 单元格 d5，f5，h5，e21，g21，i21，单元格区域 d5：d20，e5：e19，f5：f20，g5：g19，h5：h20 和 i5：i19 含有计算有关数据的公式，有关公式说明详见表 6—13。

表 6—13　　有关单元格中对应的公式说明

	单元格	公式	功能	复制操作
1	d5，f5，h5	=c4	初始化	
2	d6	=0.1＊c5+0.9＊d5	计算 $\alpha=0.1$ 时的一次指数平滑值	将 d6 中公式复制到单元格区域 d6：d20
3	e5	=（c5－d5）＊(c5－d5)	计算 $\alpha=0.1$ 时的误差平方	将 e5 中公式复制到单元格区域 e6：e19
4	f6	=0.3＊c5+0.7＊f5	计算 $\alpha=0.3$ 时的一次指数平滑值	将 f6 中公式复制到单元格区域 f6：f20
5	g5	=（c5－f5）＊（c5－f5）	计算 $\alpha=0.3$ 时的误差平方	将 g5 中公式复制到单元格区域 g6：g19
6	h6	=0.5＊c5+0.5＊h5	计算 $\alpha=0.5$ 时的一次指数平滑值	将 h6 中公式复制到单元格区域 h6：h20
7	i5	=（c5－h5）＊(c5－h5)	计算 $\alpha=0.5$ 时的误差平方	将 i5 中公式复制到单元格区域 i6：i19
8	e21	=SUM(e5：e19)	计算 $\alpha=0.1$ 时的误差平方和	
9	g21	=SUM(g5：g19)	计算 $\alpha=0.3$ 时的误差平方和	
10	i21	=SUM(i5：i19)	计算 $\alpha=0.5$ 时的误差平方和	

这样在单元格区域 c4：c19 中输入相应值后便可分别计算 $\alpha=0.1$，$\alpha=0.3$ 和 $\alpha=0.5$ 三种情况下的指数平滑值。

对例 6—4 只需设计如表 6—14 所示计算模板。

表 6—14　　计算模板

	A	B	C	D	E	F	G	H
1	年份	t	y_t	$S_t^{(1)}$	$S_t^{(2)}$	a_T	b_T	预测值($L=1$)
2	1998	0						
3	1999	1						
4	2000	2						
5	2001	3						
6	2002	4						
7	2003	5						
8	2004	6						
9	2005	7						
10	2006	8						
11	2007	9						
12	2008	10						
13	2009	11						
14	2010	12						
15	2011	13						
16	2012	14						
17	2013	15						
18	2014	16						

对计算模板中有关单元格说明如下：

（1）单元格区域 c2：c17 为时间序列原始数据（即输入数据）。

（2）单元格 d2，e2，单元格区域 d3：d17，e3：e17，f2：f17，g2：g17 和 h3：h18 含有计算有关数据的公式，有关公式说明详见表 6—15。

表 6—15　有关单元格中对应的公式说明

	单元格	公式	功能	复制操作
1	d2，e2	=c2	初始化	
2	d3	=0.5＊c3+0.5＊d2	计算一次指数平滑值	将 d3 中公式复制到单元格区域 d4：d17
3	e3	=0.5＊d3+0.5＊e2	计算二次指数平滑值	将 e3 中公式复制到单元格区域 e4：e17
4	f2	=2＊d3−e3	计算 a_T	将 f2 中公式复制到单元格区域 f3：e17
5	g2	=0.5＊(d3−e3)/(1−0.5)	计算 b_T	将 g2 中公式复制到单元格区域 g3：g17
6	h3	=f2+g2＊1	计算 $L=1$ 时的预测值	将 h3 中公式复制到单元格区域 h4：h18

在单元格区域 c2：c17 中输入相应值后便可计算 $\alpha=0.5$ 时的一次指数平滑值、二次指数平滑值和预测值。

6.4　季节周期预测法

6.4.1　季节周期预测法概述

由于气候条件、社会风俗及消费习惯等因素的作用，有些预测对象的经济行为具有明显的周期性波动。例如，服装、空调和化肥农药等产品，每年总有几个月出现需求高峰，有几个月需求则较低。对于这类产品市场需求的预测，需要考虑季节波动的因素。在经济预测中，通常遇到的是以年度为循环周期的波动，因此习惯上称为季节周期波动。

预测季节波动的一种最常用、最简单的方法是对长期趋势变动进行适当修正，修正模型为：

$$\hat{y}_t=f(t)F_j$$

式中，$f(t)$ 为时间序列中长期趋势变动函数；F_j 为季节指数，表示季节性波动的幅度，$j=1, 2, \cdots, K$。K 为一个季节周期内季节阶段的个数。如果以季度为周期，则 $K=4$；如以月度为周期，则 $K=12$。长期趋势为线性时，$f(t)=a+bt$，可以利用移动平均法、指数平滑法等方法求解。

6.4.2　季节周期预测法（一）

这种方法的基本思路是：首先分离出不含季节周期波动的长期趋势，其次计算季节指数，最后建立预测模型。

假定时间序列为 $\{y_t\}$，总的周期数为 N，每个周期内阶段数为 K，序列长度为 $T=N\times K$。计算过程的主要步骤为：

（1）建立趋势方程 $f(t)=a+bt$。

以下采取二次移动平均法。

$$M_t^{(1)}=\frac{y_t+y_{t-1}+\cdots+y_{t-K+1}}{K}$$

$$M_t^{(2)}=\frac{M_t^{(1)}+M_{t-1}^{(1)}+\cdots+M_{t-K+1}^{(1)}}{K}$$

$$a_T=2M_t^{(1)}-M_t^{(2)}$$

$$b_T=\frac{2(M_t^{(1)}-M_t^{(2)})}{K-1}$$

$$t=1,2,\cdots,T$$

则不含季节因素的基本趋势值 y'_t 为：

$$y'_t=a_T+b_TL,\quad L=0,\ -1,\ -2,\ \cdots,\ -(T-1)$$

（2）计算每个周期各个时刻的季节指数 p_t。

$$p_t=\frac{y_t}{\hat{y}_t}$$

（3）计算平均季节指数。

$$F'_j=\frac{1}{N}\sum_{i=1}^{N}p_{j+(i-1)K},\quad j=1,\ 2,\ \cdots,\ K$$

（4）对平均季节指数进行归一化处理，使完整周期内各季节的指数平均为1。

$$F_j=\frac{F'_j}{\bar{F}},\quad j=1,\ 2,\ \cdots,\ K$$

式中，$\bar{F}=\frac{1}{K}\sum_{j=1}^{K}F'_j$。

（5）进行预测。考虑季节影响后的预测模型为：

$$\hat{y}_{T+L}=(a_T+b_TL)F_j$$

式中，F_j 为 $T+L$ 时间相应的季节指数。

例 6—5 已知产品 D 2009—2013 年各季度销售情况，详见表 6—16。试对 2014 年该产品的销售情况进行预测。

表 6—16　　2009—2013 年产品 D 的销售情况

年份	2009	2010	2011	2012	2013
第一季度	862	931	1 029	1 151	1 247
第二季度	865	946	1 043	1 153	1 282

续前表

年份	2009	2010	2011	2012	2013
第三季度	902	997	1 111	1 207	1 325
第四季度	960	1 062	1 135	1 179	1 393

解　第一，使用二次移动平均法求得趋势方程。趋势方程为：

$$y'_{20+L}=1\ 374.69+41.96L$$

第二，令 $L=0$，-1，…，-15，分别求得不含季节变动的数据 y'_t，计算结果详见表 6—17。

第三，计算每个周期各个时刻的季节指数 p_t，计算结果详见表 6—17。

第四，计算平均季节指数。

$$F'_1=\frac{1.492\ 7+1.249\ 1+1.126\ 9+1.064\ 8+0.998\ 5}{5}=1.186\ 4$$

类似地，可求得：

$$F'_2=1.142\ 0$$

$$F'_3=1.142\ 1$$

$$F'_4=1.133\ 3$$

第五，进行归一化处理。

$$\overline{F}=\frac{1.186\ 4+1.142\ 0+1.142\ 1+1.133\ 3}{4}=1.151\ 0$$

$$F_1=\frac{F'_1}{\overline{F}}=\frac{1.186\ 4}{1.151\ 0}=1.030\ 8$$

类似地，可求得：

$$F_2=0.992\ 2$$

$$F_3=0.992\ 3$$

$$F_4=0.984\ 7$$

第六，进行预测。预测模型为：

$$\hat{y}_{T+L}=(1\ 374.69+41.96L)\times F_j$$

如对 2014 年第一季度产品 D 的销售情况进行预测，第一季度的$F_1=1.030\ 8$，则 2014 年第一季度产品 D 的销售量的预测值为：

$$\hat{y}_{T+L}=(1\ 374.69+41.96\times 1)\times 1.030\ 8=1\ 460.27$$

同理，第二季度的 $F_2=0.992\ 2$，因此 2014 年第二季度产品 D 的销售量的预测值为：

$$\hat{y}_{T+L}=(1\ 374.69+41.96\times 2)\times 0.992\ 2=1\ 447.25$$

计算结果详见表 6—17。

表 6—17 计算结果

年份		t	y_t	$M_t^{(1)}$	$M_t^{(2)}$	a_T	b_T	L	y'_t	p_t	F'_j	F_j
2009	S1	1	862					−19	577.48	1.492 7	1.186 4	1.030 8
	S2	2	865					−18	619.44	1.396 4	1.142 0	0.992 2
	S3	3	902					−17	661.40	1.363 8	1.142 1	0.992 3
	S4	4	960	897.25				−16	703.35	1.364 9	1.133 3	0.984 7
2010	S1	5	931	914.50				−15	745.31	1.249 1		
	S2	6	946	934.75				−14	787.27	1.201 6		
	S3	7	997	958.50	926.25			−13	829.23	1.202 3		
	S4	8	1062	984.00	947.94			−12	871.19	1.219 0		
2011	S1	9	1029	1008.50	971.44			−11	913.15	1.126 9		
	S2	10	1 043	1 032.75	995.94			−10	955.10	1.092 0		
	S3	11	1 111	1 061.25	1 021.63			−9	997.06	1.114 3		
	S4	12	1 135	1 079.50	1 045.50			−8	1 039.02	1.092 4		
2012	S1	13	1151	1110.00	1070.88			−7	1 080.98	1.064 8		
	S2	14	1 153	1 137.50	1 097.06			−6	1 122.94	1.026 8		
	S3	15	1 207	1 161.50	1 122.13			−5	1 164.90	1.036 1		
	S4	16	1 179	1 172.50	1 145.38			−4	1 206.85	0.976 9		
2013	S1	17	1 247	1 196.50	1 167.00			−3	1 248.81	0.998 5		
	S2	18	1 282	1 228.75	1 189.81			−2	1 290.77	0.993 2		
	S3	19	1 325	1 258.25	1 214.00			−1	1 332.73	0.994 2		
	S4	20	1393	1 311.75	1 248.81	1 374.69	41.96	0	1 374.69	1.013 3		

说明：S1 表示第一季度，S2 表示第二季度，S3 表示第三季度，S4 表示第四季度。

6.4.3 季节周期预测法（二）

这种方法的基本思路是：首先计算季节指数，然后用季节指数消除观察数据中的周期波动，最后建立趋势方程并进行预测。

假定时间序列为 $\{y_t\}$，总的周期数为 N，每个周期内阶段数为 K，序列长度为 $T=N\times K$。记 y_{ij} 为第 i 周期 j 阶段的观察数据。计算过程的主要步骤为：

（1）计算每个周期中各阶段的指数。

$$F_{ij}=\frac{y_{ij}}{\bar{y}_{i-}},\quad i=1,2,\cdots,N;\ j=1,2,\cdots,K$$

式中，$\bar{y}_{i-}=\frac{1}{K}\sum_{j=1}^{K}y_{ij}$。

（2）计算平均季节指数。

$$F_j=\frac{1}{N}\sum_{i=1}^{N}F_{ij},\quad j=1,2,\cdots,K$$

（3）使用季节指数消除观察数据中的周期波动。

$$y'_{ij}=\frac{y_{ij}}{F_j},\quad i=1,2,\cdots,N;\ j=1,2,\cdots,K$$

（4）利用 y'_{ij} 建立趋势方程 $f(t)=a+bt$，并进行预测。

以下采取前面介绍的二次移动平均法。

令 $\{z_t\}$ 表示使用季节指数消除观察数据中的周期波动后的时间序列，则

$$M_t^{(1)}=\frac{z_t+z_{t-1}+\cdots+z_{t-K+1}}{K}$$

$$M_t^{(2)}=\frac{M_t^{(1)}+M_{t-1}^{(1)}+\cdots+M_{t-K+1}^{(1)}}{K}$$

$$a_T=2M_t^{(1)}-M_t^{(2)}$$

$$b_T=\frac{2(M_t^{(1)}-M_t^{(2)})}{K-1}$$

$$t=1,2,\cdots,T$$

因此考虑季节影响后的预测模型为：

$$\hat{y}_{T+L}=(a_T+b_TL)F_j$$

例 6—6　本例仍以例 6—5 中表 6—16 的数据为基础。

解　第一，计算每个周期中各阶段的指数。

例如，2009 年各季度的指数计算如下：

$$\bar{y}_{1-}=\frac{1}{K}\sum_{j=1}^{K}y_{1j}=\frac{862+865+902+960}{4}=897.25$$

$$F_{11}=\frac{y_{11}}{\bar{y}_{1-}}=\frac{862}{897.25}=0.9607$$

依此类推计算其他指数，详见表 6—18。

第二，计算平均季节指数。

第一季度的平均季节指数为：

$$F_1=\frac{1}{5}\sum_{i=1}^{5}F_{i1}=\frac{0.9607+0.9461+0.9532+0.9817+0.9506}{5}=0.9585$$

依此类推计算其他平均季节指数，详见表 6—18。

第三，使用季节指数消除观察数据中的周期波动。

例如，以下使用季节指数消除 2009 年第一季度观察值的周期波动。

$$y'_{11}=\frac{y_{11}}{F_1}=\frac{862}{0.9585}=899.35$$

依此类推计算其他数据，详见表 6—18。

第四，利用 y'_{ij} 建立趋势方程 $f(t)=a+bt$，并进行预测。

以 y'_{ij} 为基础利用二次移动平均法计算，得

$$a_T=1\ 372.50$$
$$b_T=40.59$$

例如，2014 年第一季度产品 D 的销售量的预测值为：

$$\hat{y}_{T+L}=(1\ 372.50+40.59\times1)\times0.958\ 5=1\ 354.41$$

同样，2014 年第二季度产品 D 的销售量的预测值为：

$$\hat{y}_{T+L}=(1\ 372.50+40.59\times2)\times0.970\ 5=1\ 410.74$$

计算结果详见表 6—18。

表 6—18　计算结果

年份		t	y_t	F_{ij}	F_j	y'_t	$M_t^{(1)}$	$M_t^{(2)}$	a_T	b_T
2009	第 1 季度	1	862	0.960 7	0.958 5	899.35				
	第 2 季度	2	865	0.964 1	0.970 5	891.33				
	第 3 季度	3	902	1.005 3	1.017 4	886.54				
	第 4 季度	4	960	1.069 9	1.053 6	911.14	897.09			
2010	第 1 季度	5	931	0.946 1	0.958 5	971.34	915.09			
	第 2 季度	6	946	0.961 4	0.970 5	974.79	935.95			
	第 3 季度	7	997	1.013 2	1.017 4	979.91	959.30	926.86		
	第 4 季度	8	1062	1.079 3	1.053 6	1 007.95	983.50	948.46		
2011	第 1 季度	9	1 029	0.953 2	0.958 5	1 073.58	1 009.06	971.95		
	第 2 季度	10	1043	0.966 2	0.970 5	1 074.74	1 034.05	996.47		
	第 3 季度	11	1 111	1.029 2	1.017 4	1 091.95	1 062.06	1 022.17		
	第 4 季度	12	1 135	1.051 4	1.053 6	1 077.24	1 079.38	1 046.14		
2012	第 1 季度	13	1 151	0.981 7	0.958 5	1 200.87	1 111.20	1 071.67		
	第 2 季度	14	1 153	0.983 4	0.970 5	1 188.09	1 139.54	1 098.04		
	第 3 季度	15	1 207	1.029 4	1.017 4	1 186.31	1 163.13	1 123.31		
	第 4 季度	16	1 179	1.005 5	1.053 6	1 119.00	1 173.57	1 146.86		
2013	第 1 季度	17	1 247	0.950 6	0.958 5	1 301.03	1 198.61	1 168.71		
	第 2 季度	18	1 282	0.977 3	0.970 5	1 321.02	1 231.84	1 191.78		
	第 3 季度	19	1 325	1.010 1	1.017 4	1 302.29	1 260.83	1 216.21		
	第 4 季度	20	1 393	1.061 9	1.053 6	1 322.11	1 311.61	1 250.72	1 372.50	40.59

两种方法预测结果差异分析的对比结果详见表 6—19。

表 6—19　两种方法预测结果比较

	方法 1	方法 2	绝对差异百分比
2014 年第一季度产品 D 的销售量的预测值	1 460.27	1 354.41	7.25%
2014 年第二季度产品 D 的销售量的预测值	1 447.25	1 410.74	2.52%

从表 6—19 可知，使用两种方法的预测结果相差不大。

6.4.4　Excel 在季节周期预测法中的应用

利用 Excel 可非常容易地完成季节周期预测法中的计算工作。

对例 6—5 只需设计如表 6—20 所示的计算模板。

表 6—20　计算模板

	A	B	C	D	E	F	G	H	I	J	K	L	M
1	年份		t	y_t	$M_t^{(1)}$	$M_t^{(2)}$	a_T	b_T	L	y'_t	p_t	F'_j	F_j
2	2009	S1	1										
3		S2	2										
4		S3	3										
5		S4	4										
6	2010	S1	5										
7		S2	6										
8		S3	7										
9		S4	8										
10	2011	S1	9										
11		S2	10										
12		S3	11										
13		S4	12										
14	2012	S1	13										
15		S2	14										
16		S3	15										
17		S4	16										
18	2013	S1	17										
19		S2	18										
20		S3	19										
21		S4	20										

对计算模板中有关单元格说明如下：

（1）单元格区域 d2：d21 为时间序列原始数据（即输入数据）。

（2）单元格 g21，h21，单元格区域 e5：e21，f8：f21，i2：k21，l2：m5 含有计算有关数据的公式，有关公式说明详见表 6—21。

表 6—21　有关单元格中对应的公式说明

	单元格	公式	功能	复制操作
1	e5	=AVERAGE（d2：d5）	计算一次移动平均值	将 e5 中公式复制到单元格区域 e6：e21
2	f8	=AVERAGE（e5：e8）	计算二次移动平均值	将 f8 中公式复制到单元格区域 f9：f21

续前表

	单元格	公式	功能	复制操作
3	g21	=2＊e21－f21	计算 a_T	
4	h21	=2＊(e21－f21)/(4－1)	计算 b_T	
5	i2	=c2－20	计算 L 值序列	将 i2 中公式复制到单元格区域 i3：i21
6	j2	=＄g＄21+＄h＄21＊I2	计算不含季节变动的 y'_t	将 j2 中公式复制到单元格区域 j3：j21
7	k2	=d2/j2	计算每个周期各个时刻的季节指数 p_t	将 k2 中公式复制到单元格区域 k3：k21
8	l2	=（k2+k6+k10+k14+k18)/5	计算平均季节指数	将 l2 中公式复制到单元格区域 l3：l5
9	m2	=l2/AVERAGE（＄l＄2：＄l＄5)	归一化处理	将 m2 中公式复制到单元格区域 m3：m5

这样在单元格区域 d2：d21 中输入相应值后便可计算得到表 6—17 中的数据。对例 6—6 只需设计如表 6—22 所示的计算模板。

表 6—22　　计算模板

	A	B	C	D	E	F	G	H	I	J	K
1	年份		t	y_t	F_{ij}	F_j	y'_t	$M_t^{(1)}$	$M_t^{(2)}$	a_T	b_T
2	2009	S1	1								
3		S2	2								
4		S3	3								
5		S4	4								
6	2010	S1	5								
7		S2	6								
8		S3	7								
9		S4	8								
10	2011	S1	9								
11		S2	10								
12		S3	11								
13		S4	12								
14	2012	S1	13								
15		S2	14								
16		S3	15								
17		S4	16								
18	2013	S1	17								
19		S2	18								
20		S3	19								
21		S4	20								

对计算模板中有关单元格说明如下：

（1）单元格区域 d2：d21 为时间序列原始数据（即输入数据）。

（2）单元格 j21，k21，单元格区域 e2：g21，h5：h21，i8：i21 含有计算有关数据的公式，有关公式说明详见表 6—23。

表 6—23　　有关单元格中对应的公式说明

	单元格	公式	功能	复制操作
1	e2	=d2/AVERAGE（d2:d5）	计算每个周期中各阶段的指数	将 e2 中公式复制到单元格区域 e3：e5
2	e6	=d6/AVERAGE（d6:d9）	计算每个周期中各阶段的指数	将 e6 中公式复制到单元格区域 e7：e9
3	e10	=d10/AVERAGE（d10:d3）	计算每个周期中各阶段的指数	将 e10 中公式复制到单元格区域 e11：e13
4	e14	=d14/AVERAGE（d14:d17）	计算每个周期中各阶段的指数	将 e14 中公式复制到单元格区域 e15：e18
5	e18	=d18/AVERAGE（d18:d21）	计算每个周期中各阶段的指数	将 e18 中公式复制到单元格区域 e19：e21
6	f2	（e$2+e$6+e$10+e$14+e$18）/5	计算平均季节指数	将单元格区域 f2：f5 中公式复制到单元格区域 f6：f21
7	f3	（e$3+e$7+e$11+e$15+e$19）/5		
8	f4	（e$4+e$8+e$12+e$16+e$20）/5		
9	f5	（e$5+e$9+e$13+e$17+e$21）/5		
10	g2	=d2/f2	使用季节指数消除观察数据中的周期波动	
11	h5	=AVERAGE（d2:d5）	计算一次移动平均值	将 e5 中公式复制到单元格区域 e6：e21
12	i8	=AVERAGE（e5:e8）	计算二次移动平均值	将 f8 中公式复制到单元格区域 f9：f21
13	j21	=2*e21−f21	计算 a_T	
14	k21	=2*(e21−f21)/(4−1)	计算 b_T	

这样在单元格区域 d2：d21 中输入相应值后便可计算得到表 6—18 中的数据。

习　题

1. 已知 A 汽车公司最近 12 个月汽车的销售量数据，详见表 6—24。

表 6—24　　A 汽车公司最近 12 个月汽车的销售量

月份	汽车销售量（万辆）	月份	汽车销售量（万辆）
1	62	7	67
2	51	8	54
3	72	9	63
4	64	10	73
5	50	11	68
6	48	12	75

试使用以下方法对该公司第 13 个月的销售量进行预测：

（1）分别取 $N=3$ 和 $N=5$，使用移动平均法对第 13 个月的销售量进行预测；

（2）在 α 取 0.1，0.2，0.3 时分别使用指数平滑法对第 13 个月的销售量进行预测。

2. 已知某上市公司股票近 12 周的价格，详见表 6—25。

表 6—25　　某上市公司股票近 12 周的价格

周数	股票价格（元）	周数	股票价格（元）
1	19.5	7	19.9
2	19.3	8	19.7
3	19.2	9	19.6
4	19.6	10	19.4
5	19.8	11	20.3
6	20.5	12	20.0

试使用加权移动平均法对第 13 周该公司股票的价格进行预测。

（1）取 $N=3$，根据时间的远近其三个数据的权数比关系为 1∶2∶4；

（2）取 $N=3$，根据时间的远近其三个数据的权数比关系为 1∶3∶5；

（3）对（1）和（2）的预测结果进行比较。

3. 已知某家电公司近 4 年每个季度家电的销售量，详见表 6—26。试使用季节周期预测法对该公司第 5 年各季度的销售量进行预测。

表 6—26　　家电销售量

年份	季度	销售量（万件）
2010	1	112
	2	118
	3	120
	4	114
2011	1	116
	2	121
	3	123
	4	118
2012	1	117
	2	124
	3	123
	4	118
2013	1	119
	2	124
	3	126
	4	119

随机型时间序列预测法 第7章

7.1 基本概述

7.1.1 有关概念

受各种因素的影响，经济预测中预测目标的演变过程具有很大的随机性，呈现为某种不规则变化的随机时间序列。

与确定型时间序列预测法不同的是，随机型时间序列预测法把时间序列当作随机过程来研究、描述和说明。由于考虑到了时间序列的随机特性和统计特性，因此它能够比确定型时间序列分析提供更多的信息，具有更高的预测精度。

所谓随机过程是指依赖于参数 $t\in T$ 的一族随机变量 $\{y_t, t\in T\}$，y_t 为随机变量。一个随机过程如果以时间为参数，则可称为时间序列。

如果随机过程的统计特性不随时间的推移而发生变化，则称为平稳随机过程，对应的时间序列称为平稳时间序列；反之，则称为非平稳随机过程。

以下给出平稳时间序列的符号定义。

如果时间序列 $\{y_t\}$ 满足以下条件：

(1) 对任意 t，$E(y_t)=C$，C 是与 t 无关的常数；

(2) 对任意 t，$E(y_t y_{t+k})=\rho_k$，ρ_k 为自相关函数，与 t 无关，

则称其为平稳时间序列，即平稳时间序列的均值和自相关函数不随时间的变化而变化。

一般地，可假定 $E(y_t)=0$。当 $E(y_t)\neq 0$ 时，可以采取平移变换，即 $y'_t=y_t-C$，使得时间序列的均值为0。

若随机序列 $\{\varepsilon_t\}$ 满足以下条件：

$$E(\varepsilon_t)=0$$

$$\mathrm{Cov}(\varepsilon_k,\varepsilon_j) = \sigma^2\delta_{kj}$$

δ_{kj} 为 Kronecker 函数：

$$\delta_{kj}=\begin{cases}1, & k=j\\0, & k\neq j\end{cases}$$

则称随机序列 $\{\varepsilon_t\}$ 为白噪声序列。定义表明，白噪声序列是均值为零、不同时期的变量相互独立的序列。

随机型时间序列预测技术建立预测模型的过程可以分为四个步骤：

（1）确定模型的基本形式。根据建模的目的和理论分析，确定模型的基本形式。

（2）模型识别。选定一个大体上最适合于所研究的时间序列的预测模型。利用数据先求得一系列样本自相关函数。把这些函数，与若干已知预测模型的理论自相关函数进行比较，以寻求在样本结果和理论结果之间的最佳匹配。

（3）参数估计。将所选择的模型应用于所取得的历史数据，利用矩估计、最小二乘法等求得模型的参数。

（4）特征检验。检验得到的模型是否合适。若合适，则可以用于预测或控制；若不合适，则返回第二阶段重新选择模型。

7.1.2 自协方差函数与自相关函数

1. 自协方差函数

时间序列 $\{y_t\}$ 自协方差函数为：

$$\gamma_k=E\{[y_t-E(y_t)][y_{t-k}-E(y_{t-k})]\}$$

当 $\{y_t\}$ 的均值为 0，即 $E(y_t)=0$ 时：

$$\gamma_k=E(y_t y_{t-k})$$

2. 自相关函数

时间序列 $\{y_t\}$ 自相关函数为：

$$\rho_k=\frac{\gamma_k}{\gamma_0}$$

特别地，$k=0$ 时，$\rho_0=1$。

性质　平稳序列 $\{y_t\}$ 的自协方差函数 $\{\gamma_k\}$ 和自相关函数 $\{\rho_k\}$ 具有以下性质：

（1）对称性：$\gamma_k=\gamma_{-k}$，$\rho_k=\rho_{-k}$。

（2）非负定性：序列 $\{\gamma_k,\ k=0,\ 1,\ \cdots\}$ 和 $\{\rho_k,\ k=0,\ 1,\ \cdots\}$ 都是非负定性的，即对任意 m，有

$$\Gamma_m=\begin{pmatrix}\gamma_0 & \gamma_1 & \cdots & \gamma_{m-1}\\ \gamma_1 & \gamma_0 & \cdots & \gamma_{m-2}\\ \vdots & \vdots & & \vdots\\ \gamma_{m-1} & \gamma_{m-2} & \cdots & \gamma_0\end{pmatrix},\quad R_m=\begin{pmatrix}\rho_0 & \rho_1 & \cdots & \rho_{m-1}\\ \rho_1 & \rho_0 & \cdots & \rho_{m-2}\\ \vdots & \vdots & & \vdots\\ \rho_{m-1} & \rho_{m-2} & \cdots & \rho_0\end{pmatrix}$$

为非负定对称矩阵。

(3)　$|\gamma_k|\leqslant\gamma_0$，$|\rho_k|\leqslant\rho_0$。

3. 平稳序列的偏相关函数

如果平稳序列的自协方差函数满足以下条件，即对任意 k，有

$$\Gamma_k=\begin{pmatrix}\gamma_0 & \gamma_1 & \cdots & \gamma_{k-1}\\ \gamma_1 & \gamma_0 & \cdots & \gamma_{k-2}\\ \vdots & \vdots & & \vdots\\ \gamma_{k-1} & \gamma_{k-2} & \cdots & \gamma_0\end{pmatrix}$$

为正定矩阵，则可按如下方式定义它的偏相关函数：

$$b_k=(\gamma_1,\gamma_2,\cdots,\gamma_k)^{\mathrm{T}}$$
$$a(k)=\Gamma_k^{-1}b_k$$

又 $a(k)$ 可表示为：

$$a(k)=(a_{1k},a_{2k},\cdots,a_{kk})^{\mathrm{T}}$$

记 $a_{00}=1$，则称 $\{a_{kk}\}$ 为平稳序列的偏相关函数。

7.2　常见的时间序列模型

7.2.1　自回归模型

1. 一般性自回归模型

自回归模型（auto regressive model）的形式为：

$$y_t=\varphi_1 y_{t-1}+\varphi_2 y_{t-2}+\cdots+\varphi_p y_{t-p}+\varepsilon_t \tag{7.1}$$

式中，φ_1，φ_2，…，φ_p 为模型参数；$\{\varepsilon_t\}$ 为白噪声序列；y_t 为因变量；y_{t-1}，y_{t-2}，…，y_{t-p} 为自变量；y_t 是自身以前各个时期观察值的线性组合，因此该模型常称为自回归模型，简记为 $AR(p)$ 模型。p 为模型的阶数，$AR(p)$ 表示 p 阶自回归模型。

引入后移算子 B：

$$By_t=y_{t-1}，B^k y_t=y_{t-k}，B^k C=C，\quad k=0，1，\cdots；C\text{ 为常数}$$

则模型可用算子表示为：

$$(1-\varphi_1 B-\varphi_2 B^2-\cdots-\varphi_p B^p)y_t=\varepsilon_t$$

记　$\Phi_p(B)=1-\varphi_1 B-\varphi_2 B^2-\cdots-\varphi_p B^p$

则自回归模型式（7.1）可改写为：

$$\Phi_p(B)y_t=\varepsilon_t \tag{7.2}$$

$\Phi_p(B)$ 体现了预测目标的经济动态结构和时间滞后关系。$\Phi_p(B)=0$ 为 $AR(p)$

模型的特征方程，它的 p 个根 λ_1，λ_2，…，λ_p 称为模型的特征根。特征根可能是实数，也可能是复数。如果 p 个特征根都在单位圆外，即

$$|\lambda_i|>1,\quad i=1,2,\cdots,p \tag{7.3}$$

则称 $AR(p)$ 模型是平稳的，因此式(7.3)为平稳性条件。

在经济活动分析中，使用比较多的是一阶自回归模型 $AR(1)$ 和二阶自回归模型 $AR(2)$。

2. 一阶自回归模型 $AR(1)$

$p=1$ 时，一阶自回归模型 $AR(1)$ 为：

$$y_t=\varphi_1 y_{t-1}+\varepsilon_t \tag{7.4}$$

其特征方程为：

$$1-\varphi_1 B=0$$

特征根 $\lambda_1=\varphi_1^{-1}$

因此 $AR(1)$ 的平稳性条件是：

$$|\varphi_1|<1(\text{即}|\lambda_1|>1)$$

由于

$$y_t=\varphi_1 y_{t-1}+\varepsilon_t$$
$$y_{t-1}=\varphi_1 y_{t-2}+\varepsilon_{t-1}$$
……
$$y_{t-k}=\varphi_1 y_{t-k-1}+\varepsilon_{t-k}$$
……

$$y_t=\sum_{i=0}^{\infty}\varphi_1^i\varepsilon_{t-i}+\varepsilon_t \tag{7.5}$$

显然，$|\varphi_1|<1$ 时，式(7.5)收敛，序列是平稳的；否则，式(7.5)发散，序列是非平稳的。

3. 二阶自回归模型 $AR(2)$

$p=2$ 时，二阶自回归模型 $AR(2)$ 为：

$$y_t=\varphi_1 y_{t-1}+\varphi_2 y_{t-2}+\varepsilon_t \tag{7.6}$$

其特征方程为：

$$1-\varphi_1 B-\varphi_2 B^2=0 \tag{7.7}$$

$$\lambda_1=\frac{-\varphi_1+\sqrt{\varphi_1^2+4\varphi_2}}{2\varphi_2},\quad \lambda_2=\frac{-\varphi_1-\sqrt{\varphi_1^2+4\varphi_2}}{2\varphi_2}$$

对平稳序列而言，两个特征根都在单位圆外，即

$$|\lambda_2|>1,\ |\lambda_1|>1$$

利用初等数学知识不难证明，使得上述条件成立的 φ_1 和 φ_2，必须而且只需满足以下条件：

$$\varphi_1+\varphi_2<1,\quad \varphi_1-\varphi_2<1,\quad |\varphi_1|<1 \tag{7.8}$$

因此式(7.8)为 $AR(2)$模型的平稳性条件。图 7—1 显示了 $AR(2)$模型的平稳域。

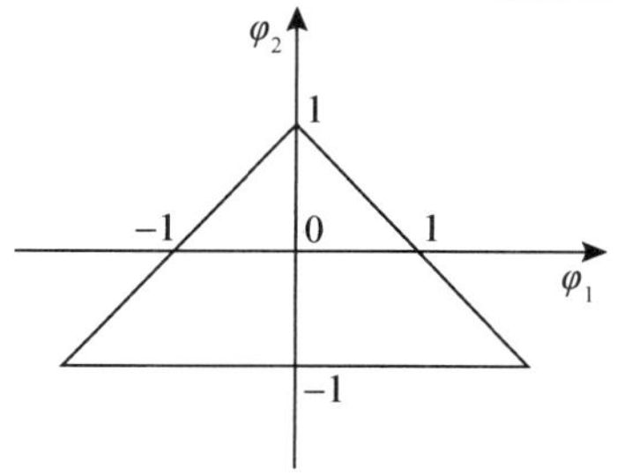

图 7—1　*AR*(2) 模型的平稳域

7.2.2　移动平均模型

1. 一般性移动平均模型

移动平均模型(moving average model)的形式为：

$$y_t=\varepsilon_t-\theta_1\varepsilon_{t-1}-\theta_2\varepsilon_{t-2}-\cdots-\theta_q\varepsilon_{t-q} \tag{7.9}$$

式中，θ_1，θ_2，…，θ_q为模型参数；$\{\varepsilon_t\}$ 为白噪声序列；y_t为因变量，是现在和过去 q 个时期白噪声序列的线性组合，因此该模型常称为移动平均模型，简记为 $MA(q)$模型。q 为模型的阶数，$MA(q)$表示 q 阶移动平均模型。

与 $AR(p)$模型类似，引入后移算子 B 后，式(7.9)可以表示为：

$$y_t=\Theta_q(B)\varepsilon_t \tag{7.10}$$

式中，$\Theta_q(B)=1-\theta_1B-\theta_2B^2-\cdots-\theta_qB^q$。

$\Theta_q(B)=0$ 为 $MA(q)$模型的特征方程。当特征方程的 q 个特征根都在单位圆外，则称时间序列是可逆的。

在经济活动分析中，使用比较多的是一阶移动平均模型 $MA(1)$和二阶移动平均模型 $MA(2)$。

2. 一阶移动平均模型 $MA(1)$

$q=1$ 时，一阶移动平均模型 $MA(1)$为：

$$y_t=\varepsilon_t-\theta_1\varepsilon_{t-1} \tag{7.11}$$

其特征方程为：

$$1-\theta_1B=0$$

特征根 $\lambda_1=\theta_1^{-1}$

下面给出式(7.11)的逆转形式。

移项，得

$$\varepsilon_t=y_t+\theta_1\varepsilon_{t-1} \tag{7.12}$$

利用迭代方法，得

$$\varepsilon_t=y_t+\theta_1(y_{t-1}+\theta_1\varepsilon_{t-2})=y_t+\theta_1 y_{t-1}+\theta_1^2\varepsilon_{t-2}$$

……

$$\varepsilon_t=y_t+\sum_{i=1}^{\infty}\theta_1^i y_{t-i}$$

或

$$y_t=\varepsilon_t-\sum_{i=1}^{\infty}\theta_1^i y_{t-i} \tag{7.13}$$

式(7.13)是式(7.12)的逆转形式。

若 $MA(1)$的特征根在单位圆外，即 $|\theta_1|<1$，则式(7.13)是收敛的，表明以前各期的观察值对 y_t 有影响，并且随着时间推移，这种影响将越来越小。如果 $|\theta_1|>1$，则式(7.13)是发散的，意味着越早的观测值对 y_t 的影响越大，显然是不合理的。

因此，一阶移动平均模型 $MA(1)$可逆的条件为：

$$|\theta_1|<1（即|\lambda_1|>1）$$

3. 二阶自回归模型 $MA(2)$

$q=2$ 时，二阶移动平均模型 $MA(2)$为：

$$y_t=\varepsilon_t-\theta_1\varepsilon_{t-1}-\theta_2\varepsilon_{t-2} \tag{7.14}$$

其特征方程为：

$$1-\theta_1 B-\theta_2 B^2=0$$

该特征方程与 $AR(2)$的特征方程类似，因此 $MA(2)$可逆的条件是：

$$\theta_1+\theta_2<1，\theta_1-\theta_2<1，|\theta_1|<1$$

7.2.3 自回归-移动平均模型

1. 一般性的自回归-移动平均（ARMA）序列

自回归-移动平均模型的形式为：

$$y_t-\varphi_1 y_{t-1}-\varphi_2 y_{t-2}-\cdots-\varphi_p y_{t-p}=\varepsilon_t-\theta_1\varepsilon_{t-1}-\theta_2\varepsilon_{t-2}-\cdots-\theta_q\varepsilon_{t-q} \tag{7.15}$$

或

$$\Phi_p(B)y_t=\Theta_q(B)\varepsilon_t \tag{7.16}$$

式中，φ_1，φ_2，…，φ_p，θ_1，θ_2，…，θ_q为模型参数；$\{\varepsilon_t\}$ 为白噪声序列。

$$\Theta_q(B)=1-\theta_1 B-\theta_2 B^2-\cdots-\theta_q B^q$$
$$\Phi_p(B)=1-\varphi_1 B-\varphi_2 B^2-\cdots-\varphi_p B^p$$

式中，p 为自回归的阶数，q 为移动平均的阶数，简记为 $ARMA(p,q)$模型。

2. $ARMA(p,q)$模型的平稳性和可逆性

对 $ARMA(p，q)$ 序列 $\{y_t\}$，若能表示为：

$$y_t=\sum_{k=0}^{\infty}G_k\varepsilon_{t-k}=G(B)\varepsilon_t \tag{7.17}$$

式中：

$$G(B)=\sum_{k=0}^{\infty}G_kB^k，G_0=1$$

则称这种表示为传递形式，G_k为 Green 函数(格林函数)。

$$\Phi_p(B)y_t=\Theta_q(B)\varepsilon_t$$
$$y_t=\Phi_p(B)^{-1}\Theta_q(B)\varepsilon_t$$
$$G(B)=\Phi_p(B)^{-1}\Theta_q(B)$$

当 $\Phi_p(B)$的根全在单位圆外，即满足平稳条件时，可证明存在 g_1，$g_2>0$，使得

$$|G_k|<g_2e^{-g_1k},\quad k\geqslant 0 \tag{7.18}$$

显然，如果 G_k满足式(7.18)，则式(7.17)是平稳的。

对 $ARMA(p，q)$ 序列 $\{y_t\}$，若能表示为：

$$I(B)y_t=\varepsilon_t \tag{7.19}$$

式中：

$$I(B)=-\sum_{l=0}^{\infty}I_lB^l，I_0=-1$$

则称序列 $\{y_t\}$ 具有逆转形式，I_k为逆函数。

当 $\Theta_q(B)$的根全在单位圆外，即满足可逆条件时，可证明存在 h_1，$h_2>0$，使得

$$|I_l|<h_2e^{-h_1l},\quad l\geqslant 0 \tag{7.20}$$

显然，如果 I_k满足式(7.20)，则逆转形式(7.19)存在。

3. 特例说明

实际应用中，p 和 q 一般不超过 2。

利用 $AR(p)$ 和 $MA(q)$ 的平稳条件和可逆条件可以描述 $ARMA(p,q)$ 模型的特性。例如，对 $ARMA(1,1)$ 模型：

$$y_t-\varphi_1 y_{t-1}=\varepsilon_t-\theta_1\varepsilon_{t-1}$$

如果 $|\varphi_1|<1$，则时间序列是平稳的；如果 $|\theta_1|<1$，则时间序列是可逆的；如果 $|\varphi_1|<1$ 且 $|\theta_1|<1$，则时间序列既是平稳的又是可逆的。

事实上，$AR(p)$ 模型和 $MA(q)$ 模型是 $ARMA(p,q)$ 模型分别在 $q=0$ 和 $p=0$ 下的特例，即 $ARMA(p,0)$ 是 p 阶自回归模型 $AR(p)$，$ARMA(0,q)$ 是 q 阶移动平均模型 $MA(q)$。

7.2.4 求和模型

$AR(p)$，$MA(q)$ 和 $ARMA(p,q)$ 模型仅适用于平稳时间序列。当时间序列为齐次非平稳性，可通过差分处理将其化为平稳序列。差分的次数称为齐次化的阶。

定义差分算子 ∇：

$$\nabla y_t=y_t-y_{t-1}$$

差分算子 ∇ 与后移算子 B 的关系为：

$$\nabla=1-B$$

……

$$\nabla^d=(1-B)^d$$

若非平稳时间序列 $\{y_t\}$ 经过 d 次差分后化为平稳序列，$\nabla^d y_t$ 是 $ARMA(p,q)$ 序列，则有

$$\Phi_p(B)\nabla^d y_t=\Theta_q(B)\varepsilon_t \tag{7.21}$$

式(7.21)就是求和模型，简记为 $ARIMA(p,d,q)$。p 为自回归的阶数，q 为移动平均的阶数，d 为差分的阶数。

7.2.5 季节性模型

对于含有季节性周期的时间序列，可通过季节差分的方法将之化成平稳序列。若季节长度为 s，则序列 $\{y_t\}$ 的一阶差分为：

$$\nabla_s y_t=y_t-y_{t-s}$$

例如，对月度波动，$s=12$，则一阶月度差分为：

$$\nabla_{12} y_t=y_t-y_{t-12}$$

消除数据中的季节性影响的求和模型为：

$$\Phi_p(B)\nabla^d\nabla_s y_t=\Theta_q(B)\varepsilon_t \tag{7.22}$$

若随机干扰项 ε_n 也是与季节相关的，则也可以采用季节差分消除。此时，模型为：

$$\Phi_p(B)\nabla^d\nabla_s y_t=\Theta_q(B)\nabla_s\varepsilon_t$$

注意，有时需要进行多次差分才能消除季节影响，即要进行高阶差分处理。

7.3　自相关函数、偏相关函数

7.3.1　AR(p)模型的自相关函数

一个零均值的平稳序列 $\{y_t\}$ 对应的 $AR(p)$模型为：

$$y_t=\varphi_1 y_{t-1}+\varphi_2 y_{t-2}+\cdots+\varphi_p y_{t-p}+\varepsilon_t$$

上式两边同时乘以 y_{t-k}，然后取均值，得

$$E(y_t y_{t-k})=\varphi_1 E(y_{t-1}y_{t-k})+\varphi_2 E(y_{t-2}y_{t-k})+\cdots+\varphi_p E(y_{t-p}y_{t-k})+E(y_{t-k}\varepsilon_t)$$

以下证明 $k>0$ 时，$E(y_{t-k}\varepsilon_t)=0$。

y_t的传递形式为：

$$y_t=\sum_{j=0}^{\infty}G_j\varepsilon_{t-j}$$

类似地，有

$$y_{t-k}=\sum_{j=0}^{\infty}G_j\varepsilon_{t-k-j}$$

因此，有

$$\begin{aligned}E(y_{t-k}\varepsilon_t)&=E\Big(\sum_{j=0}^{\infty}G_j\varepsilon_{t-k-j}\varepsilon_t\Big)\\&=\sum_{j=0}^{\infty}G_jE(\varepsilon_{t-k-j}\varepsilon_t)=0\end{aligned}$$

当 $k>0$ 时，有

$$\gamma_k=\varphi_1\gamma_{k-1}+\varphi_2\gamma_{k-2}+\cdots+\varphi_p\gamma_{k-p} \tag{7.23}$$

当 $k=0$ 时，由于 $s\neq t$ 时，$E(\varepsilon_s\varepsilon_t)=0$，有

$$\gamma_i=\gamma_{-i}$$

$$\begin{aligned}E(y_t\varepsilon_t)&=E\Big(\sum_{j=0}^{\infty}G_j\varepsilon_{t-j}\varepsilon_t\Big)\\&=E(\varepsilon_t\varepsilon_t)=\sigma_\varepsilon^2\end{aligned}$$

$$\gamma_0=\varphi_1\gamma_1+\varphi_2\gamma_2+\cdots+\varphi_p\gamma_p+\sigma_\varepsilon^2$$

记

$$\gamma=(\gamma_1,\gamma_2,\cdots,\gamma_p)^{\mathrm{T}}$$
$$\varphi=(\varphi_1,\varphi_2,\cdots,\varphi_p)^{\mathrm{T}}$$
$$\Gamma_p=\begin{pmatrix}\gamma_0 & \gamma_1 & \cdots & \gamma_{p-1}\\ \gamma_1 & \gamma_0 & \cdots & \gamma_{p-2}\\ \vdots & \vdots & & \vdots\\ \gamma_{p-1} & \gamma_{p-2} & \cdots & \gamma_0\end{pmatrix}$$

则有

$$\Gamma_p\varphi^{\mathrm{T}}=\gamma^{\mathrm{T}}$$
$$\varphi^{\mathrm{T}}=\Gamma_p^{-1}\gamma^{\mathrm{T}}$$

对式(7.23)两边同时除以 r_0，得到

$$\rho_k=\varphi_1\rho_{k-1}+\varphi_2\rho_{k-2}+\cdots+\varphi_p\rho_{k-p},\quad k=1,2,\cdots,p$$

式中，$\rho_i=\dfrac{\gamma_i}{\gamma_0}$。

因此，有

$$\begin{cases}\rho_1=\varphi_1\rho_0+\varphi_2\rho_1+\cdots+\varphi_p\rho_{p-1}\\ \rho_2=\varphi_1\rho_1+\varphi_2\rho_0+\cdots+\varphi_p\rho_{p-2}\\ \cdots\cdots\\ \rho_p=\varphi_1\rho_{p-1}+\varphi_2\rho_{p-2}+\cdots+\varphi_p\rho_0\end{cases}\tag{7.24}$$

此为 Yule-Walker 方程，$\rho_0=1$。

由此可见，模型系数和σ_ε^2由 ρ_k唯一确定，反之亦然。

ρ_k的通解形式为：

$$\rho_k=c_1\lambda_1^{-k}+c_2\lambda_2^{-k}+\cdots+c_p\lambda_p^{-k}$$

可证明，ρ_k 随着 k 的增加呈几何级数衰减，呈现拖尾状，这种性质称为拖尾性。

以下分别就 $p=1$ 和 $p=2$ 两种特殊情况进行说明。

一阶自回归模型 $AR(1)$：

$$y_t=\varphi_1 y_{t-1}+\varepsilon_t\tag{7.25}$$
$$\gamma_k=\varphi_1^k\gamma_0$$
$$\rho_k=\varphi_1^k$$

二阶自回归模型 $AR(2)$：

$$y_t=\varphi_1 y_{t-1}+\varphi_2 y_{t-2}+\varepsilon_t\tag{7.26}$$

$$\gamma_0=\varphi_1\gamma_1+\varphi_2\gamma_2+\sigma_\varepsilon^2$$
$$\gamma_1=\varphi_1\gamma_0+\varphi_2\gamma_1$$

$k\geqslant 2$ 时：

$$\gamma_k=\varphi_1\gamma_{k-1}+\varphi_2\gamma_{k-2}$$
$$\rho_1=\frac{\varphi_1}{1-\varphi_2}$$
$$\rho_1=\varphi_2+\frac{\varphi_1^2}{1-\varphi_2}$$
$$\gamma_1=\varphi_1\gamma_0+\varphi_2\gamma_1$$

$k\geqslant 2$ 时：

$$\rho_k=\varphi_1\rho_{k-1}+\varphi_2\rho_{k-2}$$

7.3.2 *MA*(*q*)模型的自相关函数

平稳序列 $\{y_t\}$ 的 $MA(q)$模型为：

$$y_t=\varepsilon_t-\theta_1\varepsilon_{t-1}-\theta_2\varepsilon_{t-2}-\cdots-\theta_q\varepsilon_{t-q} \tag{7.27}$$

$$\gamma_k=E(y_ty_{t+k})=E\left(\sum_{i=0}^{q}\sum_{j=0}^{q}\theta_i\theta_j\varepsilon_{t-i}\varepsilon_{t+k-j}\right),\quad \theta_0=1$$

由于 $s\neq t$ 时，$E(\varepsilon_s\varepsilon_t)=0$，有

$$\gamma_k=\begin{cases}\sigma^2\left(1+\sum\limits_{i=1}^{q}\theta_i^2\right), & k=0\\ \sigma^2\left(-\theta_k+\sum\limits_{i=1}^{q-k}\theta_i\theta_{i+k}\right), & 1\leqslant k\leqslant q\\ 0, & k>q\end{cases} \tag{7.28}$$

$$\rho_k=\begin{cases}1, & k=0\\ \dfrac{-\theta_k+\sum\limits_{i=1}^{q-k}\theta_i\theta_{i+k}}{1+\sum\limits_{i=1}^{q}\theta_i^2}, & 1\leqslant k\leqslant q\\ 0, & k>q\end{cases}$$

注意，$k>q$ 时，$\rho_k=0$，即自相关函数具有截尾特性，它表明，对于 $MA(q)$序列 $\{y_t\}$，当$|t-s|>q$ 时，y_t与 y_s不相关。

对 $MA(1)$模型：$q=1$。

$$\gamma_k=\begin{cases}\sigma^2(1+\theta^2), & k=0\\ -\theta\sigma^2, & k=1,-1\\ 0, & k>1\end{cases}$$

$$\rho_k=\begin{cases}1, & k=0\\ -\dfrac{\theta}{1+\theta^2}, & k=1,-1\\ 0, & k>1\end{cases}$$

对 $MA(2)$模型：$q=2$。

$$\gamma_k=\begin{cases}\sigma^2(1+\theta_1^2+\theta_2^2), & k=0\\ \sigma^2(-\theta_1+\theta_1\theta_2), & k=1\\ -\theta_2\sigma^2, & k=2\\ 0, & k\geqslant 3\end{cases}$$

$$\rho_k=\begin{cases}1, & k=0\\ \dfrac{-\theta_1+\theta_1\theta_2}{1+\theta_1^2+\theta_1^2}, & k=1\\ \dfrac{-\theta_2}{1+\theta_1^2+\theta_1^2}, & k=2\\ 0, & k\geqslant 3\end{cases}$$

7.3.3 *ARMA*(*p*,*q*)模型的自相关函数

$ARMA(p,\ q)$模型的自相关函数计算比较复杂。以下介绍实际应用中比较多的 $ARMA(1,\ 1)$模型的自相关函数的计算。

$$y_t-\varphi_1 y_{t-1}=\varepsilon_t-\theta_1\varepsilon_{t-1} \tag{7.29}$$

$$\begin{aligned}\gamma_0&=E[(\varphi_1 y_{t-1}+\varepsilon_t-\theta_1\varepsilon_{t-1})^2]\\&=\varphi_1^2\gamma_0-2\varphi_1\theta_1E(y_{t-1}\varepsilon_{t-1})+\sigma_\varepsilon^2-\theta_1^2\sigma_\varepsilon^2\end{aligned}$$

由于 $E(y_{t-1}\varepsilon_{t-1})=\sigma_\varepsilon^2$，因此，$\gamma_0=(1+\theta_1^2-2\varphi_1\theta_1)\sigma_\varepsilon^2/(1-\varphi_1^2)$。
类似地，得

$$\gamma_1=\frac{(1-\varphi_1\theta_1)(\varphi_1-\theta_1)\sigma_\varepsilon^2}{1-\varphi_1^2}$$

$k\geqslant 2$ 时：

$$\gamma_k=\varphi_1\gamma_{k-1}$$

$ARMA(1,\ 1)$的自相关函数为：

$$\rho_k=\frac{(1-\varphi_1\theta_1)(\varphi_1-\theta_1)}{(1+\theta_1^2-2\varphi_1\theta_1)}\varphi_1^{k-1},\qquad k\geqslant 1 \tag{7.30}$$

式(7.30)表明，$ARMA(1,\ 1)$的自相关函数以 ρ_1 初始值，从第二项开始呈几何级数衰减。

7.3.4 *ARMA*(*p*, *q*)模型的偏相关函数

如前所述，$MA(q)$模型的自相关函数 ρ_k 具有截尾性，$AR(p)$模型和 $ARMA(p,\ q)$

模型均具有拖尾性。因此，仅凭自相关函数是无法识别出序列的实在模型的。模型识别时有时要综合运用偏相关函数和自相关函数。

偏相关函数 $\{a_{kk}\}$ 可通过求解 Yule-Walker 方程得到。

$$\begin{pmatrix} \rho_0 & \rho_1 & \cdots & \rho_{k-1} \\ \rho_1 & \rho_0 & \cdots & \rho_{k-2} \\ \vdots & \vdots & & \vdots \\ \rho_{k-1} & \rho_{k-2} & \cdots & \rho_0 \end{pmatrix} \begin{pmatrix} a_{k1} \\ a_{k2} \\ \vdots \\ a_{kk} \end{pmatrix} = \begin{pmatrix} \rho_1 \\ \rho_2 \\ \vdots \\ \rho_k \end{pmatrix}$$

可以证明①：

（1）对 $AR(p)$ 模型，$k>p$ 时，$a_{kk}=0$，即其偏相关函数 $\{a_{kk}\}$ 具有截尾性。

（2）对 MA 模型或 $ARMA$ 模型，其偏相关函数 $\{a_{kk}\}$ 是拖尾的，即存在正常数 g_1，g_2，使

$$|\varphi_{kk}| \leqslant g_1 e^{-g_2 k}, \quad k \geqslant p-q$$

7.3.5 样本自相关函数与样本偏相关函数

定义时间序列 $\{y_t\}$ 的样本自协方差 $\hat{\gamma}_k$ 和样本自相关函数 $\hat{\rho}_k$ 为：

$$\hat{\gamma}_k = \hat{\gamma}_{-k} = \frac{1}{n}\sum_{t=1}^{n-k} y_t y_{t+k}, \qquad k=0, 1, 2, \cdots, n-1$$

$$\hat{\rho}_k = \hat{\rho}_{-k} = \frac{\hat{\gamma}_k}{\hat{\gamma}_0}, \qquad k=0, 1, 2, \cdots, n-1$$

式中，n 为样本数。

根据书后参考文献 [5]，样本偏相关函数可采用如下递推公式计算：

$$\varphi_{k,k} = \begin{cases} \hat{\rho}_1, & k=1 \\ \dfrac{\rho_k - \sum\limits_{j=1}^{k-1} \varphi_{k-1,j}\hat{\rho}_{k-j}}{1 - \sum\limits_{j=1}^{k-1} \hat{\rho}_j \varphi_{k-1,j}}, & k>1 \end{cases}$$

$$\varphi_{k,j} = \varphi_{k-1,j} - \varphi_{k,k}\varphi_{k-1,k-j}, \qquad j=1, 2, \cdots, k-1 \tag{7.31}$$

表 7—1 对这三类序列的相关性质进行了比较。

表 7—1　　*ARMA* 模型的性质一览表

类别＼表现形式＼模型	$AR(p)$	$MA(q)$	$ARMA(p, q)$
模型方程	$\Phi(B)y_t=\varepsilon_t$	$y_n=\Theta(B)\ \varepsilon_t$	$\Phi(B)y_t=\Theta(B)\varepsilon_t$
平稳条件	$\Phi(B)=0$ 的根都在单位圆外	无	$\Phi(B)=0$ 的根都在单位圆外

① 见书后参考文献 [1]。

续前表

类别 \ 表现形式 \ 模型	$AR(p)$	$MA(q)$	$ARMA(p, q)$
可逆条件	无	$\Theta(B)=0$ 的根在单位圆外	$\Theta(B)=0$ 的根都在单位圆外
传递形式	$X_n=\Phi^{-1}(B)\varepsilon_n$	$X_n=\Theta(B)\varepsilon_n$	$X_n=\Phi^{-1}(B)\Theta(B)\varepsilon_n$
逆转形式	$\varepsilon_n=\Phi(B)X_n$	$\varepsilon_n=\Theta^{-1}(B)X_n$	$\varepsilon_n=\Phi(B)\ \Theta^{-1}(B)X_n$
自相关函数	拖尾	截尾	拖尾
偏相关函数	截尾	拖尾	拖尾

7.4 模型识别

如前所述，常见的时间序列模型有 $AR(p)$，$MA(q)$，$ARMA(p, q)$，$ARIMA(p, d, q)$及季节模型等。在这些模型中，p，d，q 的取值不同，代表的模型也不一样，也就是说这些模型是一个模型族。模型识别就是根据已知观察值，从基本模型族中选择一个和预测目标的实际过程最接近的模型结构。具体说来，就是利用已知数据求得样本自相关函数和偏相关函数，然后把这些函数与若干已知预测模型的理论自相关函数和偏相关函数进行比较，借此识别模型的结构和阶次。

7.4.1 *AR*(*p*)模型的识别

如果时间序列 $\{y_t\}$ 的自相关函数 ρ_k 具有拖尾特性，而偏相关函数 φ_{kk} 在 $k>p$ 时截尾，即 $k>p$ 时，$\varphi_{kk}=0$，则可认为序列为 $AR(p)$序列。

注意，$k>p$ 时 $\varphi_{kk}=0$，只是理论上的要求。实际中，由于参数估计的随机性，$\hat{\rho}_k$，$\hat{\varphi}_{kk}$ 分别是 ρ_k，φ_{kk} 的估计值，它们必然有误差，所以即使 $\{y_t\}$ 为 $AR(p)$ 序列，$k>p$ 后 $\hat{\varphi}_{kk}$ 也不会全等于零，而是在零附近上下波动。

可以证明，当 $k>q$ 时，$\hat{\varphi}_{kk}$ 服从渐近正态分布：

$$\hat{\varphi}_{kk}\sim N\left(0,\frac{1}{n}\right)$$

式中，n 为样本容量。

依照 3σ 原则可得

$$p\left(|\hat{\varphi}_{kk}|\leqslant\frac{2}{\sqrt{n}}\right)=95.4\% \tag{7.32}$$

或

$$p\left(|\hat{\varphi}_{kk}|\leqslant\frac{1}{\sqrt{n}}\right)=68.8\% \tag{7.33}$$

因此，在计算出样本偏相关函数 $\hat{\varphi}_{kk}$ 后，若满足式（7.32）或式（7.33），则认

为在 $k>p$ 后 $\hat{\varphi}_{kk}$ 截尾。

7.4.2　$MA(q)$ 模型的识别

如果时间序列 $\{y_t\}$ 的偏相关函数 φ_{kk} 具有拖尾特性，而自相关函数 ρ_k 在 $k>q$ 时截尾，即 $k>p$ 时，$\rho_k=0$，则可认为序列为 $MA(q)$ 序列。

同样，理论上，在 $k>q$ 时 $\rho_k=0$。实际中，即使 $\{y_t\}$ 为 $MA(q)$ 序列，$k>q$ 后 ρ_k 也不会全等于零，而是在零附近上下波动。

可以证明，当 $k>q$ 时，$\hat{\rho}_k$ 服从渐近正态分布。

$$\hat{\rho}_k \sim N\left(0,\frac{1}{n}\right)$$

式中，n 为样本容量。故依照 3σ 原则可得

$$p\left[\,|\hat{\rho}_k|\leqslant\frac{2}{\sqrt{n}}(1+2\sum_{j=1}^{k-1}\hat{\rho}_j^2)^{\frac{1}{2}}\right]=95.4\% \tag{7.34}$$

或

$$p\left[\,|\hat{\rho}_k|\leqslant\frac{1}{\sqrt{n}}(1+2\sum_{j=1}^{k-1}\hat{\rho}_j^2)^{\frac{1}{2}}\right]=68.8\% \tag{7.35}$$

因此，在计算出样本自相关函数 $\hat{\rho}_k$ 后，若满足式（7.34）或式（7.35），则认为在 $k>q$ 后 $\hat{\rho}_k$ 截尾。

7.4.3　$ARMA(p，q)$ 模型的识别

如果时间序列 $\{y_t\}$ 的自相关函数和偏相关函数均具有拖尾特性，则可认为序列为 $ARMA(p，q)$ 序列。

不过，这时其中的 p，q 比较难以判别。识别 p，q，可以从低阶到高阶逐个取 $(p，q)$ 为(1，1)，(1，2)，(2，1)，(2，2)等值进行尝试。所谓尝试，就是先认定 $(p，q)$ 为某值，如(1，1)，然后进行下一步的参数估计，并定出估计模型，再用后面将要介绍的检验方法检验该估计模型是否可被接受，也就是与实际序列拟合得好不好。若不被接受，就调整 $(p，q)$ 的尝试值，重新进行参数估计和检验，直到被接受为止。

7.5　参数估计

上一节介绍了如何利用样本序列确定模型类型，即确定 $ARMA$ 序列的阶数 p，q。本节将讨论模型参数 φ_1，φ_2，…，φ_p，θ_1，θ_2，…，θ_q 的估计方法。由于模型结构不同、统计特性不同以及预测精度的要求不同，因此使用的参数估计方法也不一

样。本节介绍矩估计方法和最小二乘估计法。

7.5.1 矩估计方法

矩估计方法是利用样本自协方差函数、自相关函数对模型的参数进行估计。如果将这些公式中的 γ_k，ρ_k 换成 $\hat{\gamma}_k$，$\hat{\rho}_k$，从中解出 $\hat{\varphi}_1$，$\hat{\varphi}_2\cdots$，$\hat{\varphi}_p$，$\hat{\theta}_1$，$\hat{\theta}_2$，…，$\hat{\theta}_q$，$\hat{\sigma}_\varepsilon^2$，它们便分别是 φ_1，φ_2，…，φ_p，θ_1，θ_2，…，θ_q，σ_ε^2 的相关矩估计（简称为矩估计）。

1. $AR(p)$模型参数的矩估计

首先，将式（7.24）对应的 Yule-Walker 方程变为矩阵形式。

$$\begin{pmatrix}\rho_1\\ \rho_2\\ \vdots\\ \rho_p\end{pmatrix}=\begin{pmatrix}\rho_0 & \rho_1 & \cdots & \rho_{p-1}\\ \rho_1 & \rho_0 & \cdots & \rho_{p-2}\\ \vdots & \vdots & & \vdots\\ \rho_{p-1} & \rho_{p-2} & \cdots & \rho_0\end{pmatrix}\begin{pmatrix}\varphi_1\\ \varphi_2\\ \vdots\\ \varphi_p\end{pmatrix}$$

其次，上式中，以 $\hat{\rho}_k$代替 ρ_k，并解出 $\hat{\varphi}_1$，$\hat{\varphi}_2$，…，$\hat{\varphi}_p$，得

$$\begin{pmatrix}\hat{\varphi}_1\\ \hat{\varphi}_2\\ \vdots\\ \hat{\varphi}_p\end{pmatrix}=\begin{pmatrix}\hat{\rho}_0 & \hat{\rho}_1 & \cdots & \hat{\rho}_{p-1}\\ \hat{\rho}_1 & \hat{\rho}_0 & \cdots & \hat{\rho}_{p-2}\\ \vdots & \vdots & & \vdots\\ \hat{\rho}_{p-1} & \hat{\rho}_{p-2} & \cdots & \hat{\rho}_0\end{pmatrix}^{-1}\begin{pmatrix}\hat{\rho}_1\\ \hat{\rho}_2\\ \vdots\\ \hat{\rho}_p\end{pmatrix} \tag{7.36}$$

常称 $\hat{\varphi}_1$，$\hat{\varphi}_2$，…，$\hat{\varphi}_p$ 为 φ_1，φ_2，…，φ_p 的 Yule-Walker 估计。代入式（7.23）得

$$\gamma_0=\varphi_1\gamma_1+\varphi_2\gamma_2+\cdots+\varphi_p\gamma_p+\sigma_\varepsilon^2$$

$$\hat{\sigma}_\varepsilon^2=\hat{\gamma}_0-\sum_{j=1}^{p}\hat{\varphi}_j\hat{\gamma}_j \tag{7.37}$$

式（7.36）和式（7.37）就是 $AR(p)$模型参数矩估计的全部公式。

$AR(1)$模型参数矩估计为：

$$\hat{\varphi}_1=\hat{\rho}_1$$
$$\hat{\sigma}_\varepsilon^2=\hat{\gamma}_0-\hat{\varphi}_1\hat{\gamma}_1=\hat{\gamma}_0(1-\hat{\rho}_1^2)$$

$AR(2)$模型参数矩估计为：

$$\hat{\varphi}_1=\frac{\hat{\rho}_1(1-\hat{\rho}_2)}{(1-\hat{\rho}_1^2)}$$

$$\hat{\varphi}_2=\frac{(\hat{\rho}_2-\hat{\rho}_1^2)}{(1-\hat{\rho}_1^2)}$$

$$\sigma_\varepsilon^2=\hat{\gamma}_0(1-\hat{\varphi}_1\hat{\rho}_1-\hat{\varphi}_2\hat{\rho}_2)$$

2. $MA(q)$模型参数的矩估计

由于

$$\gamma_k=\begin{cases}\sigma^2(1+\sum_{i=1}^{q}\theta_i^2), & k=0\\ \sigma^2(-\theta_k+\sum_{i=1}^{q-k}\theta_i\theta_{i+k}), & 1\leqslant k\leqslant q\\ 0, & k>q\end{cases}$$

在上式中用$\hat{\gamma}_k$代替γ_k便得到方程

$$\begin{cases}\hat{\gamma}_0=\hat{\sigma}_\varepsilon^2(1+\hat{\theta}_1^2+\cdots+\hat{\theta}_q^2)\\ \hat{\gamma}_k=\hat{\sigma}_\varepsilon^2(-\hat{\theta}_k+\sum_{i=1}^{q-k}\hat{\theta}_i\hat{\theta}_{i+k}), \quad 1\leqslant k\leqslant q\end{cases}\tag{7.38}$$

求解式（7.38），得到的$\hat{\theta}_k(1\leqslant k\leqslant q)$和$\hat{\sigma}_\varepsilon^2$便是$MA(q)$模型的参数的矩估计。

当q值不大于 3 时，式（7.38）可以直接求解，例如$q=1$时，式（7.38）变为：

$$\begin{cases}\hat{\gamma}_0=\hat{\sigma}_\varepsilon^2(1+\hat{\theta}_1^2)\\ \hat{\gamma}_1=-\hat{\sigma}_\varepsilon^2\hat{\theta}_1\end{cases}$$

可得两组解（仅当$|\hat{\rho}_1|\leqslant\frac{1}{2}$）：

$$\hat{\sigma}_\varepsilon^2=\hat{\gamma}_0\frac{1\pm\sqrt{1-4\hat{\rho}_1^2}}{2}, \quad \hat{\theta}_1=\frac{-2\hat{\rho}_1}{1\pm\sqrt{1-4\hat{\rho}_1^2}}$$

这里$\hat{\sigma}_\varepsilon^2$和$\hat{\theta}_1$均有两个解，利用$MA(1)$模型的可逆条件（即$|\hat{\theta}_1|<1$），可判断满足条件的$\hat{\sigma}_\varepsilon^2$和$\hat{\theta}_1$。

但当$q\geqslant 3$时，直接解法将是相当复杂的，此时可采用数值计算方法求解。以下给出参数估计的线性迭代求解法。

首先，给出$\hat{\sigma}_\varepsilon^2$，$\hat{\theta}_k$的一组初值，如取$\hat{\sigma}_\varepsilon^2(0)=\hat{\gamma}_0$，$\hat{\theta}_k(0)=0$，代入式（7.38）的右边，计算出第一次迭代值$\hat{\sigma}_\varepsilon^2(1)$，$\hat{\theta}_k(1)(k=1, 2, \cdots, q)$。

其次，将第一次迭代值代入式（7.38）的右边，求出第二次迭代值。

最后，重复迭代过程，直到相连两步各迭代值之差的绝对值都小于事先预定的精度时停止迭代，并取此时的$\hat{\sigma}_\varepsilon^2(m)$，$\hat{\theta}_k(m)(k=1, 2, \cdots, q)$为式（7.38）的解。

这里应注意的是模型必须可逆，若求得的$\hat{\sigma}_\varepsilon^2(m)$，$\hat{\theta}_k(m)$使$MA(q)$不可逆，则改变初始值，重新迭代。

3. $ARMA(p, q)$模型参数的矩估计

如前所述，对$ARMA$模型来说，其自相关函数满足

$$\Phi(B)\rho_k=0, \quad k>q$$

于是令 $k=q+1, q+2, \cdots, q+p$，并用 $\hat{\rho}_k$ 代替 ρ_k，并可求得 $\hat{\varphi}_1$，$\hat{\varphi}_2$，…，$\hat{\varphi}_p$：

$$\begin{pmatrix} \hat{\varphi}_1 \\ \hat{\varphi}_2 \\ \vdots \\ \hat{\varphi}_p \end{pmatrix} = \begin{pmatrix} \hat{\rho}_q & \hat{\rho}_{q-1} & \cdots & \hat{\rho}_{q+1-p} \\ \hat{\rho}_{q+1} & \hat{\rho}_q & \cdots & \hat{\rho}_{q+2-p} \\ \vdots & \vdots & & \vdots \\ \hat{\rho}_{q+p-1} & \hat{\rho}_{q+p-2} & \cdots & \hat{\rho}_q \end{pmatrix}^{-1} \begin{pmatrix} \hat{\rho}_{q+1} \\ \hat{\rho}_{q+2} \\ \vdots \\ \hat{\rho}_{q+p} \end{pmatrix} \tag{7.39}$$

式中，$\hat{\rho}_k$ 是样本的自相关函数，可由观测数据计算。

此时，对 $ARMA(p, q)$ 模型，有

$$\Phi_p(B)y_t = \Theta_q(B)\varepsilon_t$$

定义 $z_t=\Phi_p(B)y_t$，则 $z_t=\Theta_q(B)\varepsilon_t$，即 z_t 是 $MA(q)$ 序列，其自协方差函数 $\gamma_k(z_t)$ 可由 y_t 的自协方差函数 γ_k 表示为：

$$\gamma_k(z_t) = E(z_t z_{t+k}) = \sum_{i,j=0}^{p} \hat{\varphi}_i \hat{\varphi}_j \gamma_{k+j-i}$$

式中，$\hat{\varphi}_0=-1$。代入 $\hat{\gamma}_{k+j-i}$，从而 z_t 的样本自协方差函数为：

$$\hat{\gamma}_k(z_t) = \sum_{i,j=0}^{p} \hat{\varphi}_i \hat{\varphi}_j \hat{\gamma}_{k+j-i}$$

将 $\hat{\gamma}_k(z_t)$ 作为 z_t 的自协方差函数 $\gamma_k(z_t)$ 的估计值，利用式（7.38）可求出 $\hat{\sigma}_\varepsilon^2$，$\hat{\theta}_k(k=1, 2, \cdots, q)$。

7.5.2 最小二乘估计

最小二乘估计就是利用最小二乘法原理，选择使残差平方和最小的解作为模型参数的估计值。下面以 $AR(p)$ 模型举例说明。

1. $AR(p)$ 模型参数的最小二乘估计

$$y_t = \varphi_1 y_{t-1} + \varphi_2 y_{t-2} + \cdots + \varphi_p y_{t-p} + \varepsilon_t$$

令 $t=p+1, p+2, \cdots, n$，得

$$\begin{cases} y_{p+1} = \varphi_1 y_p + \varphi_2 y_{p-1} + \cdots + \varphi_p y_1 + \varepsilon_{p+1} \\ y_{p+2} = \varphi_1 y_{p+1} + \varphi_2 y_p + \cdots + \varphi_p y_2 + \varepsilon_{p+2} \\ \cdots\cdots \\ y_n = \varphi_1 y_{n-1} + \varphi_2 y_{n-2} + \cdots + \varphi_p y_{n-p} + \varepsilon_{n-p} \end{cases} \tag{7.40}$$

式中，n 为样本序列长度。

记残差平方和为：

$$S = \sum_{t=p+1}^{n} (y_t - \varphi_1 y_{t-1} + \varphi_2 y_{t-2} + \cdots + \varphi_p y_{t-p})^2$$

利用最小二乘法使 S 达到极小值的 $(\hat{\varphi}_1, \hat{\varphi}_2, \cdots, \hat{\varphi}_p)$ 作为 $(\varphi_1, \varphi_2, \cdots,$

φ_p)的估计值。

$$\sigma_\varepsilon^2=\frac{1}{n-p}\sum_{t=p+1}^{n}(y_t-\hat{\varphi}_1 y_{t-1}+\hat{\varphi}_2 y_{t-2}+\cdots+\hat{\varphi}_p y_{t-p})^2$$

容易看出，当 n 较大时，最小二乘估计与矩估计的结果十分相近。

2. *MA* 和 *ARMA* 序列参数的最小二乘估计

$MA(q)$序列和 $ARMA(p, q)$序列参数的最小二乘估计方法类似，以下介绍 $ARMA(p, q)$序列的估计方法。

设序列 $\{y_t\}$ 为 $ARMA(p, q)$ 序列。

$\hat{\varepsilon}_n$的递推计算公式为：

$$\begin{cases}\hat{\varepsilon}_k=0, & k\leqslant p\\ \hat{\varepsilon}_k=y_k-\sum_{i=1}^{p}\varphi_i y_{k-i}+\sum_{i=1}^{q}\theta_i\hat{\varepsilon}_{k-i}, & k=p+1, p+2, \cdots, n\end{cases}\tag{7.41}$$

令向量 $\beta=(\varphi_1, \varphi_2, \cdots, \varphi_p, \theta_1, \theta_2, \cdots, \theta_q)^{\mathrm{T}}$，定义残差平方和为：

$$S(\beta)=\sum_{n=p+1}^{N}\hat{\varepsilon}_n^2\tag{7.42}$$

使 $S(\beta)$ 达到极小的$\vec{\beta}^L=(\hat{\varphi}_1^L, \hat{\varphi}_2^L, \cdots, \hat{\varphi}_p^L, \hat{\theta}_1^L, \hat{\theta}_2^L, \cdots, \hat{\theta}_q^L)$ 称为$\vec{\beta}$的最小二乘估计。

利用极值求解法可求式（7.42）的极小值。

7.6　模型的检验与修正

7.6.1　模型的检验

对于通过模型识别和参数估计建立起的模型是否能比较好地近似反映实际序列的变化规律，还需要进行检验。如果检验不通过，则需要对模型进行修正甚至重新进行识别和参数估计。

对模型进行检验的基本思想为：判断残差序列 $\hat{\varepsilon}_t=y_t-\hat{y}_t$是否为白噪声序列，如果肯定这一命题，就认为估计模型拟合得较好；否则模型拟合得不好。这里 y_t是实际序列样本观察值，$\hat{y}_t$是由识别模型所计算出的估计值。

判断序列 $\{\hat{\varepsilon}_t\}$ 是否为白噪声序列的关键是检验该序列的自相关系数是否与零无显著差异。为此需要构造统计量 Q：

$$Q_m=n\sum_{k=1}^{m}\hat{\rho}_k^2(\varepsilon)\tag{7.43}$$

式中，n 为样本序列长度；m 为一个适当的正整数；$\hat{\rho}_k(\varepsilon)$ 为自相关函数，其计算公式为：

$$\hat{\rho}_k(\varepsilon)=\sum_{t=1}^{n-k}\varepsilon_t\varepsilon_{t+k}/\sum_{t=1}^{n}\varepsilon_t^2,\quad k=1,\ 2,\ \cdots,\ n-1$$

可以证明，如果 $\hat{\varepsilon}_t$ 确实为白噪声序列，那么 Q_m 近似服从自由度为 $m-p-q$ 的 χ^2 分布。因此对"$\hat{\varepsilon}_t$ 是白噪声序列"的检验就转化为对"Q_m 是自由度为 $m-p-q$ 的 χ^2 分布"的检验。

检验的具体步骤为：

（1）计算 Q_m 值。

（2）确定显著性水平 α，查找 χ^2 分布表得到相应的 $\chi_\alpha^2(m-p-q)$。常取 α 为 0.05 和 0.01。

（3）比较 Q_m 与 $\chi_\alpha^2(m-p-q)$ 的值。若 $Q_m\leqslant\chi_\alpha^2(m-p-q)$，则认为 Q_m 服从自由度为 $(m-p-q)$ 的 χ^2 分布，从而 ε_n 为白噪声序列，估计模型是合适的；否则，则认为估计模型同实际序列拟合得不好，需对模型作修正。

注意构造统计量 Q 对 m 的选择比较灵敏。m 一般小于 1/4 样本数($n/4$)，当 n 为百位数以上时，m 可取 20～30。χ^2 表中的常用值详见表 7—2。

表 7—2 χ^2 表

显著性水平	自由度										
	20	21	22	23	24	25	26	27	28	29	30
0.05	31.4	32.7	33.9	35.2	36.4	37.7	38.9	40.1	41.3	42.6	43.8
0.01	37.6	38.9	40.3	41.6	43.0	44.3	45.6	47.0	48.3	49.6	50.9

7.6.2 模型的修正

如前所述，当模型检验不能通过时，需要对模型进行修正甚至重新进行识别和参数估计。模型的修正包含两方面内容：

（1）通过尽可能地减少参数或者增加必要的参数选项来完善已通过检验的模型；

（2）利用残差信息将不合适的模型修正成比较合适的模型。

值得指出的是，无论进行哪方面的修正，必须重新对修正后的模型进行检验。

1. 减少参数

一般说来，好的预测模型往往具有较简洁的形式，因此在构建模型时应尽可能删除没有必要的参数。通常可采取将估计的模型参数与它的大样本估计的标准进行比较或考虑这些参数估计值之间相关系数值大小这两种方法来减少参数。

事实上，利用参数估计的标准差可以评价单个参数估计值的统计显著性。如果某参数点估计的绝对值至少两倍于它的标准差，则认为它是显著的；否则，认为是不显著的。不显著的参数在模型中所起作用很有限，可以从模型中删除该项。

如果不显著参数恰好为估计模型中的最高阶项系数，则可以直接删除该项以简化模型；否则，要计算它与最高阶参数估计之间的相关系数，如果存在较强的相关性，则可以删除最高阶参数估计项，否则只能删除参数不显著项。

2. 增加参数

有时，为了检验已识别模型参数个数是否适当，可以追加一个自回归项或是移动平均项，以检查模型的适应性是否有所改进，如果没有什么改进，那么说明原先的模型是合适的，否则就应增添一参数项。

3. 不适宜模型的修改

如果在某模型的残差分析中，发现模型方程不适宜描述样本时间序列，还可以根据残差信息，适当对模型进行修改，使之符合要求。

7.7 预　测

7.7.1 有关概念

所谓预测是指根据序列 $\{y_t\}$ 的历史观察值 y_n，y_{n-1}，…，对未来 k 期的值 y_{n+k}所作的估计，记为 $\hat{y}_n(k)$，表示时间 n 时对序列 $\{y_t\}$ 的 k 步预测。例如，$k=1$ 时，称为一步预测。

在时间 n 时领先 k 期的最小均方差预测值是 n 时 y_{n+k}的条件期望，即

$$\hat{y}_n(k) = E(y_{n+k} \mid y_n, y_{n-1}, \cdots) \tag{7.44}$$

在预测计算中，规定条件期望的取值法则为：

$$E(y_{n+k}) = \begin{cases} y_{n+k}, & k \leqslant 0 \\ \hat{y}_{n+k}, & k > 0 \end{cases}$$

$$E(\varepsilon_{n+k}) = \begin{cases} \varepsilon_{n+k}, & k \leqslant 0 \\ 0, & k > 0 \end{cases}$$

$$\varepsilon_t = y_t - \hat{y}_t$$

即当前或过去的观察值的条件期望值就是其本身，未来实际值的条件期望值就是其预测值；当前或过去的残差的条件期望值就是此残差的估计值，未来残差的条件期望值为零。

在实际应用中不可能知道全部历史值，而只能知道有限个历史值。然而，当历史数据 y_n，y_{n-1}，…，y_1的个数足够多时，即 n 很大以后，用全部历史预报与用 n 个历史值预报的效果几乎是一样的。

7.7.2 *AR*(*p*)模型的预测

序列 $\{y_t\}$ 的 $AR(p)$ 模型为：

$$y_t = \varphi_1 y_{t-1} + \varphi_2 y_{t-2} + \cdots + \varphi_p y_{t-p} + \varepsilon_t$$

从而，有

$$y_{n+k}=\varphi_1 y_{n+k-1}+\varphi_2 y_{n+k-2}+\cdots+\varphi_p y_{n+k-p}+\varepsilon_{n+k}$$

上式两边关于 y_n，y_{n-1}，…取数学期望可得 $\hat{y}_n(k)$满足的方程：

$$\hat{y}_n(k)=\varphi_1\hat{y}_n(k-1)+\varphi_2\hat{y}_n(k-2)+\cdots+\varphi_p\hat{y}_n(k-p),\quad k>0$$

再由 $\hat{y}_n(-k)=y_{n-k}(k\geqslant 0)$，可得如下递推公式：

$$\begin{cases}\hat{y}_n(1)=\varphi_1 y_n+\varphi_2 y_{n-1}+\cdots+\varphi_p y_{n-p+1}\\ \hat{y}_n(2)=\varphi_1\hat{y}_n(1)+\varphi_2 y_n+\cdots+\varphi_p y_{n-p+2}\\ \cdots\cdots\\ \hat{y}_n(p)=\varphi_1\hat{y}_n(p-1)+\varphi_2\hat{y}_n(p-2)+\cdots+\varphi_{p-1}\hat{y}_n(1)+\varphi_p y_n\\ \hat{y}_n(k)=\varphi_1\hat{y}_n(k-1)+\varphi_2\hat{y}_n(k-2)+\cdots+\varphi_p\hat{y}_n(k-p),\quad k>p\end{cases}\tag{7.45}$$

由递推公式可知，$\hat{y}_n(k)$仅仅依赖于序列 $\{y_t\}$ 的 n 时刻前的 p 个时刻的值 y_n，y_{n-1}，…，y_{n-p+1}，这是 $AR(p)$序列预测的特点。

7.7.3 *MA*(*q*)模型的预测

序列 $\{y_t\}$ 的 $MA(q)$模型为：

$$y_t=\varepsilon_t-\theta_1\varepsilon_{t-1}-\theta_2\varepsilon_{t-2}-\cdots-\theta_q\varepsilon_{t-q}$$

由于在 *ARMA* 序列的定义中假定 $E(y_s\varepsilon_t)=0$(对 $s<t$)，即对 $s>0$，ε_{n+s}与 y_n，y_{n-1}，…是无关的，又 $\{\varepsilon_t\}$ 为白噪声序列，从而对 $s>0$，$E(\varepsilon_{n+s}\mid y_k,y_{k-1},\cdots)=0$，因此对 $k>q$，$\hat{y}_n(k)=0$。

从这里可以看出，对于 $MA(q)$ 序列而言，只需知道 $k\leqslant q$ 时的 $\hat{y}_n(k)$就可计算出未来时刻的预测值。

以下给出从 $\hat{y}_n(k)$和 $\hat{y}_{n+1}(k)$的递推公式：

$$\hat{y}_{n+1}(k)=\begin{cases}\theta_k\hat{y}_n(1)+\hat{y}_n(k+1)+\theta_k y_{n+1}, & k<q\\ \theta_q\hat{y}_n(1)+\theta_q y_{n+1}, & k=q\end{cases}$$

从而有

$$\hat{y}_{n+1}^{(q)}=\begin{pmatrix}\theta_1 & 1 & 0 & \cdots & 0\\ \theta_2 & 0 & 1 & \cdots & 0\\ \vdots & \vdots & \vdots & & \vdots\\ \theta_{q-1} & 0 & 0 & \cdots & 1\\ \theta_q & 0 & 0 & \cdots & 0\end{pmatrix}\hat{y}_n^{(q)}+\begin{pmatrix}\theta_1\\ \theta_2\\ \vdots\\ \theta_{q-1}\\ \theta_q\end{pmatrix}y_{n+1}\tag{7.46}$$

式中：

$$\hat{y}_{n+1}^{(q)}=[\hat{y}_{n+1}(1),\hat{y}_{n+1}(2),\cdots,\hat{y}_{n+1}(q)]^{\mathrm{T}}$$
$$\hat{y}_n^{(q)}=[\hat{y}_n(1),\hat{y}_n(2),\cdots,\hat{y}_n(q)]^{\mathrm{T}}$$

递推的初始值可取 $\hat{y}_{n_0}(k)=0(k=1,2,\cdots,q)$，因为 $MA(q)$模型的可逆性保

证了递推公式的渐进稳定。

7.7.4 *ARMA*(*p*, *q*)模型的预测

序列 $\{y_t\}$ 的 $ARMA(p, q)$模型为：

$$y_t-\varphi_1 y_{t-1}-\cdots-\varphi_p y_{t-p}=\varepsilon_n-\theta_1\varepsilon_{t-1}-\cdots-\theta_q\varepsilon_{t-q}$$

以下给出从 $\hat{y}_n(k)$和 $\hat{y}_{n+1}(k)$的递推公式：

$$\hat{y}_{n+1}^{(q)}=\begin{pmatrix} -G_1 & 1 & 0 & \cdots & 0 & 0 \\ -G_2 & 0 & 1 & \cdots & 0 & 0 \\ \vdots & \vdots & \vdots & & \vdots & \vdots \\ -G_{q-1} & 0 & 0 & \cdots & 0 & 1 \\ -G_q+\varphi_q^* & \varphi_{q-1}^* & \varphi_{q-2}^* & \cdots & \varphi_2^* & \varphi_1^* \end{pmatrix}\hat{y}_n^{(q)}$$

$$+\begin{pmatrix} G_1 \\ G_2 \\ \vdots \\ G_{q-1} \\ G_q \end{pmatrix} y_{k+1}+\begin{pmatrix} 0 \\ 0 \\ \vdots \\ 0 \\ \sum_{j=q+1}^{p}\varphi_j^* y_{k+q-j+1} \end{pmatrix} \tag{7.47}$$

式中：

$$\hat{y}_{n+1}^{(q)}=[\hat{y}_{n+1}(1), \hat{y}_{n+1}(2), \cdots, \hat{y}_{n+1}(q)]^{\mathrm{T}}$$
$$\hat{y}_n^{(q)}=[\hat{y}_n(1), \hat{y}_n(2), \cdots, \hat{y}_n(q)]^{\mathrm{T}}$$

$G_i(k=1, 2, \cdots, q)$为 Green 函数，由如下递推公式求出：

$$G_k=\sum_{j=1}^{k}\varphi_j^* G_{k-j}-\theta_k^*, \quad k=1, 2, \cdots, q$$

式中：

$$G_0=1$$

$$\varphi_j^*=\begin{cases} 0, & j>p \\ \varphi_j, & j\leqslant p \end{cases}, \quad \theta_j^*=\begin{cases} 0, & j>q \\ \theta_j, & j=1, \cdots, q \end{cases}$$

当 $p\leqslant q$ 时，式（7.47）中右边第三项为 0，而对 $t\leqslant 0$，$\hat{y}_{n+1}(t)=y_{n+1+t}$。用式（7.47）递推计算时，其初始值 $\hat{y}_{k_0}$ 的取法及其对 $\hat{y}_{k+1}$ 的影响同 $MA(q)$序列预测中的情形一样。

上面给出了 $AR(p)$，$MA(q)$，$ARMA(p, q)$序列的预测方法，对于后两者，我们仅给出了预测的方法，省去了公式的推导。对于 $ARIMA(p, d, q)$序列，或者是季节性模型的序列，由于它们都是通过对 *ARMA* 型平稳序列的求和运算得到

的一种非平稳序列，因此，这类序列的预测是根据平稳序列的预测方法来定义和计算的，即根据产生这些非平稳序列的 $z_t=\nabla^d y_t$ 的预测值 $\hat{z}_k(l)$，求出这些序列本身的预测值 $\hat{y}_k(l)$,具体不再介绍。

7.8 应用举例

7.8.1 应用一

例 7—1 已知 A 公司最近 20 个月的销售数量如表 7—3 所示。试预测第 21 个月的销售数量。

表 7—3 **A 公司最近 20 个月的销售数量**

t	y_t（件）	t	y_t（件）	t	y_t（件）	t	y_t（件）
1	420	6	334	11	363	16	678
2	580	7	200	12	518	17	507
3	690	8	170	13	711	18	504
4	762	9	202	14	826	19	602
5	557	10	271	15	796	20	761

解 首先计算由销售额构成的序列 $\{y_t\}$ 的自相关函数 ρ_k 和偏相关函数 φ_{kk}，并绘制相关图形，见表 7—4、图 7—2 和图 7—3。

计算采用作者编制的宏函数 solverpq2(arr1, arr2)。该宏函数有两个参数，arr1 为序列 $\{y_t\}$ 所在的一维列向量区域，本例为 c2：c21，arr2 为差分设置所在的一维列向量区域，此区域中第 1 单元对应一阶差分的滞后周期，第 i 单元对应 i 阶差分的滞后周期，此时 arr2 为 a2：a2，单元格 a2 的值为 0，表示不进行差分处理。宏函数源程序见附录。

表 7—4 **计算结果**

差分	t	y_t	γ_k	ρ_k	φ_{kk}
0	1	450	42 302.94	1.000 0	0.770 4
	2	610	32 588.88	0.770 4	−0.554 5
	3	720	15 570.30	0.368 1	−0.103 6
	4	792	−657.06	−0.015 5	0.094 9
	5	587	−9 707.58	−0.229 5	−0.262 3
	6	364	−14 173.37	−0.335 0	−0.093 7
	7	230	−15 515.36	−0.366 8	−0.014 7
	8	200	−14 544.92	−0.343 8	0.014 7
	9	232	−10 359.37	−0.244 9	0.024 5
	10	301	−3 841.71	−0.090 8	−0.134 3
	11	393	1 326.67	0.031 4	−0.184 0

续前表

差分	t	y_t	γ_k	ρ_k	φ_{kk}
	12	548	1 869.40	0.044 2	−0.076 2
	13	741	−1 282.39	−0.030 3	−0.017 8
	14	856	−4 283.94	−0.101 3	0.079 6
	15	826	−3 421.30	−0.080 9	0.001 0
	16	708	362.81	0.008 6	−0.085 0
	17	537	3 544.87	0.083 8	−0.217 4
	18	534	2 318.70	0.054 8	0.093 6
	19	632	276.89	0.006 5	−0.102 6
	20	791	−1 222.99	−0.028 9	0.049 8

利用 Excel 的绘图功能分别绘制自相关函数 ρ_k 图和偏相关函数 φ_{kk} 图。

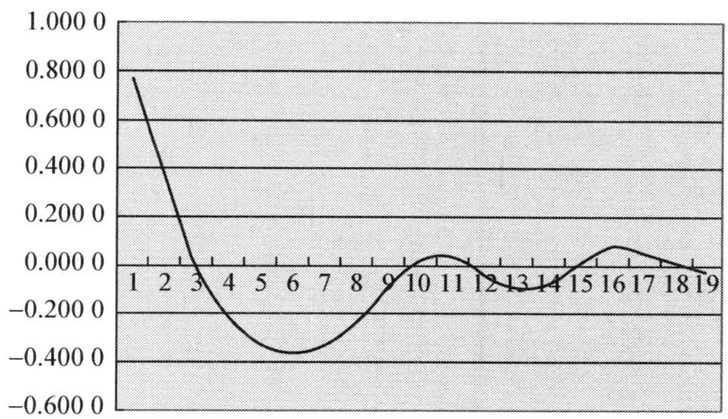

图 7—2　序列 $\{y_t\}$ 的自相关函数图

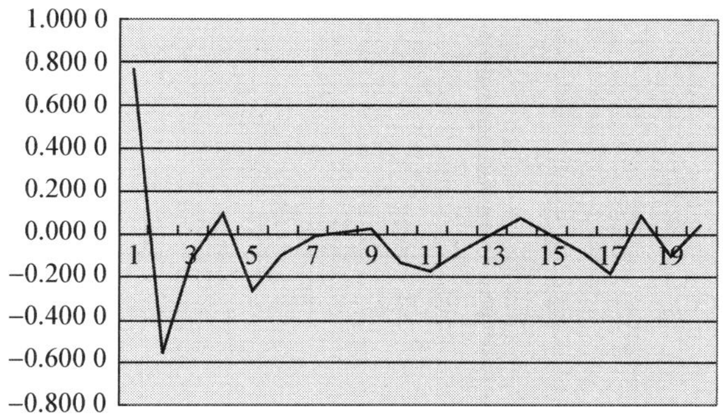

图 7—3　序列 $\{y_t\}$ 的偏相关函数图

从图 7—2 可以看出，该序列为平稳序列，因为只有 ρ_1 与零有显著差异，落在置信区间$\left(\pm\frac{1.96}{\sqrt{20}}=\pm 0.438\right)$之外，同时 $\rho_1>\rho_2>\rho_3$。自相关函数 ρ_k 随着 k 的增加呈指数下降趋于 0，具有拖尾特性。

从图 7—3 可以看出，偏相关函数 φ_{kk} 在 $k>2$ 时截尾，即 90%的 φ_{kk} 落在置信区间内。

因此，可初步选择模型为 $AR(2)$模型。

其次，进行参数估计。

$$\varphi_1=1.1975,\ \varphi_2=-0.5545,\ \mu=552.6$$

$$y_t-\mu=\varphi_1(y_{t-1}-\mu)+\varphi_2(y_{t-2}-\mu)+\varepsilon_t$$

$$y_t=1.1975y_{t-1}-0.5545y_{t-2}+0.357\mu+\varepsilon_t \tag{7.48}$$

再次，模型检验。

利用式（7.48）求得 ε_t，并利用宏函数 solverpq2 求得对应的自相关函数如表 7—5 所示。

表 7—5

ε_t	γ_k	ρ_k	φ_{kk}
41.776 6	6 631.17	1.000 0	0.515 8
70.763 7	3 420.32	0.515 8	−0.096 6
−159.466 7	1 294.27	0.195 2	−0.142 6
−97.058 3	−285.78	−0.043 1	0.120 5
−77.678 0	−96.78	−0.014 6	0.017 5
−70.855 5	172.09	0.026 0	−0.022 1
−77.227 0	258.56	0.039 0	−0.154 4
−63.180 6	−620.50	−0.093 6	−0.081 9
−36.065 8	−1 215.47	−0.183 3	0.038 8
47.021 2	−972.44	−0.146 6	−0.039 7
105.418 0	−557.83	−0.084 1	−0.144 1
75.240 2	−770.30	−0.116 2	−0.037 2
14.536 7	−924.32	−0.139 4	−0.265 6
−3.776 3	−2 048.09	−0.308 9	0.094 4
−50.104 7	−1 329.40	−0.200 5	−0.024 3
86.242 8	−637.84	−0.096 2	0.102 4
93.024 1	706.09	0.106 5	−0.120 9
133.005 6	291.81	0.044 0	−0.024 1

取 $m=10$，计算得到 Q 值为：

$$Q_m=n\sum_{k=1}^{m}\hat{\rho}_k^2(\varepsilon)=6.83$$

利用 Excel 中函数 CHIINV(α，df) 得到 $\alpha=0.05$，$df=10-1$ 时 $\chi^2_{0.05}(9)=16.9$，显然 $\chi^2_{0.05}(9)>6.83$，因此认为有 95%的置信度认为这些自相关系数与零没有显著性差异。所以 $\{\varepsilon_t\}$ 为白噪声序列，所建立的 $AR(2)$ 模型有效。

最后，利用模型进行预测。

现对第 21 个月进行预测。

$$\hat{y}_{21}=1.1975y_{20}-0.5545y_{19}+0.357\mu=794.061$$

因此，第 21 个月的销售数量为 794 件。

7.8.2　应用二

例 7—2　已知 B 公司最近 24 个月的利润如表 7—6 所示。试预测第 25 个月的利润。

表 7—6　**B 公司最近 24 个月的利润**

t	y_t（元）	t	y_t（元）	t	y_t（元）	t	y_t（元）
1	17 665	7	82 345	13	139 446	19	199 726
2	27 861	8	93 158	14	149 768	20	210 358
3	38 623	9	102 930	15	160 617	21	220 484
4	49 606	10	111 722	16	170 654	22	229 735
5	60 140	11	119 937	17	179 705	23	241 186
6	71 421	12	128 885	18	189 733	24	253 504

解　首先计算序列 $\{y_t\}$ 的自相关函数 ρ_k 和偏相关函数 φ_{kk}，并绘制相关图形，见表 7—7、图 7—4 和图 7—5。

计算采用作者编制的宏函数 solverpq2(arr1，arr2)。

表 7—7　**计算结果**

差分	t	y_t	γ_k	ρ_k	φ_{kk}
0	1	17 665	4 852 348 473	1.000 0	0.870 1
	2	27 861	4 222 177 539	0.870 1	−0.057 0
	3	38 623	3 606 730 292	0.743 3	−0.056 7
	4	49 606	3 010 022 852	0.620 3	−0.064 2
	5	60 140	2 426 667 520	0.500 1	−0.062 7
	6	71 421	1 863 280 827	0.384 0	−0.056 8
	7	82 345	1 330 900 286	0.274 3	−0.059 3
	8	93 158	829 202 861	0.170 9	−0.058 1
	9	102 930	362 355 827	0.074 7	−0.065 5
	10	111 722	−75 980 745	−0.015 7	−0.065 6
	11	119 937	−482 128 248	−0.099 4	−0.064 1
	12	128 885	−851 179 909	−0.175 4	−0.061 8
	13	139 446	−1 178 241 741	−0.242 8	−0.050 6
	14	149 768	−1 449 416 686	−0.298 7	−0.053 1
	15	160 617	−1 669 853 363	−0.344 1	−0.049 1
	16	170 654	−1 836 891 937	−0.378 6	−0.044 0
	17	179 705	−1 948 154 685	−0.401 5	−0.036 2
	18	189 733	−2 000 089 556	−0.412 2	−0.016 5
	19	199 726	−1 978 315 957	−0.407 7	−0.000 5
	20	210 358	−1 877 869 805	−0.387 0	0.023 4
	21	220 484	−1 688 849 810	−0.348 0	0.041 5
	22	229 735	−1 413 019 343	−0.291 2	0.066 1
	23	241 186	−1 048 146 783	−0.216 0	0.106 4
	24	253 504	−579 373 674	−0.119 4	0.148 8

利用 Excel 的绘图功能分别绘制自相关函数 ρ_k 图（如图 7—4 所示）和偏相关函数 φ_{kk} 图（如图 7—5 所示）。

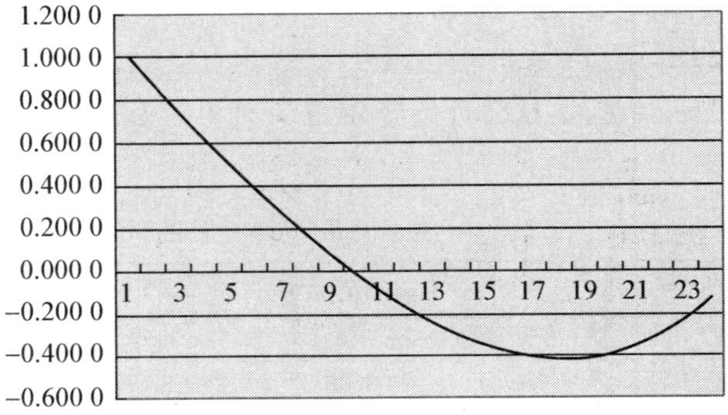

图 7—4 序列 $\{y_t\}$ 的自相关函数图

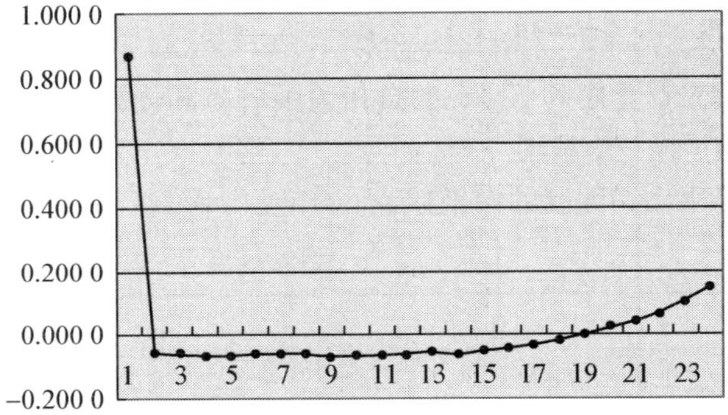

图 7—5 序列 $\{y_t\}$ 的偏相关函数图

从图 7—4 可以看出，该序列的自相关函数 ρ_k 衰减很慢，存在比较明显的趋势，是非平稳序列，因此需要进行差分处理。以下对序列 $\{y_t\}$ 进行一阶差分处理。

采用作者编制的宏函数 solverpq2(arr1，arr2) 计算序列 $\{\nabla y_t\}$ 的自相关函数 ρ_k 和偏相关函数 φ_{kk}，结果详见表 7—8。

表 7—8　　序列 $\{\nabla y_t\}$ 的自相关函数 ρ_k 和偏相关函数 φ_{kk}

γ_k	ρ_k	φ_{kk}
862 820.809 1	1.000 0	0.471 1
406 463.345 2	0.471 1	−0.297 7
−8 364.020 4	−0.009 7	0.035 5
−104 410.728 1	−0.121 0	−0.206 0
−173 719.460 4	−0.201 3	0.141 6
−71 299.298 6	−0.082 6	−0.262 5
−89 265.705 8	−0.103 5	0.068 3
−106 142.160 2	−0.123 0	−0.058 4
−15 864.344 3	−0.018 4	0.041 2
16 480.002 8	0.019 1	−0.042 1

续前表

γ_k	ρ_k	φ_{kk}
41 063.408 5	0.047 6	−0.049 6
−982.788 9	−0.001 1	−0.262 3
−173 939.662 9	−0.201 6	−0.190 2
−288 969.338 5	−0.334 9	−0.049 4
−203 861.541 5	−0.236 3	−0.058 9
−54 701.107 5	−0.063 4	−0.051 7
45 507.621 4	0.052 7	0.008 5
106 344.080 1	0.123 3	−0.101 6
71 191.499 0	0.082 5	−0.045 9
41 256.573 9	0.047 8	0.043 9
94 406.711 1	0.109 4	−0.105 5
42 590.003 4	0.049 4	0.013 8
−5 193.492 6	−0.006 0	−0.024 8

利用 Excel 的绘图功能分别绘制自相关函数 ρ_k 图（见图 7—6）和偏相关函数 φ_{kk} 图（见图 7—7）。

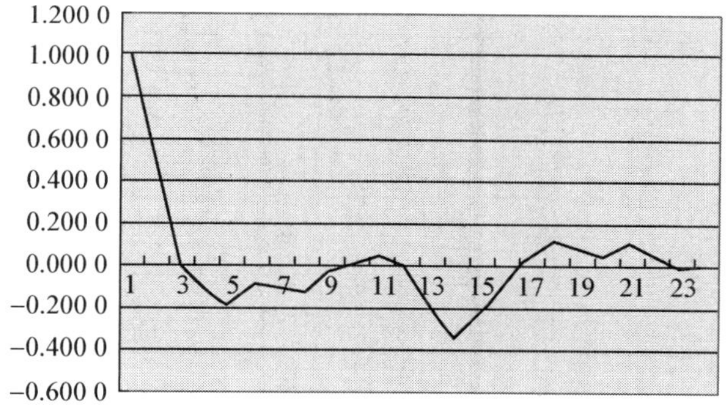

图 7—6　序列 {∇y_t} 的自相关函数图

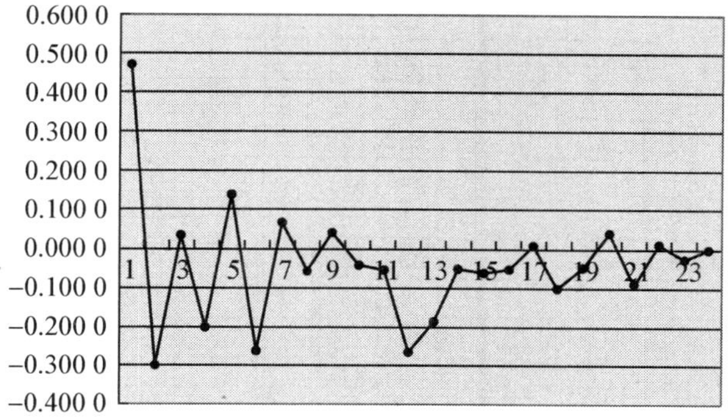

图 7—7　序列 {∇y_t} 的偏相关函数图

从图 7—6 可以看出，该序列为平稳序列，因为只有 ρ_1 与零有显著差异，落在置信区间$(\pm\frac{1.96}{\sqrt{23}}=\pm0.408\,7)$之外，其他的 ρ_k 均与零没有显著差异，同时 $\rho_2>\rho_3>$

ρ_4。自相关函数 ρ_k 随着 k 的增加呈指数显示下降趋于 0，具有拖尾特性。

从图 7—7 可以看出，偏相关函数 φ_{kk} 交替变化，由大到小呈指数形式地趋于零，因此初步选择 MA 模型。

又只有 ρ_1 与零有显著差异，因此可以确定模型的阶数 q 为 1。

综上，可初步选择模型为 $MA(1)$ 模型。

$$\nabla y_t - \bar{\mu} = \varepsilon_t - \theta_1 \varepsilon_{t-1}$$

式中，$\bar{\mu}$ 为一阶差分的平均值。$\bar{\mu}=10\ 253.87$。

其次，进行参数估计。

$$\hat{\sigma}_{\varepsilon}^2 = \hat{\gamma}_0 \frac{1 \pm \sqrt{1-4\hat{\rho}_1^2}}{2},\ \hat{\theta}_1 = \frac{-2\hat{\rho}_1}{1 \pm \sqrt{1-4\hat{\rho}_1^2}}$$

$$\hat{\theta}_1 = -0.705\ 7$$

$$\nabla y_t = 10\ 253.87 + \varepsilon_t + 0.705\ 7\varepsilon_{t-1} \tag{7.49}$$

再次，进行模型检验。

利用式（7.49）求得 ε_t（$\varepsilon_0=0$），并利用宏函数 SolveRPQ2 求得对应的自相关函数，详见表 7—9。

表 7—9

ε_t	γ_k	ρ_k	φ_{kk}
0.000 0	534 022.45	1.000 0	0.108 5
−57.869 6	57 946.59	0.108 5	−0.002 3
548.967 9	5 063.26	0.009 5	−0.049 8
341.734 2	−25 868.86	−0.048 4	−0.239 9
38.975 1	−131 949.10	−0.247 1	0.178 3
999.626 5	61 577.21	0.115 3	−0.193 3
−35.287 0	−75 684.80	−0.141 7	−0.027 5
584.031 8	−28 168.00	−0.052 7	−0.078 5
−894.009 8	−14 515.30	−0.027 2	0.080 5
−830.983 8	−5 749.62	−0.010 8	−0.047 3
−1 452.460 0	43 678.44	0.081 8	0.015 9
−280.896 0	−4 882.74	−0.009 1	−0.117 4
505.353 4	−32 864.91	−0.061 5	−0.295 5
−288.487 9	−159 615.05	−0.298 9	−0.133 9
798.710 9	−91 698.12	−0.171 7	−0.046 2
−780.504 7	−20 911.36	−0.039 2	−0.085 8
−652.082 2	−8 461.29	−0.015 8	−0.005 7
234.292 5	73 064.84	0.136 8	−0.004 9
−426.205 3	15 754.94	0.029 5	−0.091 5
678.895 5	11 630.44	0.021 8	0.002 7
−606.953 2	51 559.57	0.096 5	−0.001 7
−574.554 2	16 057.31	0.030 1	−0.083 3
1 602.582 4	−2 974.67	−0.005 6	0.008 3
933.218 4	0	0	0

取 $m=10$，计算得到 Q 值为：

$$Q_m = n\sum_{k=1}^{m} \hat{\rho}_k^2(\varepsilon) = 2.74$$

利用 Excel 中函数 CHIINV(α，df)得到 $\alpha=0.05$，$df=10-1$ 时 $\chi^2_{0.05}(9)=16.9$，显然 $\chi^2_{0.05}(9)>2.74$，因此有 95%的置信度认为这些自相关系数与零没有显著性差异。所以 $\{\varepsilon_t\}$ 为白噪声序列，所建立的 $MA(1)$模型有效。

最后，利用模型进行预测。

现对第 25 期进行预测。

$$\nabla y_{25}=10\ 253.87+\varepsilon_{25}+0.705\ 7\varepsilon_{24}$$

$$\begin{aligned} y_{25} &= y_{24}+10\ 253.87+\varepsilon_{25}+0.705\ 7\varepsilon_{24} \\ &= 258\ 504+10\ 253.87+0.705\ 7\times 933.218\ 4+\varepsilon_{25} \\ &= 269\ 416.424\ 1+\varepsilon_{25} \end{aligned}$$

因此，第 25 期的利润预测值为 269 416.424 1 元。

习　题

1. 已知时间序列 $\{y_t\}$ 观察值如表 7—10 所示。试计算其自相关函数和偏相关函数。

表 7—10

t	1	2	3	4	5	6	7	8	9	10	11
y_t	17	20	13	8	19	27	21	15	18	21	28

2. 已知某产品近 60 个月的销售情况如表 7—11 所示。试使用本章所讲的模型识别方法确定其模型结构。

表 7—11

月份	销售量（件）	月份	销售量（件）	月份	销售量（件）	月份	销售量（件）
1	1 000	16	2 254	31	2 953	46	4 430
2	1 312	17	2 212	32	2 911	47	4 596
3	1 471	18	2 134	33	2 946	48	4 900
4	1 683	19	2 070	34	3 089	49	5 295
5	1 773	20	1 922	35	3 102	50	5 567
6	1 884	21	1 782	36	3 129	51	5 771
7	1 997	22	1 848	37	3 095	52	5 845
8	1 997	23	1 984	38	3 295	53	5 935
9	2 139	24	2 077	39	3 383	54	5 838
10	2 183	25	2 364	40	3 628	55	5 711
11	2 282	26	2 606	41	3 861	56	5 603
12	2 307	27	2 758	42	3 903	57	5 520
13	2 349	28	2 984	43	4 001	58	5 410
14	2 267	29	3 101	44	4 184	59	5 242
15	2 263	30	3 012	45	4 329	60	5 165

3. 已知1978—2008年我国人均国内生产总值（GDP）数据如表7—12所示。

表7—12　　1978—2008年我国人均GDP

年份	人均GDP（元）	年份	人均GDP（元）	年份	人均GDP（元）
1978	381	1989	1 519	2000	7 858
1979	419	1990	1 644	2001	8 622
1980	463	1991	1 893	2002	9 398
1981	492	1992	2 311	2003	10 542
1982	528	1993	2 998	2004	12 336
1983	583	1994	4 044	2005	14 053
1984	695	1995	5 046	2006	16 165
1985	858	1996	5 846	2007	19 474
1986	963	1997	6 420	2008	22 640
1987	1 112	1 998	6 796		
1988	1 366	1999	7 159		

试使用$ARIMA(2, 1, 1)$模型对其进行拟合，求模型参数的矩估计值和最小二乘估计值。

马尔科夫预测法 第8章

8.1 马尔科夫预测法的基本原理

1. 马尔科夫预测法概述

马尔科夫预测法是由俄国数学家马尔科夫发明的。20世纪初，马尔科夫研究发现自然界中有一类事物的变化过程仅与事物的近期状态有关，而与事物的过程状态无关。比如，研究一个商店的累计销售额，如果现在时刻的累计销售额已知，则未来某一时刻的累计销售额与现在时刻以前的任一时刻的累计销售额都无关。事物的这类特性称为无后效性。具有这种特性的随机过程称为马尔科夫过程。

在马尔科夫预测分析中，引入了状态转移这个概念。所谓状态是指客观事物可能出现或存在的状态；状态转移是指客观事物由一种状态转移到另一种状态的概率。

马尔科夫分析法的基本模型为：

$$X_{k+1}=X_k\times P$$

式中，X_k表示趋势分析与预测对象在$t=k$时刻的状态向量；P表示一步转移概率矩阵；X_{k+1}表示趋势分析与预测对象在$t=k+1$时刻的状态向量。

必须指出的是，上述模型只适用于具有马尔科夫性的时间序列，并且各时刻的状态转移概率保持稳定。若时间序列的状态转移概率随不同的时刻变化，不宜用此方法。由于实际的客观事物很难长期保持同一状态的转移概率，故此法一般适用于短期的趋势分析与预测。

目前，马尔科夫预测法广泛用于市场占有率预测、股票价格趋势预测等。

2. 马尔科夫过程

当随机过程在某一时刻t_0所处的状态已知的条件下，过程在时刻$t>t_0$时所处的状态只和t_0时刻有关，而与t_0以前的状态无关，则这种随机过程称为马尔科夫过程，同时称这种性质为无后效性，又叫马尔科夫性。

设随机过程$\{X(t),t\in T\}$的状态空间为I，则马尔科夫性可表示为：

$$P\{X(t_n)\leqslant x_n \mid X(t_1)=x_1, X(t_2)=x_2, \cdots, X(t_{n-1})=x_{n-1}\}$$
$$=P\{X(t_n)\leqslant x_n \mid X(t_{n-1})=x_{n-1}\}$$

即对任意 n 个时间数据 $t_1<t_2<\cdots<t_n(n\geqslant 3)$，条件 $X(t_1)=x_1$，$X(t_2)=x_2$，…，$X(t_{n-1})=x_{n-1}$下的条件分布函数和条件 $X(t_{n-1})=x_{n-1}$下的条件分布函数相等。

3. 马尔科夫链

时间和状态都是离散的马尔科夫过程称为马尔科夫链。

以蛙跳问题为例。假定池中有 N 张荷叶，编号为 1，2，3，…，N，即蛙跳可能有 N 个状态（状态确知且离散）。青蛙所属荷叶，为它目前所处的状态；因此它未来的状态，只与现在所处状态有关，而与以前的状态无关（无后效性成立）。

设 $\{X_t=X(t), t=0, 1, 2, \cdots\}$ 为时间集 $T_1=\{0, 1, 2, \cdots\}$ 上对离散状态的观察值，状态空间 $I=\{a_1, a_2, \cdots\}$，$a_i\in R$。

对马尔科夫链而言，对任意正整数 n，k 和 $0\leqslant t_1<t_2<\cdots<t_k<m$，$t_i$，$m$，$m+n\in T_1$，有

$$P\{X_{m+n}=a_j \mid X_{t_1}=a_{i_1}, X_{t_2}=a_{i_2}, \cdots, X_{t_k}=a_{i_k}, X_m=a_i\}$$
$$=P\{X_{m+n}=a_j \mid X_m=a_i\}$$

4. 转移概率和转移矩阵

记

$$P_{ij}(m, m+n)=P\{X_{m+n}=a_j \mid X_m=a_i\}$$

称 $P_{ij}(m, m+n)$为时刻 m 时处于状态 a_i条件下，在时刻 $m+n$ 转移到状态 a_j的转移概率。

若转移概率 $P_{ij}(m, m+n)$只与 i，j 及时间间距 n 有关时，则称转移概率具有平稳性，即此时马尔科夫链是齐次的。此时，转移概率 $P_{ij}(m, m+n)$可简记为：

$$P_{ij}(n)=P\{X_{m+n}=a_j \mid X_m=a_i\}$$

式中，n 为转移的时间间隔。因此称 $P_{ij}(n)$为 n 步转移概率。

由于在时刻 m 从任意状态出发，在时间 $m+n$ 必然转移到状态空间 I 中某一状态，因此有

$$\sum_{j=1}^{\infty} P_{ij}(m, m+n)=1, \quad i=1, 2, \cdots$$

记 $P(n)=(P_{ij}(n))$表示由转移概率构成的矩阵（简称转移矩阵），显然此矩阵中每行元素之和为 1。n 步转移矩阵为：

$$p(n)=\begin{pmatrix} p_{11}(n) & p_{12}(n) & \cdots & p_{1j}(n) & \cdots \\ p_{21}(n) & p_{22}(n) & \cdots & p_{2j}(n) & \cdots \\ \vdots & \vdots & & \vdots & \vdots \\ p_{i1}(n) & p_{i2}(n) & \cdots & p_{ij}(n) & \cdots \\ \vdots & \vdots & & \vdots & \vdots \end{pmatrix}$$

式中，$p_{ij}(n)$为由状态a_i经n步转移到a_j的概率，$p_{i.}(n)=[p_{i1}(n),\ p_{i2}(n),\ \cdots]$称为概率向量。

$n=1$时为1步转移矩阵。

记p_{ij}为由状态a_i经一步转移到a_j的概率，即

$$p_{ij}=P_{ij}(1)=P\{X_{m+1}=a_j\mid X_m=a_i\}$$

则一步转移概率矩阵$P(1)$为：

$$\begin{pmatrix} p_{11} & p_{12} & \cdots & p_{1j} & \cdots \\ p_{21} & p_{22} & \cdots & p_{2j} & \cdots \\ \vdots & \vdots & & \vdots & \vdots \\ p_{i1} & p_{i2} & \cdots & p_{ij} & \cdots \\ \vdots & \vdots & & \vdots & \vdots \end{pmatrix}$$

以下给出概率矩阵性质：

（1）$p_{ij}\geqslant 0(i,\ j=1,\ 2,\ \cdots)$即非负性性质。

（2）$\sum p_{ij}=1$行元素和为1，$i=1,\ 2,\ \cdots$。

（3）若A和B分别为概率矩阵时，则AB为概率矩阵。

（4）$p(n)=p(0)P(n)$。

记

$$p_j(n)=P\{X_n=a_j\}(a_j\in I,\ j=1,\ 2,\ \cdots)$$

显然

$$\sum_{j=1}^{\infty}p_j(n)=1$$

又因为

$$P\{X_n=a_j\}=\sum_{i=1}^{\infty}P\{X_n=a_j\mid X_0=a_i\}P\{X_0=a_i\}$$

因此，有

$$p_j(n)=\sum_{i=1}^{\infty}p_i(0)P_{ij}(n)$$

令　$p(n)=(p_1(n),p_2(n),\ \cdots)$

则有

$$p(n)=p(0)P(n)$$

上式表明，马尔科夫链在任意时刻n的一维分布由初始分布和n步转移矩阵所确定。

对齐次马尔科夫链来说，很容易证明以下结论：

$$P(u+v)=P(u)P(v)$$

令 $u=1$，$v=n-1$，则推导得

$$P(n)=P(1)^n$$

由此可见，n 步转移矩阵是 1 步转移矩阵的 n 次方，即马尔科夫链的有限维分布由初始分布和 1 步转移矩阵完全确定。

若齐次马尔科夫链的转移概率 $P_{ij}(n)$ 存在极限：

$$\lim_{n\to\infty}P_{ij}(n)=u_j$$

该极限值不依赖于 i，则称马尔科夫链具有遍历性。如果 $\sum_j u_j=1$，则称 $u=(u_1, u_2, \cdots)$ 为马尔科夫链的极限分布。

容易证明，对有限的齐次马尔科夫链，若满足以下条件：

存在正整数 m，使得对任意 a_i，$a_j\in I$，都有

$$P_{ij}(m)>0,\quad i, j=1, 2, \cdots, N$$

则此马尔科夫链具有遍历性。

此时极限分布 $\pi=(\pi_1, \pi_2, \cdots)$ 是方程组

$$u=uP(1)$$

满足以下条件的唯一解：

$$\sum_{j=1}^{N}u_j=1,\quad u_j>0$$

5. 正规概率矩阵

定义：若一个转移矩阵 P，存在某一个正整数 m，使 P^m 的所有元素均为正数（$P_{ij}>0$），则该矩阵称为正规概率矩阵。

例如：

$$P=\begin{pmatrix}1/4 & 1/2 & 1/4\\ 3/5 & 1/5 & 2/5\\ 1/3 & 1/3 & 1/3\end{pmatrix}$$

$$B=\begin{pmatrix}1 & 0\\ 0 & 1\end{pmatrix}$$

P 为正规概率矩阵，而 B 不是正规概率矩阵。因为对 B 来说，不存在一个正数 m，使 B^m 的每一个元素均大于 0。

6. 固定概率向量（特征概率向量）

设 P 为 $n\times n$ 概率矩阵，若 $u=(u_1, u_2, \cdots, u_n)$ 为概率向量，且满足 $uP=u$，称 u 为 P 的固定概率向量。

例如：

$$P=\begin{pmatrix}1/4 & 1/2 & 1/4\\3/5 & 1/5 & 2/5\\1/3 & 1/3 & 1/3\end{pmatrix}$$

为概率矩阵，P 的固定概率向量 $u=(0.377, 0.336, 0.309)$。

以下给出正规概率矩阵的重要性质。

设 P 为 $n\times n$ 正规概率矩阵，则：

(1) P 有且只有一个固定概率向量 $u=(u_1, u_2, \cdots, u_n)$，且 u 的所有元素均为正数 $u_i>0$。

(2) P 的各次方组成序列 P^1，P^2，…，P^k，…趋于方阵 T，且 T 的每一个行向量都是固定概率向量 u。$\lim P^k=T$，这个方阵 T 称稳态概率矩阵。

这个性质说明：无论系统现在处于何种状态，在经过足够多的状态转移之后，均达到一个稳态。因此，欲求长期转移概率矩阵，即进行长期状态预测，只要求出稳态概率矩阵 T；而 T 的每个行向量都是固定概率向量，所以只需求出固定概率向量 u 就行了。

(3) 任意概率向量与稳态概率矩阵之点积为固定概率向量。

设 X 为任意概率向量，则 $XT=u$。

事实上：

$$XT=\left(\sum x_i u_1, \sum x_i u_2, \cdots, \sum x_i u_n\right)=u$$

$$\sum x_i=1$$

以下举例说明如何计算固定概率向量。

例 8—1　已知正规概率矩阵 P 如下：

$$P=\begin{pmatrix}1/4 & 1/2 & 1/4\\3/5 & 1/5 & 2/5\\1/3 & 1/3 & 1/3\end{pmatrix}$$

试计算固定概率向量和稳态概率矩阵。

解　记 $u=(u_1, u_2, \cdots, u_n)$为固定概率向量。

$$uP=u$$

$$\sum u=1$$

因此有

$$\begin{pmatrix}u_1\\u_2\\u_3\end{pmatrix}^{\mathrm{T}}\begin{pmatrix}1/4 & 1/2 & 1/4\\3/5 & 1/5 & 2/5\\1/3 & 1/3 & 1/3\end{pmatrix}=\begin{pmatrix}u_1\\u_2\\u_3\end{pmatrix}^{\mathrm{T}}$$

即　$1/4u_1+1/2u_2+1/4u_3=u_1$

$3/5u_1+1/5u_2+2/5u_3=u_2$

$$1/3u_1+1/3u_2+1/3u_3=u_3$$

$$u_1+u_2+u_3=1$$

解方程组，得

$$u=(0.377,\ 0.336,\ 0.309)$$

则

$$T=(0.377,\ 0.336,\ 0.309;\ 0.377,\ 0.336,\ 0.309;\ 0.377,\ 0.336,\ 0.309)$$

说明：

不管系统的初始状态如何，当系统运行时间较长时，转移到各个状态的概率都相等（列向量各元素相等），即各状态转移到状态 1 的概率都为 0.377；转移到状态 2 的概率都为 0.336；转移到状态 3 的概率都为 0.309。

以下简单说明在 Excel 中计算固定概率向量的宏函数。

宏函数 transmatequ(　) 可以计算固定概率向量。

格式：transmatequ(data)，data 为正规概率矩阵对应的单元格区域。

功能：计算固定概率向量，输出到相应的单元格区域。

假定正规概率矩阵对应的单元格区域为 a2：c4，输出单元格区域为 a8：c8。具体过程如下：

选择输出单元格区域 a8：c8，按 F2 键，输入格式“＝transmatequ(a2：c4)”，组合键 Ctrl＋Shift＋Enter，这样在 a8：c8 区域自动显示出结果（＝[0.377，0.336，0.309]）。

8.2 马尔科夫方法在经济预测中的应用

8.2.1 基本步骤

利用马尔科夫预测方法可以预测一个企业或一种事物（如市场占有率、设备更新等）的未来状态，或从一种状态转移到另一种状态的概率。

使用马尔科夫预测方法遵循如下假设：

（1）转移矩阵必须逐期保持不变，即不随时间的变化而变化。

（2）预测期间状态的个数必须保持不变。以市场占有率预测为例，必须使在预测期间市场竞争对手的数目保持不变。

（3）状态的转移仅受前一周期的影响。

具体步骤如下：

第一步，确定系统的状态。首先把预测所研究的目标归纳成一组“状态”。各状态之间互不相容，且所有的状态共同构成一完备事件组。例如，在预测市场占有率时，可选择几种主要竞争产品作为系统的状态，其他较小的竞争者可忽略不计，或者统统归为“其他”状态。

第二步，确定转移矩阵。这是建立马尔科夫预测方法的一个重要环节。有时可以根据历史统计数据计算事件发生频率来确定转移概率和状态发生的概率。但是这些数据必须仔细加以审查，要去掉不大可能重复发生的异常数据，还要考虑到目前的发展趋势。此外，在进行预测时，可以利用抽样调查来确定转移概率。当缺乏真实可靠的资料时，还可用主观概率法估计转移概率。

第三步，进行预测计算。利用预测模型进行计算。

实际中，往往需要通过不断调整初始状态和转移概率，对多种预测方案进行分析评价，最后得出一个较为客观的预测结论。

8.2.2　转移矩阵的确定方法

通常根据历史统计数据计算事件发生频率来确定转移概率和状态发生的概率。

设在有限状态空间 $I=\{a_1, a_2, \cdots, a_K\}$，$n_{ij}$ 表示当前周期系统所处状态为 a_i 时下一周期系统所处状态为 a_j 的频数，如表 8—1 所示。

表 8—1　某事件的状态表

当前状态 \ 频数 \ 下一期状态	a_1	a_2	$\cdots$	a_K
a_1	n_{11}	n_{12}	$\cdots$	n_{1K}
a_2	n_{21}	n_{22}	$\cdots$	n_{2K}
$\vdots$	$\vdots$	$\vdots$		$\vdots$
a_K	n_{K1}	n_{K2}	$\cdots$	n_{KK}

$\hat{p}_{ij}$ 表示系统从状态 a_i 转移到状态 a_j 的转移概率。

$$\hat{p}_{ij}=\frac{n_{ij}}{\sum_{k=1}^{K} n_{ik}} \tag{8.1}$$

例 8—2　已知 A 产品在 2009—2013 年 60 个月的销售状况数据，如表 8—2 所示。试计算转移矩阵。

表 8—2　A 产品的销售状况

月份	销售状态	月份	销售状态	月份	销售状态	月份	销售状态
1	很好	10	一般	19	中等	28	一般
2	中等	11	很好	20	中等	29	中等
3	很好	12	差	21	差	30	中等
4	差	13	中等	22	中等	31	一般
5	中等	14	很好	23	差	32	中等
6	很好	15	中等	24	很好	33	中等
7	一般	16	中等	25	差	34	一般
8	差	17	中等	26	一般	35	中等
9	一般	18	一般	27	一般	36	一般

续前表

月份	销售状态	月份	销售状态	月份	销售状态	月份	销售状态
37	一般	43	中等	49	一般	55	一般
38	很好	44	一般	50	一般	56	很好
39	中等	45	中等	51	中等	57	差
40	一般	46	中等	52	中等	58	中等
41	差	47	差	53	一般	53	差
42	差	48	一般	54	中等	60	中等

解　首先基于表 8—2 建立不同状态之间转换的频数，如表 8—3 所示。

表 8—3　　**不同状态之间转换的频数**

当前状态 \ 频数 \ 下一期状态	一般	差	中等	很好
一般	1	2	4	1
差	2	8	4	8
中等	1	6	1	3
很好	3	7	2	6

其次，利用式（8.1）计算转移概率的估计值。

$$\hat{p}_{11}=\frac{1}{8}=0.125$$

$$\hat{p}_{12}=\frac{2}{8}=0.250$$

$$\hat{p}_{13}=\frac{4}{28}=0.5$$

$$\hat{p}_{14}=\frac{1}{8}=0.125$$

依此类推求得其他转移概率的估计值，最终得到的转移矩阵如表 8—4 所示。

表 8—4　　**转移矩阵表**

	一般	差	中等	很好
一般	0.125	0.250	0.500	0.125
差	0.091	0.364	0.182	0.364
中等	0.091	0.545	0.091	0.273
很好	0.167	0.389	0.111	0.333

以下简单说明在 Excel 中计算频数矩阵和转移矩阵的宏函数。

宏函数 transmat1(　) 可以自动求出频数矩阵和转移矩阵。

格式：transmat1(data)。data 为销售状况对应的一维列向量单元格区域。

功能：以矩阵形式返回频数矩阵和转移矩阵。

以下举例说明。

假定 data 为销售状况对应的一维列向量单元格区域为 b2：b61，输出频数矩阵和转移矩阵的单元格区域为 d2：h11，使用宏函数 transmat1（　）的具体过程如下：

选择一个输出单元格区域 d2：h11，然后按 F2 键，输入格式"＝transmat1(b2：b61)"，然后按组合键 Ctrl＋Shift＋Enter，则在单元格区域 d2：h11 输出频数矩阵和转移矩阵。

8.2.3　市场占有率预测

假定市场上生产某类商品的厂家有 N 个，每个厂家只生产一个品牌。

记 $s_i(j)$ 表示第 i 个商家在第 j 期的市场占有率，$x_i(j)$ 表示第 i 个商家在第 j 期的销售额，x 表示为同类产品在市场上总销售额，则

$$s_i(j)=\frac{x_i(j)}{x},\quad i=1,2,\cdots,N$$

假定初始（即 $j=0$）时，各厂家的市场占有率的情况为：

$$s(0)=[s_1(0),s_2(0),\cdots,s_N(0)]$$

同时假定满足无后效性及稳定性假设。则在 k 期时，各厂家的市场占有率的情况为：

$$s_i(k)=[s_1(0),s_2(0),\cdots,s_N(0)]\,[p_{1i}(k),p_{2i}(k),\cdots,p_{Ni}(k)]^{\mathrm{T}}$$

式中，$p_{ji}(k)$ 为厂家 j 经过 k 步转移生产厂家 i 的产品的概率。

$$[s_1(k),s_2(k),\cdots,s_N(k)]=[s_1(0),s_2(0),\cdots,s_N(0)]\,P(k)$$

式中，$P(k)$ 为 k 步转移概率矩阵。

$$s(k)=[s_1(k),s_2(k),\cdots,s_N(k)]$$
$$P(k)=P^k$$

所以　$$S(k)=S(0)P^k \tag{8.2}$$

式（8.2）称为已知初始状态条件下的市场占有率 k 步预测模型。

例 8—3　2014 年世界市场上主要智能手机品牌有三星、苹果、联想及其他品牌，分别由四类不同的销售商进行销售。同时假定这些品牌目前市场占有率分别为 34.9%，13.6%，7.5%，44%。[①] 2014 年上半年某课题组进行问卷调查表明，2015 年，使用三星手机的客户中，有 60%的人将继续使用三星手机，20%的人将改用苹果手机，5%的人将改用联想手机，15%的人将改用其他品牌手机；使用苹果手机的客户中，有 70%的人将继续使用苹果手机，15%的人将改用三星手机，2%的人将改用联想手机，13%的人将改用其他品牌手机；使用联想手机的客户中，有 60%的人将继续使用联想手机，15%的人将改用三星手机，20%的人将改用苹果

① http：//mobile. zol. com. cn/454/4546730. html.

手机，5%的人将改用其他品牌手机；使用其他品牌手机的客户中，有70%的人将继续使用其他品牌手机，10%的人将改用三星手机，15%的人将改用苹果手机，5%的人将改用联想手机，详见表8—5。试预测2015年、2016年这些品牌的市场占有率、长期占有率，并分析为提高占有率企业可能采取的策略。

表8—5 **不同品牌之间的转换概率**

	三星	苹果	联想	其他
三星	60%	20%	5%	15%
苹果	15%	70%	2%	13%
联想	15%	20%	60%	5%
其他	10%	15%	5%	70%

解 由表8—5得到转移概率矩阵P为：

$$P=\begin{pmatrix}0.60 & 0.20 & 0.05 & 0.15\\ 0.15 & 0.70 & 0.02 & 0.13\\ 0.15 & 0.20 & 0.60 & 0.05\\ 0.10 & 0.15 & 0.05 & 0.70\end{pmatrix}$$

初始状态为：

$$s(0)=(0.349\quad 0.136\quad 0.075\quad 0.440)$$

(1) 预测未来各期市场占有率。

2015年这些品牌的市场占有率为：

$$s(1)=s(0)P=(0.285\,1\quad 0.246\,0\quad 0.087\,2\quad 0.381\,8)$$

2016年这些品牌市场占有率为：

$$s(2)=s(0)P^2=(0.249\,3\quad 0.334\,6\quad 0.090\,7\quad 0.325\,4)$$

(2) 预测长期占有市场率。

由于$s(k)=s(0)P(k)$，有

$$\lim s(k)=s(0)\lim P(k)=s(0)T=U$$

在已知初始条件下求长期市场占有率就是求稳态概率矩阵，也是求固定概率向量。

求固定概率向量的方法前面介绍过。这里给出利用宏函数transmatequ(　)计算得到的结果。

$$u=(0.245\,7\quad 0.370\,2\quad 0.086\,4\quad 0.297\,7)$$

注意：长期占有率（固定概率向量）只与转移矩阵有关，与系统的初始状态无关。

(3) 营销策略对市场占有率的影响分析。

马尔科夫分析方法不仅可以用来进行预测，还可用于对策分析。一般说来，企业为了提高市场占有率，可以采取三种策略：保留策略、争取策略、混合策略。

保留策略：通过周到的服务或折扣等措施设法保留原有客户。

对例8—3，如果销售三星智能手机的公司采取保留策略后，减少了客户向其他品牌手机的流失，保有率提高到80%，此时转移矩阵变为：

$$P=\begin{pmatrix} 0.80 & 0.10 & 0.01 & 0.09 \\ 0.15 & 0.70 & 0.02 & 0.13 \\ 0.15 & 0.20 & 0.60 & 0.05 \\ 0.10 & 0.15 & 0.05 & 0.70 \end{pmatrix}$$

固定概率向量＝(0.392 1　0.296 0　0.056 5　0.255 3)

由此可见，由于保留策略的作用，三星智能手机的长期市场占有率由24.57%提高到39.21%。

争取策略：通过广告等方式从其他厂家争取新客户。

对例8—3，如果销售三星智能手机的公司采取争取策略后，使得原来购买其他品牌的部分客户转向购买其销售的三星智能手机，此时转移矩阵变为：

$$P=\begin{pmatrix} 0.60 & 0.20 & 0.05 & 0.15 \\ 0.15 & 0.70 & 0.02 & 0.13 \\ 0.25 & 0.20 & 0.50 & 0.05 \\ 0.20 & 0.15 & 0.05 & 0.60 \end{pmatrix}$$

固定概率向量＝(0.307 9　0.375 4　0.070 4　0.246 3)

由此可见，由于争取策略的作用，三星智能手机的长期市场占有率由24.57%提高到30.79%。

混合策略：上述两种策略的综合运用。

以下简单说明在Excel中进行上述计算时常用的宏函数。

(1) 宏函数matpowerN(　)。

格式：matpowerN(data，N)，data为方阵对应的单元格区域，N为幂次。

功能：以矩阵形式返回方阵的幂次方。

以下举例说明。

假定方阵data对应的单元格区域为a2：c4，方阵的幂次方对应的单元格区域为a6：c8，幂次N=2，使用宏函数matpowerN(data，N)的具体过程如下：

选择一个输出单元格区域a6:c8，然后按F2键，输入格式“＝matpowerN(a2：c4，2)”，然后按组合键Ctrl＋Shift＋Enter，则在单元格区域a6：c8输出方阵的2次方的矩阵。

(2) 宏函数arrmult(　)。

格式：arrmult(MA，MB)，MA，MB为相乘的两矩阵对应的单元格区域。

功能：计算两矩阵的乘积MA・MB。

以下举例说明。

假定转移矩阵 P 对应的单元格区域为 a2：c4，初始状态方对应的单元格区域为 a5：c5，计算结果对应的单元格区域为 a6：c8，使用宏函数 arrmult(MA，MB)的具体过程如下：

选择一个输出单元格区域 a6：c8，然后按 F2 键，输入格式"＝arrmult(a5：c5，a2：c4)"，然后按组合键 Ctrl＋Shift＋Enter，则在单元格区域 a6：c8 输出矩阵相乘的结果。

8.2.4 在股票价格预测中的应用

在股票市场上，股票价格代表了股票的投资价值。投资者总是希望在低位时买进股票，而在高位时抛出股票。因此，在股票交易市场中，投资者最关心的就是股票价格未来变化的趋势。有关股票价格预测的方法有很多，这里介绍如何使用马尔科夫预测法对股票价格状态进行预测。

例 8—4 已知 C 股票在 2014 年最近 60 个交易日的股价收盘价变动情况，详见表 8—6。将每天的收盘价状态分为上升、平盘和下降进行分析预测。

表 8—6 C 股票在 2014 年最近 60 个交易日的股价收盘价变动情况

日期	收盘价状态	日期	收盘价状态	日期	收盘价状态	日期	收盘价状态
1	平盘	16	下降	31	上升	46	平盘
2	上升	17	平盘	32	平盘	47	下降
3	下降	18	上升	33	平盘	48	下降
4	上升	19	平盘	34	平盘	49	平盘
5	平盘	20	平盘	35	平盘	50	平盘
6	平盘	21	上升	36	上升	51	上升
7	平盘	22	平盘	37	上升	52	下降
8	平盘	23	下降	38	上升	53	平盘
9	平盘	24	下降	39	平盘	54	下降
10	平盘	25	下降	40	下降	55	平盘
11	下降	26	上升	41	下降	56	下降
12	上升	27	上升	42	上升	57	平盘
13	下降	28	下降	43	下降	58	平盘
14	平盘	29	平盘	44	下降	59	平盘
15	平盘	30	平盘	45	下降	60	下降

解 基于表 8—6，利用宏函数 transmat1( ) 计算得到频数矩阵（见表 8—7）和转移矩阵（见表 8—8）。

表 8—7 频数矩阵

频数矩阵	下降	平盘	上升
平盘	14	5	9
上升	5	3	4
下降	8	4	7

表 8—8 转移矩阵

转移矩阵	下降	平盘	上升
平盘	0.500	0.179	0.321
上升	0.417	0.250	0.333
下降	0.421	0.211	0.368

由于第 60 个交易日股票收盘价处于下降，可以认为初始状态概率向量 $E(0)=(0, 0, 1)$，利用初始状态概率向量和状态转移概率矩阵计算以后几天股票收盘价处于各种状态的概率。

第 61 个交易日收盘价状态概率向量：

$$E(1)=E(0)P=(0.421 \quad 0.211 \quad 0.368)$$

根据计算结果，发现股票收盘价处于平盘状态的概率最大为 42.1%，因此可预测第 61 个交易日收盘价处于平盘。

第 62 个交易日收盘价状态概率向量：

$$E(2)=E(0)P^2=(0.453 \quad 0.205 \quad 0.341)$$

根据计算结果，发现股票收盘价处于平盘状态的概率最大为 45.3%，因此可预测第 62 个交易日收盘价处于平盘。

习 题

1. 已知 C 产品过去 48 个月的销售状况数据如表 8—9 所示。试计算转移矩阵。

表 8—9 C 产品的销售状况

月份	销售状况	月份	销售状况	月份	销售状况	月份	销售状况
1	中等	13	一般	25	一般	37	中等
2	中等	14	很好	26	一般	38	中等
3	一般	15	很好	27	中等	39	很好
4	差	16	中等	28	中等	40	中等
5	差	17	很好	29	中等	41	一般
6	中等	18	中等	30	一般	42	中等
7	一般	19	一般	31	差	43	中等
8	中等	20	差	32	差	44	一般
9	差	21	一般	33	一般	45	很好
10	中等	22	中等	34	差	46	差
11	一般	23	差	35	一般	47	差
12	中等	24	很好	36	很好	48	中等

2. 已知 A，B，C 三个化妆品生产企业的同种类型产品上年在北京地区市场上的占有率分别为 52%，30%和 18%。根据市场调查得知顾客今年对这三家企业产品偏好的变化，

如表 8—10 所示。试预测今年三家企业产品的市场占有率。

表 8—10　　不同企业之间的转换概率

	A 企业	B 企业	C 企业
A 企业	60%	25%	15%
B 企业	35%	35%	30%
C 企业	15%	20%	65%

3. 已知 2000—2013 年粮食零售价格的变动情况如表 8—11 所示。试使用马尔科夫预测方法对 2010 年粮食零售价格的变动趋势进行预测。

表 8—11　　1996—2009 年粮食零售价格的变动情况

年份	粮食零售价格状态	年份	粮食零售价格状态
2000	持平	2007	上升
2001	下降	2008	上升
2002	上升	2009	下降
2003	持平	2010	上升
2004	下降	2011	持平
2005	上升	2012	下降
2006	下降	2013	上升

决　策　第9章

9.1　决策概述

9.1.1　决策的定义及原则

1. 决策的定义

决策是现代管理的核心。诺贝尔经济学奖获得者西蒙在1947年出版的《管理行为》一书中指出："管理就是决策。"那么什么是决策呢?

简单地说，决策就是决策者为了实现一定的目标，依据评定准则和标准，从两个及以上的备选方案中选择一个方案的管理过程。因此，一个决策通常包含以下几个方面：

（1）决策者。这是决策的主体，可以是单个管理者也可以是多个管理者组成的集体，其任务就是进行决策。从某种意义上讲，决策者的素质对决策的成败起着决定性作用。

（2）具有明确的目标。在进行任何一项决策前必须明确所要解决的问题和所要达到的目标。决策的目标有时是一个（单目标决策），有时是相互关联的几个（多目标决策）。一个缺乏明确目标的决策，将会导致整个决策过程偏离方向，最终导致决策的失败。

（3）多个可行方案。如果所要解决的问题只有一个方案，那么显然不存在决策问题。决策必须在两个及以上的可行方案中选择。这些方案应该是平行的或互补的，能解决给定的问题或预定的目标，并且可加定性和定量分析。

（4）评定准则和标准。决策会面临多个可行方案，不同的方案具有不同的风险/收益特征。决策的过程就是依据一定的评定准则和标准对每个可行方案进行分析、评判，从中选出较好的方案，并加以实施。

（5）一个整体性过程。决策是一个连续统一的整体性过程，包括信息收集、分析、判断、实施、反馈等一系列活动。可以这样说，没有这样一个连续统一的整体性过程，是很难作出合理的决策的。此外，经过执行活动的反馈，又将进入下一轮决策。因此，决策是一个循环过程，贯穿整个管理活动的始终。

2. 决策的原则

科学的决策必须遵循以下几个基本原则：

(1) 信息充分原则。信息是决策的基础和前提。准确、及时和全面的信息是取得高质量决策的前提，虚假、过时和残缺（尤其是一些重要信息被遗漏时）的信息往往会导致决策失败或决策错误。因此，在进行决策前，决策者应认真研究所要解决的问题，运用现代技术手段广泛收集对决策可能产生影响的内外环境信息，以便获得准确、及时、可靠、适用的决策依据。

(2) 系统原则。为了防止决策的片面性，决策者在进行决策的过程中，应将决策对象视为一个系统，从系统整体出发，认真考虑决策所涉及的整个系统及相关因素，统筹好局部利益和整体利益、眼前利益和长远利益，在对问题全面分析的基础上做出决策。

(3) 可行性原则。决策目标和决策方案要合理、符合实际，要有实现的可能性。一项不可行的决策，对组织来说是没有意义的。因此，在确定决策目标、选择决策方案时，要充分进行可行性研究，要仔细考虑主客观条件是否成熟，实现决策目标的人力、物力、财力是否具备等。

(4) 定性和定量相结合原则。决策中，有些决策目标和决策变量可以用数量表示，有些则不可以，需要依赖于决策者的经验判断。因此，在进行决策时，应有效地将定性方法和定量方法结合起来。

(5) 集体决策原则。随着社会的发展和科技的进步，社会经济中所需解决的问题日益复杂，仅仅依靠个人是不行的。集体决策可以克服个人思维局限，获得更有创造性的问题决策方案，避免重大决策失误。

9.1.2 决策的基本过程

1. 确定问题和目标

决策首先是发现问题，并将这些问题分清主次，即明确该问题是战略决策还是一般业务决策，由哪些决策者承担任务等。必须马上了解该问题的关键在哪里、何时解决，以及解决这一问题的利弊如何。在确定问题的同时，确定目标。合理的目标是有效决策的前提，是决策活动的出发点，也是评价决策效果的依据。应分清长期与短期目标、主要目标和次要目标，并注意目标之间的衔接，明确目标间的优先顺序，保证资源分配的重点，尽量排除可能的偶然性和主观因素的影响。

2. 收集信息

确定了问题和目标后，必须着手调查研究，收集信息，并加以整理和分析。根据既定的目标，积极地收集和整理情报，建立数据库，进行比较，找出差距，发现问题。信息是决策的基础，是有效决策的保证。对于组织内外部的相关信息，都应加以收集和整理，尤其是对于一些关键信息，应加倍关注。

3. 确定决策标准

确定决策标准就是运用一套合适的标准分析和评价每一个方案。按照确定的目标和问题，把目标分解为若干层次的确定的价值指标，同时，指明实现这些指标的约束条件，这些指标的实现程度就是衡量的达到决策目标的程度。在决策时，可按照确定的评判方法和标准，给每一个可行方案打分，加以评比，并按每一方案的得分高低进行排列，为决策工作的顺利进行奠定基础。

4. 拟定方案

拟定方案主要是寻找达到目标的有效途径，因此，必须制定多种可供选择的方案，反复比较。每个方案都必须有原则性的差异。对于有关企业发展的战略性的重大决策，必须通过各种相互冲突的意见争辩、各种不同可行方案的评判，才能作出满意的决策。拟定各种不同类型的可行方案，可运用头脑风暴法，或采用数学模型，也可建立随机模型和模糊模型。无论用何种方法拟定可行方案，都应同时给出这些方案实施后可能产生的结果，包括有利的和有害的结果，以及这些结果出现的概率，指出其中发展演变的趋势，并进行利弊比较。

5. 分析方案

决策者必须认真地对待每一方案，仔细地加以分析和评价。根据决策所需的时间和其他限制性条件，层层筛选。可以进行重要性程度的评分加权，也可以对其中某些关键处的缺点加以修改、补充，还可对一些各有利弊的备择方案进行优势互补，使最终的结果更加优化。在这一阶段中，可以运用决策树法、矩阵汇总决策、统计决策和模糊决策等方法。

6. 确定和实施方案

确定方案时，在各种可供选择的方案中权衡利弊，然后选取其一，或综合成一个方案，这是决策者的重要工作。有时会在方案全面实施之前，进行局部试行，验证在真实条件下是否可行。若方案不可行，为了避免造成更大的损失，则需要再次考察上述各个活动步骤，修正或重新拟定方案。当方案确定后，就要加以实施，这是决策的最重要的阶段。实施阶段所花费的时间和成本，远大于前几个阶段的总和。

7. 评价决策效果

方案的评价必须是全方位的，并要在方案实施过程中不断地进行追踪。如果在新方案实施过程中发现重大差异，在反馈、上报的同时，决策者应查明原因，根据具体情况区别对待：若是执行有误，应采取措施加以调整，以保证决策的效果；若是方案本身有误，应会同有关部门和人员修改方案；若方案有根本性错误或运行环境发生不可预计的变化，使得执行方案产生不良后果，则应立即停止方案的执行，待重新分析、评价方案和环境后，再考虑执行。

反馈是决策过程中的一个重要环节。通过反馈可对原方案不断地再审查和再改进。当原有决策实施活动出乎所料，或者环境突然发生重大变化时，需要将方案推倒重来。实施一个时段后，需要对方案运行及预测的结果作出评价。评价可以由个人或专家组负责，目的是审核方案是否达到了预定目标或解决了问题，随时指出偏差的程度并查明原因。评价和反馈应体现在每一阶段的工作上，而不仅仅是在方案的实施阶段。特别是重大的决策，必须时刻注意信息的反馈和工作的评价，以便迅速解决突发问题，避免造成重大损失。

9.1.3 决策方法的分类

按照不同分类标准，决策可以分为以下几类：

1. 战略决策和战术决策

按重要性和作用分类，分为战略决策和战术决策。

战略决策是指对组织发展方向和发展远景作出的决策，是关系到组织发展的重大决策，具有全局性、长远性、方向性等特点。例如，公司的经营方向、经营方针、新产品开发等属此类决策。战略决策由组织中最高层领导作出。

战术决策是指组织为保证战略决策的实现而对局部问题作出的决策，具有单项性、具体性、定量化等特点。例如，企业原材料和机器设备的采购，生产、销售的计划，人员的调配等属此类决策。战术决策一般由组织中层管理人员作出。

2. 确定型决策、风险型决策和不确定型决策。

按环境条件分类，分为确定型决策、风险型决策和不确定型决策。

确定型决策是指自然状态比较清楚时的决策。决策者对决策问题的条件、性质、后果都有充分了解，每个备选方案的结果都只有一个。这类决策的关键在于选择肯定状态下的最佳方案。

风险型决策是在可供选择的方案中，存在两种或两种以上的自然状态，状态的发生是不确定的，但每种状态发生的概率是可估计的。

不确定型决策是在可供选择的方案中，存在两种或两种以上的自然状态，状态发生的概率无法预先估计。

3. 程序化决策和非程序化决策

按重复程度分类，分为程序化决策和非程序化决策。

程序化决策，又称常规决策，是指对常规的、反复发生的问题的决策。一般可用规范化、标准化的操作程序来简化决策工作。例如，公司产品质量不合格该怎么处理就属程序化决策。一般说来，大约80%的决策属于程序化决策。

非程序化决策，又称非常规决策，是指偶然发生、首次出现、较为重要或非重复性的决策。这类决策大都由高级管理者作出，更多地依赖于决策者个人的知识、经验、判断力和创造力等。例如，公司开辟新的销售市场、选择新的促销方式等属于非常规决策。

4. 集体决策与个人决策

按照决策的主体，可分为集体决策与个人决策。

集体决策是指多个人构成的集体作出的决策。集体决策的好处在于集思广益，防止个人专断，提高决策的科学性，少出或不出纰漏。但集体决策也具有决策过程较复杂、耗费时间、责任不明确等缺点，因此有时会因意见不一致而久议不决，导致贻误时机。集体决策适用于制定长远规划、全局性的决策。

个人决策则是指单个人作出的决策。个人决策的好处在于决策迅速、灵活机动、统一指挥，提高工作效率。个人决策不足之处在于过分依赖于决策者的个人素质，同时如果缺乏必要的制度，容易导致专断。个人决策适用于常规事务及紧迫性问题的决策。

5. 经验决策和科学决策

按决策所采用的方式和方法，可分为经验决策和科学决策。

经验决策是决策者依靠个人的经验和对未来的直觉进行决策。在这种决策中，决策者的主观判断与个人价值观起重大作用，因此，所作出的决策感性成分较多，而理性成分较少。这种决策是历史的产物，并随着历史的发展和人类的进步而逐渐完善，对科学决策有着重要的借鉴作用。

科学决策是决策者在现代科学理论和知识的指导下，采用现代科学技术手段按照科学程序所作出的决策。科学决策有一套严密程序：首先是进行大量的调查、分析和预测；然后确定各种备选方案，并从可行性、满意性和可能后果等多方面分析、权衡各备选方案；最后进行方案选择、方案实施，并收集反馈信息。在现代社会，随着环境变化速度的加快，涉及的问题越来越复杂，经验决策往往导致失误，因此，科学决策越来越受到人们的重视。但是在许多时候，由于无法获得充分的信息，经验决策仍起着重要作用。

6. 定性决策与定量决策

按决策的目标、变量是否可以用数量来表示，可分为定性决策与定量决策。

定性决策是指决策目标和决策变量等不能用数量来表示的决策。这类决策一般难以用数学方法来测算，而主要依靠决策者的经验判断。

定量决策是指决策目标和决策变量等可以用数量来表示的决策。如公司管理中有关提高产量、降低成本之类的决策就属于定量决策。

9.2 确定型决策

确定型决策是自然状态确定时的决策。

9.2.1 净现值法

确定型决策常使用的指标分为贴现指标和非贴现指标。贴现指标是指考虑了时间价值因素的指标，主要包括净现值、现值指数、内含报酬率等。非贴现指标是指没有考虑时间价值因素的指标，主要包括回收期、会计收益期等。相应地将投资决策方法分为贴现的方法和非贴现的方法。

非贴现现金流量方法忽视了资金的时间价值，而且难以提供科学的决策标准，在20世纪60年代以后被贴现现金流量方法所取代。同时，非贴现现金流量方法中，净现值法被论证为最适用的投资决策方法。

所谓净现值（NPV），是指特定方案未来现金流入的现值与未来现金流出的现值之间的差额。净现值的计算公式为：

$$NPV=\sum_{t=1}^{n}\frac{I_t}{(1+K)^t}-\sum_{t=1}^{n}\frac{O_t}{(1+K)^t}$$

式中：n——投资涉及的年限；

I_t——第 t 年的现金流入量；

O_t——第 t 年的现金流出量；

K——预定的贴现率。

对一组相互独立、互不排斥的方案而言，若净现值为正数，说明贴现后现金流入大于贴现后现金流出，该投资项目的报酬率大于预定的贴现率，投资是可行的；若净现值为负数，说明贴现后现金流入小于贴现后现金流出，该投资项目的报酬率小于预定的贴现率，投资是不可行的。而对相互关联、互相排斥的互斥型方案来说，则须对两个或两个以上互相排斥的待选方案的 NPV 进行排序，选择 NPV 较大的方案。

例 9—1 假设投资者现有 200 万元，欲在北京郊区投资一套房子，购买后先出租，20 年后再卖出。假定按照目前该地区房租租金大约是 5 万元一年，同时假定 20 年后出售房子时，考虑折旧和通胀因素等，仍能按 300 万元卖出去。市场无风险收益是 5%。试分析该投资者这项投资是否可行。

表 9—1 **投资房产的预期现金流量** 单位：万元

项目	NCF_0	NCF_1	NCF_2	…	NCF_{19}	NCF_{20}
房产	—200	5	5	…	5	305

解 首先，根据表 9—1 计算项目的预期净现值。

$$NPV=\sum_{t=0}^{20}NCF_t(1+K)^{-t}=-24.62(\text{万元})$$

由于预期 NPV 值小于 0，因此投资者投资此房产是不值得的。

例 9—2 某公司需要在项目 A 和项目 B 之间进行决策。财务部门通过有关资料分析得到项目 A 和项目 B 投产后各年的现金流量，如表 9—2 所示。假定预定的贴现率为 12%，试分析公司应选择哪个项目。

表 9—2 **项目 A 和项目 B 的预期现金流量** 单位：元

项目	NCF_0	NCF_1	NCF_2	NCF_3	NCF_4
A	—27 000	10 000	10 000	10 000	10 000
B	—56 000	20 000	20 000	20 000	20 000

解 首先，根据表 9—2 计算项目的预期净现值。

$$NPV(\text{A})=\sum_{t=0}^{4}NCF_t(1+K)^{-t}=3\ 473(\text{元})$$

$$NPV(\text{B})=\sum_{t=0}^{4}NCF_t(1+K)^{-t}=4\ 746(\text{元})$$

由于项目B的预期净现值比项目A大，因此根据净现值法，公司应选择项目B。

9.2.2 盈亏平衡分析法

盈亏平衡分析法就是通过分析成本、销量、利润三者之间的关系，掌握盈亏变化的规律，指导企业选择能够以最小的成本生产出最多的产品，并使企业获得最大利润。

1. 利润模型

成本、销量、利润三者之间的关系可以用利润模型来表示。利润模型是盈亏平衡分析法中最重要的模型，实践中应用的许多模型都是由此模型推导出来的。利润模型有两个，即用销售量表示的利润模型和用销售收入表示的利润模型。

（1）用销售量表示的利润模型。

利润 M＝销售收入 S－总成本 TC
＝销售收入 S－变动成本 VC－固定成本 FC
＝边际贡献 CM－固定成本 FC
＝(单价 P－单位变动成本 V)×销售量 Q－固定成本 FC
＝单位边际贡献 CM×销售量 Q－固定成本 FC

（2）用销售收入表示的利润模型。

利润 M＝边际贡献 CM－固定成本 FC
＝边际贡献率 RCM×销售收入 S－固定成本 FC
＝(1－变动成本率 RV)×销售收入 S－固定成本 FC

2. 盈亏平衡图

将成本、销量、利润的关系反映在直角坐标系中，即成为盈亏平衡图，该图能清晰地显示企业不盈利也不亏损时应达到的产销量。用图示表达本、量、利的相互关系，不仅形象直观、一目了然，而且容易理解。图9—1就是一个盈亏平衡图。

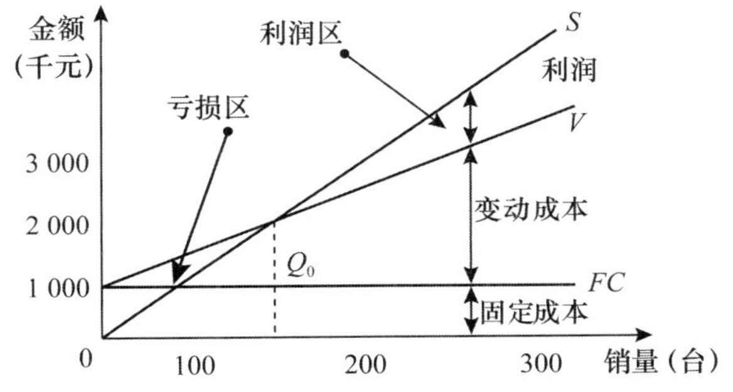

图9—1 盈亏平衡图

图 9—1 中，Q_0点为盈亏平衡点，销量大于Q_0，利润为正值；销量小于Q_0，利润为负值。

例 9—3 假定 A 汽车制造公司过去制造汽车所需用的活塞一直依靠外购，购入单价为 500 元。现该厂一车间有不能够移作他用的剩余生产能力可以自制活塞。经会计部门同生产技术部门进行估算，自制活塞的单位成本 550 元。另外，如果自制每年还需增加专属固定成本 10 000 元。要求：根据上述资料为该公司确定活塞的需求量在什么情况下采用自制方案为宜，在什么情况下采用外购方案为宜。

解 由于在自制方案中每个活塞分担的专属固定成本随产量的变化成反比例变动，很显然，当产量超过一定限度，自制方案较为有利；如低于这个限度，则以外购为宜。因此，这项决策的关键因素就是首先通过盈亏平衡分析法确定“成本分界点”。另外，自制方案是在一车间有剩余生产能力的情况下进行的，固定成本费用属于无关成本，不予考虑。

设业务量为 X，成本分界点业务量为 X_0，外购方案预期成本为 Y_1，单价为 P_1，自制方案预期成本为 Y_2，单位变动成本为 P_2，专属固定成本为 F_2，则

$$Y_1=P_1\times X$$
$$Y_2=F_2+P_2\times X$$

当 $Y_1=Y_2$ 时，$X=X_0=\dfrac{F_2}{P_1-P_2}$。

$$P_1=500\text{ 元}$$
$$P_2=550\text{ 元}$$
$$F_2=10\ 000\text{ 元}$$
$$X_0=\frac{F_2}{P_1-P_2}=\frac{10\ 000}{550-500}=200(\text{个})$$

从计算结果可知，当活塞全年的需要量大于 200 个时，宜采用自制方案；当活塞全年的需要量小于 200 个时，宜采用外购方案。

9.2.3 线性规划法

线性规划是一种求解在线性约束条件下追求最大或最小的线性目标函数的方法。其一般模型为：

目标函数：$\max(\min)z=c_1x_1+c_2x_2+\cdots+c_nx_n$

约束条件：

$$a_{11}x_1+a_{12}x_2+\cdots+a_{1n}x_n\leqslant(=,\geqslant)b_1$$
$$a_{21}x_1+a_{22}x_2+\cdots+a_{2n}x_n\leqslant(=,\geqslant)b_2$$
$$\cdots\cdots$$
$$a_{m1}x_1+a_{m2}x_2+\cdots+a_{mn}x_n\leqslant(=,\geqslant)b_m$$
$$x_1,x_2,\cdots,x_n\geqslant 0$$

对线性规划问题可以使用图解法求解，也可以利用单纯形法求解。Excel 软件提供了求解线性规划问题的模块。对不熟悉图解法或单纯形法的读者，可以参看任何一本运筹学教材。以下举例仅说明如何使用 Excel 软件求解线性规划问题。

例 9—4 假定 B 公司今年三季度拟生产甲、乙两种产品，其售价及约束条件的资料详见表 9—3。要求：根据上述资料为该公司作出应如何安排甲、乙两种产品，才能获得最大的边际贡献总额的决策分析。

表 9—3　售价及约束条件的资料

产品名称	销价及成本资料			约束条件		
	销售价格（元）	单位变动成本（元）	固定成本（元）	原材料消耗定额（千克/件）	电力料消耗定额（千瓦/件）	市场最大销售量（件）
甲	85	55	9 800	3	6	无限制
乙	90	65		4	4	500
最高用量				2 400	3 600	

解　分析：本例实质上是一个线性规划问题。设该公司今年三季度共生产甲产品 X_1 件，乙产品 X_2 件，两产品的边际贡献总额为 S。

目标函数为：

$$S=30X_1+25X_2$$

约束条件为：

$3X_1+4X_2\leqslant 2\ 400$　（供应材料约束条件）

$6X_1+4X_2\leqslant 3\ 600$　（电力供应约束条件）

$X_2\leqslant 500$　（产品销售约束条件）

使用“工具”菜单中“规划求解”命令求解。

使用 Excel 2003 求解如下：

（1）创建一个名为“利润最大化产品最优组合决策”的工作表。

（2）在所创建的工作表中设计一个表格，如表 9—4 所示。

（3）创建模板。

按照表 9—4 所示在工作表“利润最大化产品最优组合决策”中输入公式。

表 9—4　单元格公式

单元格	公式	备注
b8	=b7 * (b3－c3)＋d7 * (b4－c4)	计算目标利润
b10	=e3 * b7＋e4 * d7	计算供应材料
b11	=f3 * b7＋f4 * d7	计算电力供应
b12	=d7	计算产品销售

这样便创建了一个模板。

（4）在所创建的工作表中相应单元格中输入实例提供的数据。

（5）单击“工具”菜单，单击“规划求解”命令，此时出现如图9—2所示的“规划求解参数”对话框。

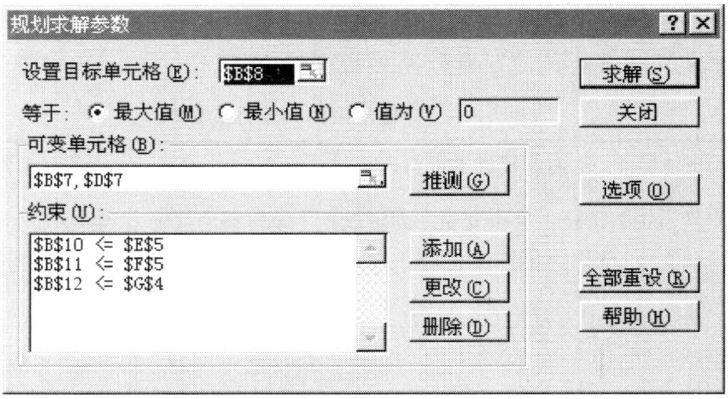

图9—2 “规划求解参数”对话框

提示：对Excel 2010等高版本，“规划求解”功能可通过以下步骤进行加载，然后在“数据”菜单下便可看到“规划求解”功能图标。具体步骤如下：

选择“文件”菜单，单击其下“选项”后，在弹出窗口左侧单击“规划求解加载项”，然后按“确定”即可。

（6）在图9—2所示的“规划求解参数”对话框中执行以下操作：

1）选择“最大值”选项框。

2）使用“添加”按钮添加约束条件，此时出现图9—3所示的“添加约束”对话框。在该对话框中输入约束条件“＄B＄10≤＄E＄5，＄B＄11≤＄F＄5，＄B＄12≤＄G＄4”。

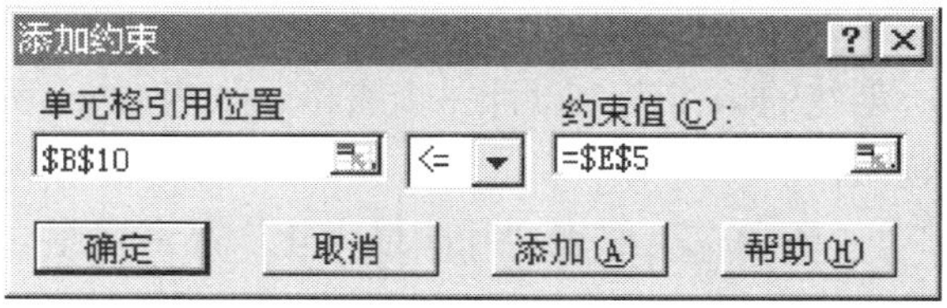

图9—3 “添加约束”对话框

3）在提示“设置目标单元格”右边的正文输入单元区域输入“＄B＄8”。

4）在提示“可变单元格”下边的正文输入单元区域输入“＄B＄7，＄D＄7”。

5）单击“选项”按钮，在所出现的对话框（如图9—4所示）中选择“采用线性模型”复选框，然后单击“确定”按钮返回到图9—2所示的“规划求解参数”对话框。

6）在“规划求解”对话框单击“求解”按钮，此时出现图9—5所示的“规划求解结果”对话框。

7）在图9—5所示的“规划求解结果”对话框单击“确定”按钮，便可得到计算结果，详见表9—5。

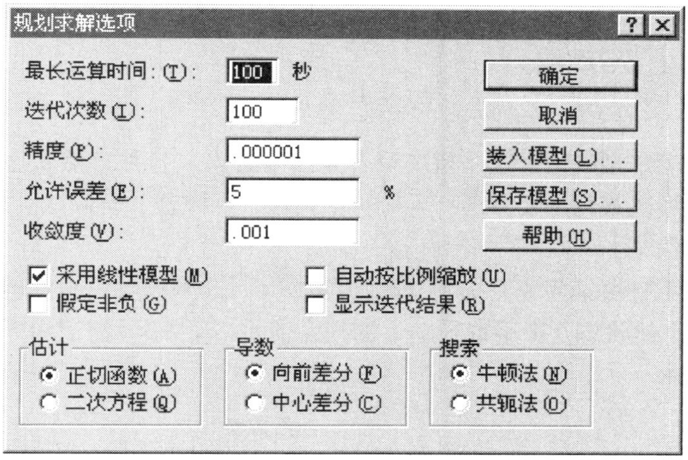

图9—4 “规划求解选项”对话框

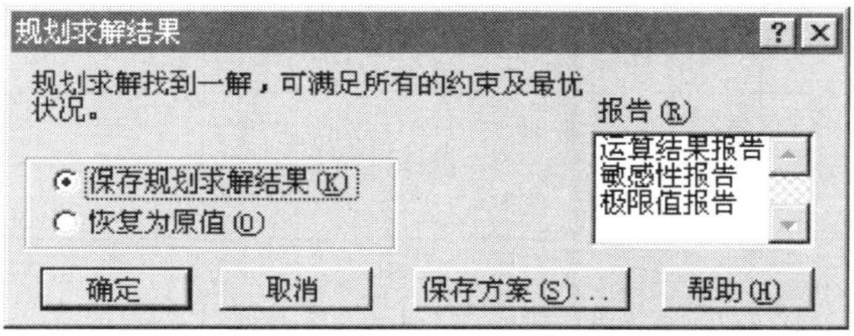

图9—5 “规划求解结果”对话框

表9—5　　　　计算结果表

	A	B	C	D	E	F	G
1	产品名称	销价及成本资料			约束条件		
2		销售价格（元）	单位变动成本（元）	固定成本（元）	原材料消耗定额（千克/件）	电力消耗定额（千瓦/件）	市场最大销售量（件）
3	甲	85	55	9 800	3	6	无限制
4	乙	90	65		4	4	500
5	最高用量				2 400	3 600	
6							
7	甲产品数量	400	乙产品数量	300			
8	目标利润	19 500					
9	约束条件：						
10	供应材料	2 400					
11	电力供应	3 600					
12	产品销售	300					

（7）保存工作表“利润最大化产品最优组合决策”。

根据表 9—5 的计算分析结果可知，最大利润为 19 500 元，此时生产甲产品 400 件，生产乙产品 300 件。

9.3 不确定型决策

不确定型决策方法是指决策者无法确定未来各种自然状态发生的概率的决策。不确定型决策的主要方法有：等可能性法、保守法、冒险法、乐观系数法和最小最大后悔值法。

设某一决策问题有 m 个行动方案 a_1，a_2，…，a_m，n 个自然状态 θ_1，θ_2，…，θ_n，在自然状态 θ_j 下采取行动 a_i 的损益值 $L(a_i, \theta_j)$，简记为 L_{ij}。损益表如表 9—6 所示。

表 9—6 损益表

状态 / 方案	θ_1	θ_2	…	θ_n
a_1	L_{11}	L_{12}	…	L_{1n}
a_2	L_{21}	L_{22}	…	L_{2n}
⋮	⋮	⋮		⋮
a_m	L_{m1}	L_{m2}	…	L_{mn}

9.3.1 等可能性法

等可能性法，也称拉普拉斯决策准则。其基本原理是：假定自然状态中任何一种状态发生的可能性都是相同的，通过比较每个方案的损益平均值来进行方案的选择。在利润最大化目标下，选取平均利润最大的方案；在成本最小化目标下选择平均成本最小的方案。在不作特别说明的情况下，本章约定决策目标为利润最大化。

记 $E(L_i)$ 为第 i 个行动方案的平均利润。

$$E(L_i)=\frac{1}{n}\sum_{j=1}^{n}L_{ij}, \quad i=1,2,\cdots,m$$

决策规则为：$k=\max\limits_{1\leqslant i\leqslant m}\{E(L_i)\}$

例 9—5 某汽车公司需要对生产的轿车品牌进行决策。现有三种备选品牌，分别为 M_1，M_2 和 M_3，销售单价分别为 30 万元、20 万元和 10 万元。未来市场对三种品牌轿车的需求有三种可能的自然状况：需求量高 N_1，需求量中 N_2 和需求量低 N_3。详见表 9—7。

表 9—7 有关数据

品牌名称 \ 需求量（万辆）	价格（万元）	N_1	N_2	N_3
M_1	30	110	60	10
M_2	20	160	100	25
M_3	10	240	160	60

解 基于表 9—7 中数据得到损益表如表 9—8 所示。

表 9—8 损益表 单位：亿元

品牌 \ 需求量	N_1	N_2	N_3
M_1	3 300	1 800	300
M_2	3 200	2 000	500
M_3	2 400	1 600	600

生成品牌 M_i 的平均利润为：

$$E(M_i)=\frac{1}{n}\sum_{j=1}^{3}N_jP_i,\quad i=1,2,\cdots,m$$

$$E(M_1)=30\times\frac{(110+60+10)}{3}=1\ 800\text{（亿元）}$$

$$E(M_2)=20\times\frac{(160+100+25)}{3}=1\ 900\text{（亿元）}$$

$$E(M_3)=10\times\frac{(240+160+50)}{3}=1\ 533\text{（亿元）}$$

由此可见，按照等可能性法，公司应选择生产品牌 M_2。

9.3.2 保守法

保守法，也称瓦尔德决策准则或小中取大准则。其基本原理是：决策者不知道各种自然状态中任一种发生的概率，为了避免最坏的结果，力求风险最小，首先确定每一可选方案在不同自然状态下的最小收益值，然后从这些最小收益值中，选出一个最大值，与该最大值相对应的方案就是决策所选择的方案。

下面仍以例 9—5 说明。

生产品牌 M_i 的最小利润：$\min(L_i)=\min\limits_{1\leqslant j\leqslant 3}\{L_{ij}\}$

$$\min(L_1)=\min\{3\ 300,1\ 800,300\}=300\text{（亿元）}$$

$$\min(L_2)=\min\{3\ 200,2\ 000,500\}=500\text{（亿元）}$$

$$\min(L_3)=\min\{2\ 400,1\ 600,600\}=600\text{（亿元）}$$

由此可见，按照保守法，公司应选择生产品牌 M_3。

9.3.3 冒险法

冒险法，也称赫威斯决策准则或大中取大准则。其基本原理是：决策者不知道各种自然状态中任一种可能发生的概率，为了获取最大利润，力求收益最大化，首先确定每一可选方案在不同自然状态下的最大利润值，然后在这些最大利润中选出一个最大值，与该最大值相对应的那个可选方案便是决策选择的方案。由于根据这种准则决策也能有最大亏损的结果，因而称之冒险投机准则。

以例 9—5 说明。

生成品牌 M_i 的最大利润：$\max(L_i)=\max\limits_{1\leqslant j\leqslant 3}\{L_{ij}\}$

$\max(L_1)=\max\{3\ 300，1\ 800，300\}=3\ 300$（亿元）

$\max(L_2)=\max\{3\ 200，2\ 000，500\}=3\ 200$（亿元）

$\max(L_3)=\max\{2\ 400，1\ 600，600\}=2\ 400$（亿元）

由此可见，按照冒险法，公司应选择生产品牌 M_1。

9.3.4 乐观系数法

乐观系数法，是对保守法和冒险法的折中，故也称折中决策法。其基本原理是：首先，决策者根据以往经验确定一个乐观系数 α（$0<\alpha<1$）；其次，利用乐观系数计算出各方案的乐观期望值，并选择期望值最大的方案。

第 i 个方案的乐观期望值 CV_i 的计算公式为：

$$CV_i=\alpha\max(L_i)+(1-\alpha)\min(L_i)$$

以例 9—5 说明。

$\alpha=0.75$

$CV_1=0.75\times3\ 300+0.25\times300=2\ 550$（亿元）

$CV_2=0.75\times3\ 200+0.25\times500=2\ 525$（亿元）

$CV_3=0.75\times2\ 400+0.25\times600=1\ 950$（亿元）

由此可见，按照乐观系数法，公司应选择生产品牌 M_1。

9.3.5 最小最大后悔值法

最小最大后悔值法，也称沙万奇准则。其基本原理是：决策者不知道各种自然状态中任一种发生的概率，为了确保避免较大的机会损失，首先要将损益表转变为机会损失表，然后确定每一可选方案的最大机会损失；其次，在这些方案的最大机会损失中，选出一个最小值，与该最小值对应的可选方案便是决策选择的方案。

将损益表转变为机会损失表的规则是：

$$SV_{ij}=\max_{1\leqslant i\leqslant m}\{L_{ij}\}-L_{ij}$$

式中，SV_{ij} 为在自然状态 θ_j 下采取行动 a_i 的后悔值；L_{ij} 为在自然状态 θ_j 下采取行动

a_i的损益值；m 为方案数。

以例 9—5 说明。

从损益表（见表 9—8）得到后悔值表，详见表 9—9。

表 9—9　后悔值表　单位：亿元

品牌＼需求量	N_1	N_2	N_3
M_1	0	200	300
M_2	100	0	100
M_3	900	400	0

生产品牌 M_1，M_2和 M_3的最大后悔值分别为 300 亿元、100 亿元和 900 亿元。由此可见，按照最小最大后悔值法，公司应选择生产品牌 M_2。

9.4 风险型决策

风险型决策是决策无法确定自然状态的发生但每种自然状态发生的概率是可估计的决策。主要方法有：决策矩阵法、决策树法和贝叶斯决策法。

9.4.1 决策矩阵法

风险决策问题可以用决策矩阵表来描述，一般形式详见表 9—10。

表 9—10　决策矩阵

方案＼状态	θ_1	θ_2	…	θ_n
	p_1	p_2	…	p_n
a_1	L_{11}	L_{12}	…	L_{1n}
a_2	L_{21}	L_{22}	…	L_{2n}
⋮	⋮	⋮		⋮
a_m	L_{m1}	L_{m2}	…	L_{mn}

在表 9—10 中，a_1，a_2，…，a_m分别表示决策者可能采取的m 个行动方案，它们彼此相互独立又能相互代替，所有行动方案构成的集合 $A=\{a_1, a_2, \cdots, a_m\}$称为决策空间。$\theta_1$，$\theta_2$，…，$\theta_n$分别表示各个行动方案可能遇到的客观条件即自然状态。所有可能出现的自然状态集合 $S=\{\theta_1, \theta_2, \cdots, \theta_n\}$ 称为状态空间。对风险决策问题，假定它们是随机变量，其发生的频率分别用 p_1，p_2，…，p_n表示。由于发生这类事件的可能性是相互排斥又相互独立的事件，故有 $p_1+p_2+\cdots+p_n=1$。L_{ij}是在自然状态θ_j下采取行动a_i的损益值$L(a_i, \theta_j)$。

记 $E(L_i)$为第 i 行动方案的期望收益。

$$E(L_i)=\sum_{j=1}^{n} p_j L_{ij}\ ,\quad i=1, 2, \cdots, m$$

决策规则为：$k=\max\limits_{1\leqslant i\leqslant m}\{E(L_i)\}$

例 9—6 某公司经过市场调查和预测得知，公司的某新产品今后 5 年中在市场上的销售为畅销、一般、滞销的概率分别为 0.3，0.5 和 0.2。为使该新产品投产，该公司有两种可供选择的行动方案：第一种方案是投资 16 万元新建一个车间，按这种方案，畅销、一般和滞销三种情况下的利润情况分别为获利 50 万元、25 万元和亏损 5 万元；第二种方案是投资 3 万元扩建原有车间，在这种方案下，畅销、一般和滞销三种情况下的利润情况分别为获利 35 万元、20 万元和 5 万元，则该公司应确定哪一种行动方案较为合适？

解 基于给出的信息，得到决策矩阵，详见表 9—11。

表 9—11 决策矩阵 单位：万元

方案 \ 市场状态	畅销	一般	滞销
	0.3	0.5	0.2
新建一个车间	50	25	−5
扩建原有车间	35	20	5

因此，新建一个车间的期望利润 $E(L_1)$ 为：

$$E(L_1)=0.3\times50+0.5\times25+0.2\times(-5)=26.5(\text{万元})$$

扩建原有车间的期望利润 $E(L_2)$ 为：

$$E(L_2)=0.3\times35+0.5\times20+0.2\times5=21.5(\text{万元})$$

计算表明，新建一个车间的期望利润比较大，因此公司选择新建一个车间方案比较合适。

9.4.2 决策树法

决策树就是用树枝分叉形态表示各种方案的期望值，剪掉期望值小的方案枝，剩下的最后的方案即是最佳方案。决策树由决策节点、方案分支、方案节点、概率分支、结果点等要素组成。决策树的结构如图 9—6 所示。

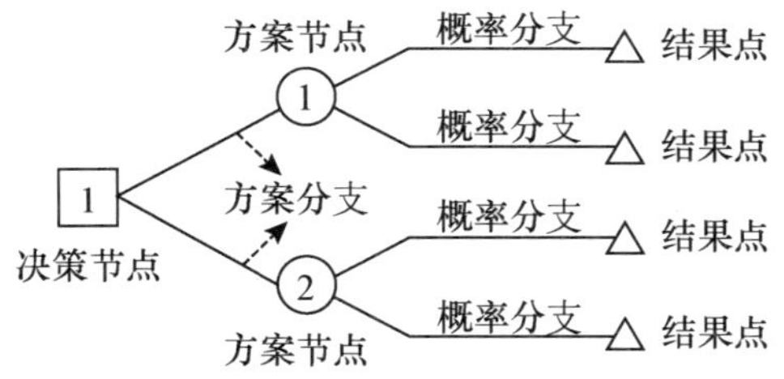

图 9—6 决策树示意图

图 9—6 中的“□”代表决策节点，从它引出的分支叫方案分支。每个分支代表一个方案，分支数就是可能的方案数。“○”代表方案节点，从它引出概率分支，每个概率分支上标明了自然状态及其发生的概率。概率分支数反映了该方案面对的可能的状态数。末端的“△”叫结果点，注有各方案在相应状态下的结果值。

应用决策树来作决策时，一般包括以下几个过程：

（1）绘制决策树。将给定的具体问题由决策点逐渐展开为方案分支、状态节点、概率分支、结果点等。绘制决策树时，应从左到右逐步进行。

（2）计算期望值。期望值的计算是从右向左逐步进行的，即根据右端的损益值和概率分支的概率，计算出期望值的大小，确定方案的期望结果。

（3）修枝方案。基于不同方案的期望结果，从右到左，依次将期望值较小的方案舍弃，并用符号“≠”标示，此过程可形象地称为修枝，最后的决策点留下一个树枝，即为最优方案。

当所要决策的问题只需进行一次决策就可解决，叫做单阶段决策问题。如果问题比较复杂，而要进行一系列的决策才能解决，就叫做多阶段决策问题，多阶段决策问题采用决策树决策方法比较直观和容易。

例9—7　某汽车公司为了生产一种新的轿车产品，需要近期上马一条生产线，有三个备选方案：改造现有生产线、引进国外生产线、协作建造生产线。市场预测部门通过调研分析得出，未来市场对三种品牌轿车的需求有三种可能：需求高、需求中和需求低，其发生的概率分别是0.3，0.45和0.25，各种市场需求状况下每一个方案的收益值详见表9—12。试问该企业究竟应该选择哪一种方案？

表9—12

需求状态 / 方案	需求高 H	需求中 M	需求低 L
	0.3	0.45	0.25
改造现有生产线 A_1	210	95	25
引进国外生产线 A_2	240	120	55
协作建造生产线 A_3	200	105	80

解　首先，绘制决策树，如图9—7所示。

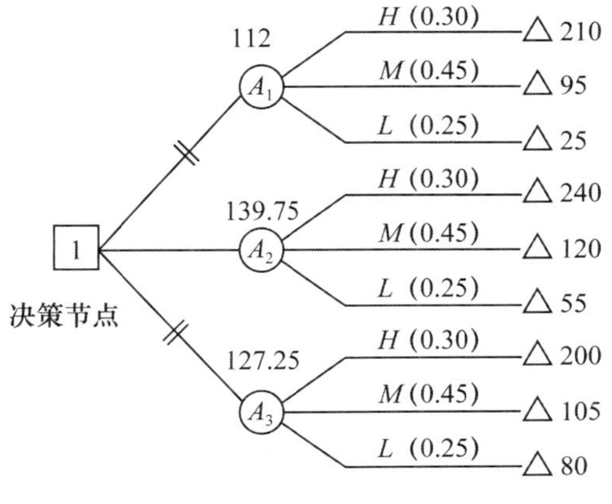

图9—7　决策树

其次，计算期望值。

$$E(A_1)=0.3\times210+0.45\times95+0.25\times25=112$$

$E(A_2)=0.3\times240+0.45\times120+0.25\times55=139.75$

$E(A_3)=0.3\times200+0.45\times105+0.25\times80=127.25$

最后，修枝方案。

由于 $E(A_2)>E(A_3)>E(A_1)$，方案 A_1 和 A_3 对应的分支应修剪掉，即标上“≠”，最后剩下方案 A_2 对应的分支，因此公司应选择方案 A_2，即引进国外生产线。

例 9—8 某公司由于生产技术较落后，产品成本高，在需求处于中等水平时无利可图，在需求处于低水平时就要亏损，只有在需求处于高水平时才能盈利。据市场预测，该公司产品今后需求低、需求中、需求高的概率分别是 20%，50%，30%。鉴于这种情况，公司管理者有意采取新技术代替旧技术以改进其生产技术。新技术的取得途径有两种：一是自行研制，研制成功的概率是 70%；二是购买新技术，估计购买成功的概率是 85%。如果自行研制成功或者购买成功，生产规模都将考虑两种方案：一是产量不变；二是增加产量。如果自行研制或购买都失败，则仍采用原工艺进行生产，并保持原生产规模不变。

表 9—13 给出了各方案在不同价格状态下的收益值。试问，对于这一问题，该公司应该如何决策？

表 9—13　　收益值　　单位：万元

需求状态	按原工艺生产	改进工艺成功			
		购买新技术成功（0.85）		自行研制成功（0.7）	
		产量不变	增加产量	产量不变	增加产量
需求低（0.2）	−80	−180	−270	−180	−270
需求中（0.5）	0	60	60	0	−80
需求高（0.3）	100	150	280	220	500

解　（1）根据给出的信息绘制决策树，如图 9—8 所示。

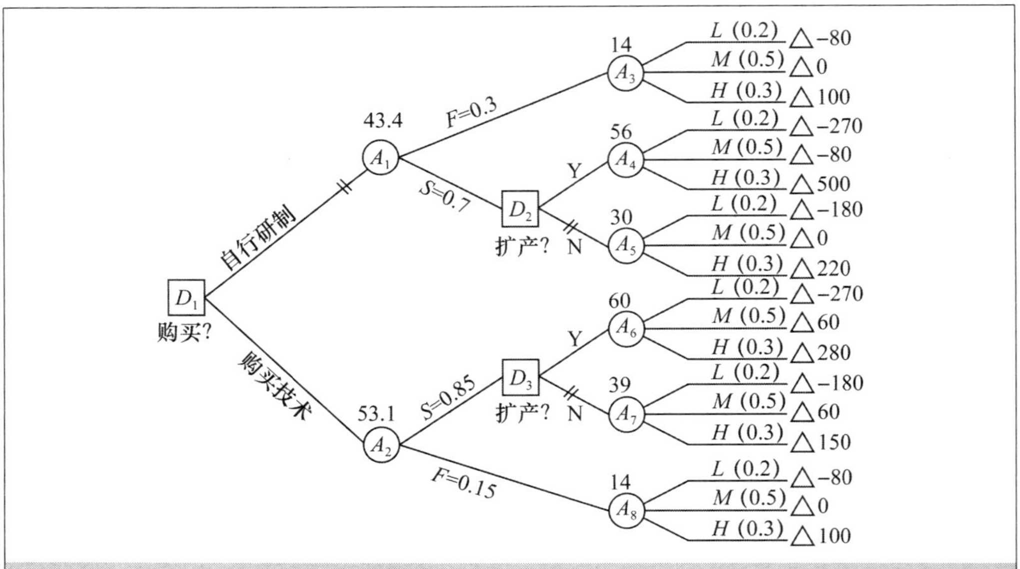

图 9—8　决策树

（2）计算期望效益值，并进行修枝：

方案节点 A_4 和 A_5 的期望效益值分别为：

$$E(A_4)=(-270)\times 0.2+(-80)\times 0.5+500\times 0.3=56(\text{万元})$$
$$E(A_5)=(-180)\times 0.2+0\times 0.5+22\times 0.3=30(\text{万元})$$

因为 $E(A_4)>E(A_5)$，所以指向 A_5 的分支被修剪掉。

方案节点 A_6 和 A_7 的期望效益值分别为：

$$E(A_6)=(-270)\times 0.2+60\times 0.5+260\times 0.3=60(\text{万元})$$
$$E(A_7)=(-180)\times 0.2+60\times 0.5+150\times 0.3=39(\text{万元})$$

因为 $E(A_6)>E(A_7)$，所以指向 A_7 的分支被修剪掉。

方案节点 A_3 和 A_8 的期望效益值均为：

$$E(A_3)=E(A_8)=(-80)\times 0.2+0\times 0.5+100\times 0.3=14(\text{万元})$$

方案节点 A_1 和 A_2 的期望效益值分别为：

$$E(A_1)=56\times 0.7+14\times 0.3=43.4(\text{万元})$$
$$E(A_2)=60\times 0.85+14\times 0.15=53.1(\text{万元})$$

因为 $E(A_2)>E(A_1)$，所以指向 A_1 的分支被修剪掉。

综合以上期望效益值计算与修枝过程可以得出，该问题的决策方案应该是：首先采用购买新技术的方案进行技术改造，当新技术改造成功后，再采用增加产量方案进行生产。

9.4.3 贝叶斯决策法

在风险决策问题中，由于自然状态的发生概率大多是根据过去的资料和经验估计的，因此有一个准确性及可靠性问题，即为了改进决策制定过程，有没有必要再作调查或试验，进一步确认各种自然状态的发生概率，从而作出决策。运用概率论中的贝叶斯定理能方便地解决这类问题，这就是贝叶斯决策法。

先验概率：根据过去经验或主观判断而形成的对各自然状态的发生概率的测算值。由此得到的概率分布为先验分布。

后验概率：通过市场调查或试验等措施补充新信息后对各自然状态的发生概率的改进值。由此得到的概率分布为后验分布。

贝叶斯公式给出了先验概率和后验概率之间的关系。

贝叶斯公式：$\theta=\{\theta_1, \theta_2, \cdots, \theta_n\}$，状态 θ_i 的先验概率 $p(\theta_i)$，获得信息 H 后所确定的后验概率为 $p(\theta_i \mid H)$，则贝叶斯公式为：

$$p(\theta_i \mid H)=\frac{p(H \mid \theta_i)p(\theta_i)}{p(H)}$$

$$p(H)=\sum_{i=1}^{n} p(H \mid \theta_i)p(\theta_i)$$

贝叶斯决策法的基本步骤包括：

（1）验前分析。这个步骤是根据历史数据以及决策者的经验和判断，估计和测算出自然状态的先验分布，然后计算各个可行方案在不同自然状态下的结果值，利用这些信息，按照一定的决策准则，对各个方案进行评价，得出最优方案。

（2）预验分析。这个步骤是权衡补充信息 H 的成本与新信息可能给企业带来的效益，若效益大于成本，则表明补充信息会给企业增加效益，因此补充是必要的；反之则是不必要的。

（3）验后分析。这个步骤是在补充信息的基础上，利用贝叶斯公式来改进先验分布，得到更加符合实际的后验分布，然后利用后验分析进行决策分析，最后选择最优方案。

以下举例说明。

例 9—9 某公司考虑生产一种新型产品。未来市场对该产品的需求有三种可能的自然状况：需求高 D_1、需求中 D_2 和需求低 D_3。根据历史资料和决策者经验得到，需求高 D_1、需求中 D_2 和需求低 D_3 的先验概率分别是 0.2，0.5 和 0.3。公司市场部对市场进行预测，得到不同市场需求下的收益，详见表 9—14。

表 9—14　　不同市场需求下的收益表

	先验概率	收益值（万元）
需求高 D_1	0.2	15
需求中 D_2	0.5	3
需求低 D_3	0.3	−6

此外，为了作出正确决策，该公司通过试销法进行市场调查，调研费用为 0.5 万元，得到在市场状态下销售状况为好 S_1、中 S_2 和差 S_3 的条件概率，详见表 9—15。

表 9—15　　有关数据

调研方案＼市场状态	需求高 D_1	需求中 D_2	需求低 D_3
销售好 S_1	0.6	0.2	0.05
销售中 S_2	0.3	0.65	0.25
销售差 S_3	0.1	0.15	0.7

试分析该公司应如何决策。

解　（1）先验分析。

先验概率为 0.2，0.5 和 0.3。

公司期望收益值为：

$$EV=15\times0.2+3\times0.5+(-6)\times0.3=2.7(\text{万元})$$

（2）预验分析。

首先，由全概率公式计算各需求状态调查结果的概率。

$p(S_i)=\sum p(D_j)p(S_i|D_j)$

$p(S_1)=0.2\times0.6+0.5\times0.2+0.3\times0.05=0.235$

$p(S_2)=0.2\times0.3+0.5\times0.65+0.3\times0.25=0.46$

$p(S_3)=0.2\times0.1+0.5\times0.15+0.3\times0.75=0.305$

其次，由贝叶斯公式计算后验概率。

$$p(D_i|S_j)=\frac{p(S_j|D_i)p(D_i)}{p(S_j)}$$

$$p(D_1|S_1)=\frac{p(S_1|D_1)p(D_1)}{p(S_1)}=\frac{0.6\times0.2}{0.235}=0.5106$$

依此类推，求得其他值，结果详见表9—16。

表9—16 **后验概率分布**

	$p(D_1 \mid S_i)$	$p(D_2 \mid S_i)$	$p(D_3 \mid S_i)$
销售好 S_1	0.510 6	0.425 5	0.063 8
销售中 S_2	0.130 4	0.706 5	0.163 0
销售差 S_3	0.065 6	0.245 9	0.688 5

再次，计算市场调查条件下的期望收益值。

$EV(S_1)=15\times0.5106+3\times0.4255+(-6)\times0.0638=8.5532$(万元)

$EV(S_2)=15\times0.1304+3\times0.7065+(-6)\times0.1630=3.0978$(万元)

$EV(S_3)=15\times0.0656+3\times0.2459+(-6)\times0.6885=-2.4098$(万元)

即当市场调查结论为销售好时，生产新产品的期望收益值是8.553 2万元；结论为“中”时，期望收益值是3.097 8万元；结论为“差”时，期望收益值是−2.409 8万元，由于收益值小于零，此时不可能投产。这样，在市场调查条件下生产该新产品的期望收益值为：

$EV(S)=8.5532\times0.235+3.0978\times0.46+0\times0.305=3.4350$(万元)

因此市场调查可使期望收益值增加0.735万元（3.435 0−2.7），高于市场调查费用0.5万元，由此说明市场调查是有必要的。决策树如图9—9所示。

最后，进行决策。基于以上信息，公司应如下决策：

(1) 进行市场调查。

(2) 若调查结论表明销售状况为“好”或“中”，则生产该产品；若销售状况为“差”，则不生产该产品。

例9—10 某汽车公司需要对某产品的生产批量进行决策。现有两种备选方案：大批量生产L和小批量生产S。未来市场对该产品的需求有两种可能的自然状况：需求高u和需求低d。根据历史资料和决策者经验得到，需求高u和需求低d的先验概率分别是0.4和0.6。公司市场部对市场进行预测，得到两个方案在不同市场需求下的收益，详见表9—17。

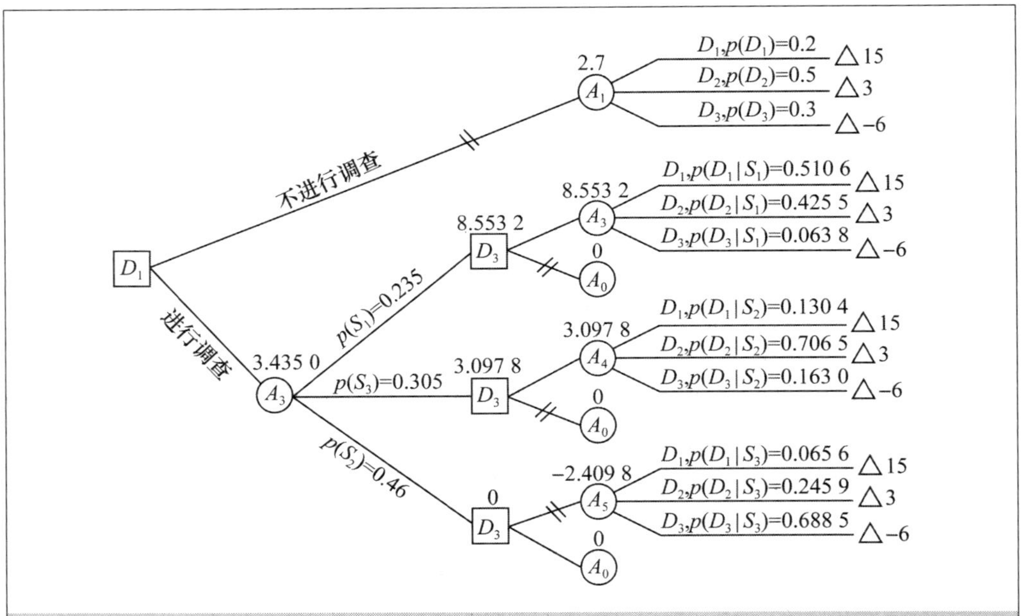

图 9—9　决策树

表 9—17　有关数据

需求状态 / 方案	需求高 u	需求低 d
大批量生产 L	12	−3
小批量生产 S	5	1

此外，为了作出正确决策，该公司通过试销法进行市场调查，调查费用为 0.5 万元，得到在市场状态下销售状况为销售好 H_1 和销售差 H_2 的条件概率，详见表 9—18。

表 9—18　有关数据

需求状态 / 销售情况	需求高 u	需求低 d
H_1	0.6	0.3
H_2	0.4	0.7

试分析该公司应如何决策。

解　(1) 先验分析。

$$p(u)=0.4$$
$$p(d)=0.6$$
$$E(L)=12\times0.4+(-3)\times0.6=3$$
$$E(S)=5\times0.4+1\times0.6=2.6$$

由于 $E(L)>E(S)$，因此基于先验分析，公司应该大批量生产。

(2) 预验分析。

首先由全概率公式计算各需求状态调查结果的概率。

$$p(H_i)=\sum p(D_j)p(S_i|D_j)$$

$$p(H_1)=0.6\times0.6+0.3\times0.4=0.48$$

$$p(H_2)=0.4\times0.6+0.7\times0.4=0.52$$

其次，由贝叶斯公式计算后验概率。

$$p(D_i|H_j)=\frac{p(H_j|D_i)p(D_i)}{p(H_j)}$$

$$p(u|H_1)=\frac{p(H_1|u)p(u)}{p(H_1)}=\frac{0.6\times0.4}{0.48}=0.5$$

类似求得其他值，结果详见表9—19。

表9—19　　后验概率分布

	需求高 u	需求中 d
销售好 H_1	0.571 4	0.428 6
销售中 H_2	0.275 9	0.724 1

再次，计算市场调查条件下的期望收益值。

$$EV(L|H_1)=12\times0.571\,4+(-3)\times0.428\,6=5.571\,4(\text{万元})$$

$$EV(S|H_1)=5\times0.571\,4+1\times0.428\,6=3.285\,7(\text{万元})$$

$$EV(L|H_2)=12\times0.275\,9+(-3)\times0.724\,1=1.137\,9(\text{万元})$$

$$EV(S|H_2)=5\times0.275\,9+1\times0.724\,1=2.103\,4(\text{万元})$$

由于 $EV(L\mid H_1)>EV(S\mid H_1)$，因此当市场调查结论为销售好时，应大规模生产，期望收益值是5.571 4万元；由于 $EV(L\mid H_2)<EV(S\mid H_2)$，因此当市场调查结论为销售差时，应小规模生产，期望收益值是2.103 4万元。这样，在市场调查条件下生产该新产品的期望收益值为：

$$EV(S)=5.571\,4\times0.48+2.103\,4\times0.52=3.56(\text{万元})$$

因此市场调查可使期望收益值增加0.56万元(3.56－3)，高于市场调查费用0.5万元，由此说明市场调查是有必要的。决策树如图9—10所示。

最后，进行决策。基于以上信息公司应如下决策：

1）进行市场调查。

2）若调查结论表明销售状况为“好”，则应大批量生产；若销售状况为“差”，则应小批量生产。

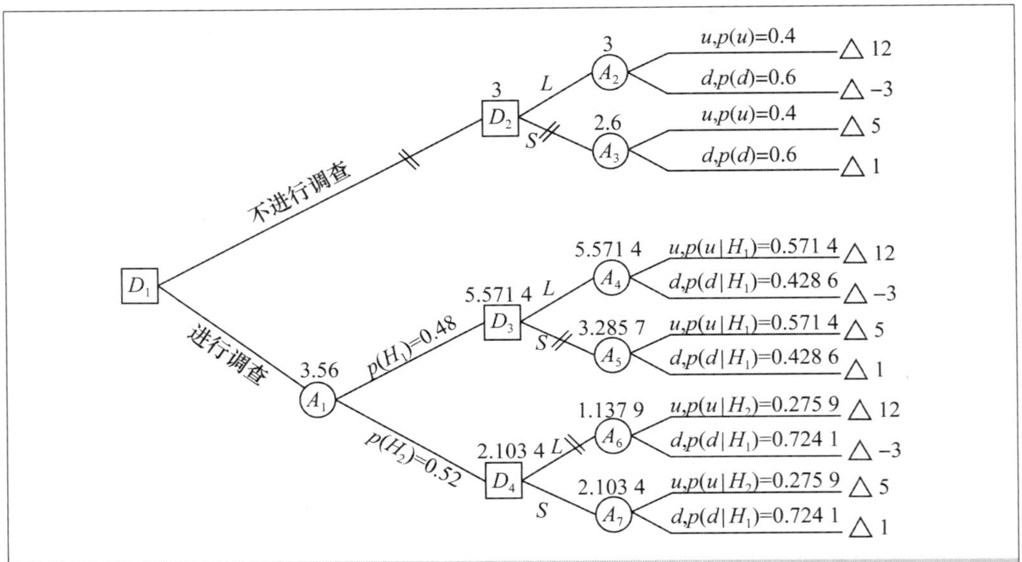

图 9—10 决策树

9.4.4 灵敏度分析

对于风险型决策问题，其各个方案的期望收益值是在对自然状态发生概率的预测的基础上求得的。由于状态概率的预测会受到许多不可控因素的影响，因而基于状态概率预测结果的期望收益值也不可能同实际完全一致，会产生一定的误差。所以，当使用决策树（含决策矩阵法）求出最优决策后，需要进行灵敏度分析。所谓灵敏度分析就是分析数据在什么范围内变化，原最优决策方案仍然有效。这里主要分析自然状态发生概率的变化对最优决策的影响。

下面举例说明。

例 9—11 某汽车公司需要对某品牌轿车的生产批量进行决策。现有两种备选方案：大批量生产 L 和小批量生产 S。未来市场对该品牌轿车的需求有两种可能的自然状况：需求高 u 和需求低 d。详见表 9—20。

表 9—20 有关数据

需求状态 / 方案	需求高 u	需求低 d
大批量生产 L	4 500	1 000
小批量生产 S	2 400	1 600

解 假定未来市场对该品牌轿车需求高的概率为 p。

首先，计算各种方案的预期收益。

$$E(L)=4\ 500p+1\ 000(1-p)=1\ 000+3\ 500p$$
$$E(S)=2\ 400p+1\ 600(1-p)=1\ 600+8\ 00p$$

令 $E(L)=E(S)$，有

$$1\ 000+3\ 500p=1\ 600+800p$$

得到 $p=0.222\ 2$。记此特定解为 p'。

因此，当 $p'>p$ 时，$E(L)>E(S)$，意味着需求高的概率处于这个范围内时，公司的最优决策为大批量生产；而当 $p'<p$ 时，$E(L)<E(S)$，意味着需求高的概率处于这个范围内时，公司的最优决策为小批量生产。一般称 p'为转折概率。

在实际中，如果状态概率、收益值等在其可能发生变化的范围内变化时，最优方案不变，则该方案是稳定的；反之，如果这些参数发生较小变化就导致最优方案发生变化，则这个方案是不稳定的，需要进一步分析。

9.4.5 情报的价值

对完全不确定型决策问题，获得了有关情报资料后就易于把问题转化为风险型决策问题。而对于风险型决策问题，获得的情报（信息）越多，对自然状态发生概率的估计就越准确，作出的决策就越合理。但为了获得情报，就要进行调查、试验等工作，这需要支付一定费用，称为情报的成本。因此，为了权衡得失，有必要估算情报本身的价值，即情报给企业的收益带来的增加值，只有当情报的价值大于情报的成本时，情报的获取才是必要的，反之，则没有必要。

在例9—9中，如果不进行市场调查，那么公司预期的收益值为2.7万元；如果进行市场调查，那么公司预期的收益值为3.435万元。因此，情报给公司的收益带来的增加值为0.735万元，即情报的价值为0.735万元。在此实例中情报的成本为0.5万元，小于情报的价值，因此情报的获取是必要的。

在例9—10中，如果不进行市场调查，那么公司预期的收益值为3万元；如果进行市场调查，那么公司预期的收益值为3.56万元。因此，情报给公司的收益带来的增加值为0.56万元，即情报的价值为0.56万元。在此例中情报的成本为0.5万元，小于情报的价值，因此情报的获取是必要的。

习 题

1. 已知某公司今年计划投资100百万元，现有A，B两种投资方案，公司决策部门通过分析估计得到2011—2015年的净利润，详见表9—21。试利用净现值方法来决策公司应选择方案。

表9—21　　2011—2015年的净利润

年份	净利润（百万元）	
	方案A	方案B
2011	25	45
2012	20	45
2013	35	35
2014	40	30
2015	45	25

2. 已知某钢铁公司生产三种钢铁产品：产品Ⅰ、产品Ⅱ和产品Ⅲ。这三种产品由 A，B，C 三种材料混合而成。产品的规格要求、日销售量、材料价格详见表 9—22 和表 9—23。

表 9—22

产品名称	规格要求	销售量（吨）	售价（万元）
产品Ⅰ	材料 A 不少于 50% 材料 B 不超过 20%	5	9
产品Ⅱ	材料 A 不少于 30% 材料 C 不超过 30%	18	7
产品Ⅲ	材料 C 不少于 50%	10	8

表 9—23

材料名称	材料价格（万元/吨）
材料 A	5.5
材料 B	4
材料 C	5

受资金和产品能力的限制，每天只能生产 30 吨，试问该公司如何安排生产计划才能获得最大利润？

3. 已知四种自然状态下公司的三种备选行动方案的收益，详见表 9—24。

表 9—24

状态 / 收益 / 方案	自然状态 1	自然状态 2	自然状态 3	自然状态 4
行动方案 1	15	8	0	−6
行动方案 2	4	14	8	3
行动方案 3	1	4	10	12

假定不知道各种自然状态出现的概率。请分别使用以下方法来确定最优行动方案。

（1）等可能性法；

（2）保守法；

（3）冒险法；

（4）乐观系数法（取 $\alpha=0.6$）；

（5）最小最大后悔值法。

4. 为了适应市场的需要，某地提出了扩大电视机生产的两个方案：一个方案是建设大工厂；第二个方案是建设小工厂。建设大工厂需要投资 600 万元，可使用 10 年。建设小工厂投资 280 万元，如销路好，3 年后扩建，扩建需要投资 400 万元，可使用 7 年，每年盈利 190 万元。试用决策树法选出合理的决策方案。

5. 某企业进行产品决策，有三种方案：（1）投资 200 万元购买专利；（2）投资 150 万元自行研制；（3）投资 100 万元改造老产品。三种方案产品十年的市场需求情况与收益见表 9—25。试用决策树法进行方案决策。

表 9—25

	高需求		中需求		低需求	
	概率	收益（万元）	概率	收益（万元）	概率	收益（万元）
购买专利	0.5	80	0.3	35	0.2	—15
自行研制	0.4	60	0.4	40	0.2	—10
改造老产品	0.2	50	0.5	30	0.3	10

常用决策方法及应用 第10章

10.1 主成分分析法

10.1.1 主成分分析法的基本原理

主成分分析法（principal components analysis，PCA），有时也称主分量分析，是利用降低维数的思想将多指标转化为少数几个综合指标的一种方法。在实证问题研究中，为了全面、系统地分析问题，通常需要考虑众多影响因素。这些涉及的因素一般称为指标，在多元统计分析中也称为变量。因为每个变量都在不同程度上反映了所研究问题的某些信息，并且指标之间彼此有一定的相关性，因而所得的统计数据反映的信息在一定程度上有重叠。在决策分析中，变量太多不仅会增加计算量，而且会使问题的分析变得复杂，因此人们在进行定量分析时，总是希望涉及的变量较少，得到的信息量较多。主成分分析正是适应这一要求产生的，是解决这类问题的理想工具。

主成分分析法是一种数学变换方法，它把给定的一组相关变量通过线性变换转成另一组不相关的变量，这些新的变量按照方差依次递减的顺序排列。在数学变换中保持变量的总方差不变，使第一变量具有最大的方差，称为第一主成分，第二变量的方差次大，并且和第一变量不相关，称为第二主成分。依此类推，n 个变量就有 n 个主成分。

1. 主成分分析的基本原理

主成分分析是把原来多个变量转化为少数几个综合指标的一种分析方法，是一种降维处理技术。

记原来的变量指标为 X_1，X_2，…，X_n，它们的综合指标——新变量指标为 Z_1，Z_2，…，Z_m（$m\leqslant n$），则 Z_1，Z_2，…，Z_m 分别称为原变量指标 X_1，X_2，…，X_n 的第一主成分，第二主成分，…，第 m 主成分，在实际问题的分析中，通常按照一定准则选择前几个最大的主成分。

记

$$X=(X_1,X_2,\cdots,X_n)^{\mathrm{T}}$$

$$Z=(Z_1,Z_2,\cdots,Z_m)^{\mathrm{T}}$$

$$L_j=(l_{1j},l_{2j},\cdots,l_{nj})^{\mathrm{T}},\qquad j=1,\ 2,\ \cdots,\ m$$

$$\begin{cases} Z_1 = L_1^{\mathrm{T}}\sum\limits_{i=1}^{n} l_{i1}X_i \\ Z_2 = L_2^{\mathrm{T}}\sum\limits_{i=1}^{n} l_{i2}X_i \\ \cdots\cdots \\ Z_m = L_m^{\mathrm{T}}\sum\limits_{i=1}^{n} l_{im}X_i \end{cases}$$

系数 l_{ij} 的确定原则是：

（1）Z_i与 Z_j（$i\neq j$；i，$j=1$，2，⋯，n）相互无关。

（2）Z_1是 X_1，X_2，⋯，X_n的一切线性组合中方差最大者，Z_2是与 Z_1不相关的 X_1，X_2，⋯，X_n的所有线性组合中方差最大者；Z_n是与 Z_1，Z_2，⋯，Z_{m-1}都不相关的 X_1，X_2，⋯，X_n的所有线性组合中方差最大者。

定理　设 $X=(X_1，X_2，\cdots，X_n)$ 为 n 维随机变量，$E(X)=0$，即 $E(X_i)=0$（$i=1$，2，⋯，n）。

X 的协方差矩阵 Cov(X，X) 如下：

$$\mathrm{Cov}(X,X)=\begin{pmatrix} \mathrm{Cov}(X_1,X_1) & \mathrm{Cov}(X_1,X_2) & \cdots & \mathrm{Cov}(X_1,X_n) \\ \mathrm{Cov}(X_2,X_1) & \mathrm{Cov}(X_2,X_2) & \cdots & \mathrm{Cov}(X_2,X_n) \\ \vdots & \vdots & & \vdots \\ \mathrm{Cov}(X_n,X_1) & \mathrm{Cov}(X_n,X_2) & \cdots & \mathrm{Cov}(X_n,X_n) \end{pmatrix}$$

若 Cov(X，X) 的 n 个特征值为：

$$\lambda_1\geqslant\lambda_2\geqslant\cdots\geqslant\lambda_n\geqslant 0$$

则 X 的第 i 主成分 Z_i的系数向量 L_i是特征值 λ_i所对应的单位特征向量，$i=1$，2，⋯，m。

从定理可知，X 的主成分的系数向量就是协方差矩阵的单位特征向量，并按照特征值从大到小依次排列。

2. 样本主成分

已知随机变量 $X=(X_1，X_2，\cdots，X_n)$ 的 m 个样本数据，用矩阵表示为：

$$\begin{pmatrix} x_{11} & x_{12} & \cdots & x_{1n} \\ x_{21} & x_{22} & \cdots & x_{2n} \\ \vdots & \vdots & & \vdots \\ x_{m1} & x_{m2} & \cdots & x_{mn} \end{pmatrix}$$

记

$$\bar{x}_i = \frac{1}{m}\sum_{k=1}^{m} x_{ki}$$

$$s_{ij} = \frac{1}{m-1}\sum_{k=1}^{m}(x_{ki}-\bar{x}_i)(x_{kj}-\bar{x}_j)$$

$$r_{ij} = \frac{s_{ij}}{\sqrt{s_{ii}}\sqrt{s_{jj}}}, \qquad i,\ j=1,\ 2,\ \cdots,\ n$$

$$R = \begin{pmatrix} r_{11} & r_{12} & \cdots & r_{1n} \\ r_{21} & r_{22} & \cdots & r_{2n} \\ \vdots & \vdots & & \vdots \\ r_{n1} & x_{n2} & \cdots & r_{mn} \end{pmatrix}$$

称 R 为样本相关矩阵。可以证明，R 是总体相关矩阵的无偏估计。

对于样本相关矩阵 R 同样可求得其特征值及特征向量：

$$\lambda_1 \geqslant \lambda_2 \geqslant \cdots \geqslant \lambda_n \geqslant 0$$
$$L_1, L_2, \cdots, L_n$$

这样建立 n 个线性组合

$$Z_i = L^{\mathrm{T}}{}_i X, \qquad i=1,\ 2,\ \cdots,\ n$$
$$Z = (Z_1,\ Z_2,\ \cdots,\ Z_m)^{\mathrm{T}}$$

称 Z 为样本主成分向量，Z_i 为第 i 主成分。

3. 主成分分析的计算步骤

（1）样本数据标准化。设样本数据为 $X=(x_{ij})_{m\times n}$，标准化数据为 $Y=(y_{ij})_{m\times n}$。

$$X = \begin{pmatrix} x_{11} & x_{12} & \cdots & x_{1n} \\ x_{21} & x_{22} & \cdots & x_{2n} \\ \vdots & \vdots & & \vdots \\ x_{m1} & x_{m2} & \cdots & x_{mn} \end{pmatrix}, \quad Y = \begin{pmatrix} y_{11} & y_{12} & \cdots & y_{1n} \\ y_{21} & y_{22} & \cdots & y_{2n} \\ \vdots & \vdots & & \vdots \\ y_{m1} & y_{m2} & \cdots & y_{mn} \end{pmatrix}$$

标准化公式为：

$$y_{ij} = \frac{x_{ij}-\bar{x}_j}{s_j}, \qquad i=1,\ 2,\ \cdots,\ m;\ j=1,\ 2,\ \cdots,\ n$$

$$\bar{x}_j = \frac{1}{m}\sum_{k=1}^{m} x_{kj}$$

$$s_j = \sqrt{\frac{1}{m-1}\sum_{k=1}^{m}(x_{kj}-\bar{x}_j)^2}$$

（2）计算相关系数矩阵。设样本数据为 $R=(r_{ij})_{n\times n}$，相关系数为：

$$r_{ij} = \frac{1}{m-1}\sum_{k=1}^{m} y_{ki} y_{kj}$$

（3）计算特征值与特征向量。解特征方程 $|R-\lambda I|=0$，利用雅可比法

(Jacobi) 求出 n 个特征值，并使其按大小顺序排列，即 $\lambda_1 \geqslant \lambda_2 \geqslant \cdots \geqslant \lambda_n \geqslant 0$。

求解齐次线性方程 $(R-\lambda I)L=0$，分别求出每个特征值 λ_j（$j=1, 2, \cdots, n$）的特征向量 L_j：

$$L_j = (l_{1j}, l_{2j}, \cdots, l_{nj})^{\mathrm{T}}$$

（4）计算主成分贡献率及累计贡献率。主成分 Z_i 的贡献率为：

$$b_i = \frac{\lambda_i}{\sum_{j=1}^{n} \lambda_j}$$

累计贡献率为：

$$\sum b_i = \frac{\sum_{i=1}^{K} \lambda_i}{\sum_{j=1}^{n} \lambda_k}$$

（5）提取主成分。一般取累计贡献率达 85%～95% 的特征值所对应的第一主成分，第二主成分，…，第 K（$K \leqslant n$）主成分。

$$Z_j = \sum_{t=1}^{n} l_{tj} Y_t$$

$$Z_j = (z_{1j}, z_{2j}, \cdots, z_{mj})^{\mathrm{T}}$$

$$Y_t = (y_{1t}, y_{2t}, \cdots, y_{mt})^{\mathrm{T}}$$

$$z_{ij} = \sum_{t=1}^{n} l_{tj} y_{it}$$

（6）分析主成分的经济意义，用主成分进行综合评价。综合评价可根据具体情况选择第一主成分，也可以选择 K 的主成分的加权平均值，即综合评价值为：

$$Z = \sum_{j=1}^{K} b_j Z_j$$

10.1.2　主成分分析法的应用

以下将利用主成分分析法对几个教育类出版社的职工人数结构与定价总额之间的关系情况进行分析，以分析职工数、高级技术人员数、中级职称人员数和定价总额这些指标对出版社综合实力的影响。所有数据来源于 2002 年《中国出版年鉴》以及相关出版社网站主页。这里用 A，B，C，D 和 E 分别代表 5 个出版社的名称。数据详见表 10—1。

表 10—1　　**投入产出原始数据**

出版社	职工数	高级技术人员数	中级职称人员数	定价总额（万元）
A	108	38	37	12 333

续前表

出版社	职工数	高级技术人员数	中级职称人员数	定价总额（万元）
B	165	32	30	26 021
C	154	30	46	21 227
D	41	25	7	13 446
E	30	14	12	5 286

资料来源：定价总额源于 2002 年《中国出版年鉴》，职工数、高级技术人员数及中级职称人员数源于相应出版社的网站主页公布的数据。

第一，对表 10—1 中的数据进行归一化处理，处理结果详见表 10—2。（可适用宏函数 mainmethod(　)，详见附录。）

归一化处理公式为：

$$y_{ij}=\frac{x_{ij}-\overline{x}_j}{s_j}$$

表 10—2　　归一化结果

0.134 6	1.131 9	0.641 2	−0.411 5
1.047 7	0.466 1	0.217 8	1.280 1
0.871 5	0.244 1	1.185 6	0.687 6
−0.938 8	−0.310 7	−1.173 5	−0.273 9
−1.115 0	−1.531 4	−0.871 0	−1.282 3

第二，利用表 10—2 中数据计算相关系数，计算得到的相关系数详见表 10—3。

相关系数计算公式为：

$$r_{ij}=\frac{1}{m-1}\sum_{k=1}^{m}y_{ki}y_{kj}$$

表 10—3　　相关系数

1.000 0	0.713 2	0.855 2	0.893 0
0.713 2	1.000 0	0.703 8	0.586 9
0.855 2	0.703 8	1.000 0	0.567 1
0.893 0	0.586 9	0.567 1	1.000 0

第三，计算表 10—3 对应相关系数的特征值及特征向量，结果详见表 10—4。（可使用宏函数 jcbi(　)，详见附录。）

表 10—4　　特征值及特征向量

特征值	特征向量
$\lambda_1=3.170\,2$	(0.548 3，0.471 1，0.494 8，0.482 3)
$\lambda_2=0.493\,0$	(−0.213 9，0.516 9，0.433 5，−0.706 5)
$\lambda_3=0.322\,6$	(−0.222 4，0.714 6，−0.631 5，0.202 6)
$\lambda_4=0.014\,2$	(−0.777 3，−0.014 4，0.410 4，0.476 6)

第四，计算各主成分的贡献率。计算公式如下：

$$\sum b_i = \frac{\sum_{i=1}^{K} \lambda_i}{\sum_{j=1}^{n} \lambda_k}$$

计算结果详见表 10—5。

表 10—5　　各主成分贡献率

主成分	贡献率
Z_1	$b_1 = 0.792\ 6$
Z_2	$b_2 = 0.123\ 2$
Z_3	$b_3 = 0.080\ 6$
Z_4	$b_4 = 0.003\ 5$

第五，按照累计贡献率准则提取主成分。

$0.792\ 6 + 0.123\ 2 > 85\%$，即第一主成分和第二主成分的贡献率之和大于临界点，因此按照此原则提取两个主成分 Z_1 和 Z_2。

$$Z_1 = 0.548\ 3Y_1 + 0.471\ 1Y_2 + 0.494\ 8Y_3 + 0.482\ 3Y_4$$
$$Z_2 = -0.213\ 9Y_1 + 0.516\ 9Y_2 + 0.433\ 5Y_3 - 0.706\ 5Y_4$$

第六，利用主成分进行综合评价。

综合评价公式为：

$$Z = b_1 Z_1 + b_2 Z_3$$

计算结果详见表 10—6。

表 10—6　　Z 值及排序

出版社	Z_1 值	Z_2 值	Z 值	排序
A	0.725 9	1.124 9	0.713 9	3
B	1.519 1	−0.793 2	1.106 3	2
C	1.511 2	−0.032 0	1.193 7	1
D	−1.373 9	−0.275 0	−1.122 8	4
E	−2.382 3	−0.024 7	−1.891 1	5

在第一主成分 Z_1 中 Y_1 为 0.548 3，大于 Y_2，Y_3 和 Y_4 的权重，因此在综合评价中分量最重。这些和当前现实比较吻合，目前出版社在转制前为国有事业单位，出版社的实力极大程度上由职工数决定，因此从表 10—6 排序来看，职工数多的出版社排在前面。Y_2，Y_3 和 Y_4 的权重略低于 0.5，说明这些指标在综合评价中影响也加大。

在第二主成分 Z_2 中 Y_2 为 0.516 9 最大，其次是 Y_3 的权重（0.433 5），Y_1 和 Y_4 的权重较小，甚至为负数。Y_2 和 Y_3 分别对应高级技术人员数和中级职称人员数，因此可认为该指标反映了知识经济时代的核心竞争力，即随着出版社逐步企业化，出版社之间的竞争更多地表现为人才的竞争，尤其是高级人才的竞争，这是知识经济时代的竞争规律。这点也可解释为什么出版社 C 的职工数尽管低于出版社 B，但由于其高级技术人员数和中级职称人员数相对较高，因此排名位于第一。

10.2 层次分析法

10.2.1 层次分析法的基本原理

层次分析法（AHP）是20世纪70年代初期由美国著名运筹学家萨蒂首次提出来的。该方法是定量和定性相结合的多目标决策方法，能有效地分析目标准则体系层次间的非序列关系，有效地综合决策者的判断和比较。由于系统简洁、实用，在社会、经济、管理等领域得到广泛应用。

应用层次分析法进行决策，首先必须对待决策项目进行调查分析，将目标准则体系所包含的因素划分为不同层次，即构建递阶层次结构模型。构建递阶层次结构模型时应该突出重点，抓住关键因素，每一层次元素不宜太多。其次按照递阶层次结构模型，从上到下逐层构造判断矩阵。判断矩阵是根据特定的标度法则（如1～9标度法则等）进行两两比较后得到的相对值。然后，求解判断矩阵的最大特征值和对应的特征向量，经归一化处理，得到层次单排序权重向量，并进行一致性检验，对不合格的要进行修正，直到符合满意的一致性标准。最后进行层次总排序及其一致性检验。以下具体说明计算步骤。

（1）构建递阶层次结构模型。图10—1是某公司决策者对利润分配方案进行调查分析得到的递阶层次结构模型。

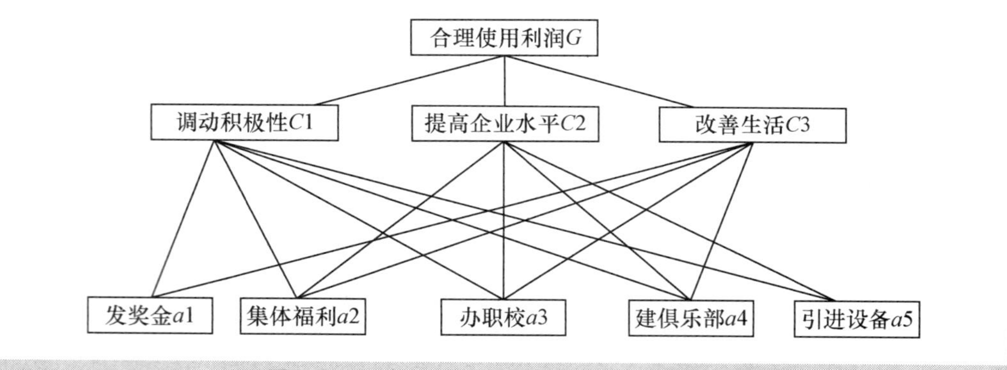

图10—1 企业利润分配决策的层次结构模型

（2）构造判断矩阵。假定经过两两比较后得到的判断矩阵如表10—7、表10—8、表10—9和表10—10所示。

表10—7 判断矩阵 *GC*

G	*C*1	*C*2	*C*3
*C*1	1	1/5	1/3
*C*2	5	1	3
*C*3	3	1/3	1

表 10—8　　判断矩阵 C1a

C1	a1	a2	a3	a4	a5
a1	1	2	3	4	7
a2	1/2	1	3	2	5
a3	1/3	1/3	1	1/2	2
a4	1/4	1/2	2	1	3
a5	1/7	1/5	1/2	1/3	1

表 10—9　　判断矩阵 C2a

C2	a2	a3	a4	a5
a2	1	1/7	1/3	1/5
a3	7	1	5	3
a4	3	1/5	1	1/3
a5	5	1/3	3	1

表 10—10　　判断矩阵 C3a

C3	a1	a2	a3	a4
a1	1	1	3	3
a2	1	1	3	3
a3	1/3	1/3	1	1
a4	1/3	1/3	1	1

（3）求解判断矩阵的最大特征值和对应的特征向量及一致性检验。假定某判断矩阵 $A=(a_{ij})_{m\times m}$，以下求解最大特征值和对应的特征向量。

1）计算 A 的每一行元素之积：

$$M_i=\prod_{j=1}^{m}a_{ij},\quad i=1,\ 2,\ \cdots,\ m$$

2）计算 M_i 的 m 次方根：

$$\alpha_i=m\sqrt{M_i},\quad i=1,\ 2,\ \cdots,\ m$$

3）对向量 $\alpha=(\alpha_1,\ \alpha_2,\ \cdots,\ \alpha_m)$ 进行归一化处理，令 $\omega_i=\alpha_i/\sum_{k=1}^{m}\alpha_k(i=1,\ 2,\ \cdots,\ m)$，得到最大特征值和对应的特征向量 $W=(\omega_1,\ \omega_2,\ \cdots,\ \omega_m)^{\mathrm{T}}$。

4）求 A 的最大特征值 $\lambda_{\max}$。

由于 $AW=\lambda_{\max}W$，则 $\lambda_{\max}=(AW)_i/\omega_i$（$i=1,\ 2,\ \cdots,\ m$）。

一致性检验的指标为：

$$C.I=\frac{\lambda_{\max}-m}{m-1}$$

$C.I$ 越大，偏离一致性越大；反之，偏离一致性越小。另外，判断矩阵的阶数 m 越大，判断的主观因素造成的偏差越大，偏离一致性也就越大；反之，偏离一致性越小。当 $m\leqslant 2$ 时，$C.I=0$，判断矩阵具有完全一致性。因此，必须引入平均随

机一致性指标 $R.I$。其值随 m 变化如表 10—11 所示。

表 10—11　　阶数 m 与 $R.I$ 的对照表

阶数 m	$R.I$	阶数 m	$R.I$	阶数 m	$R.I$
1	0	6	1.26	11	1.52
2	0	7	1.36	12	1.54
3	0.52	8	1.41	13	1.56
4	0.89	9	1.46	14	1.58
5	1.12	10	1.49	15	1.59

一致性指标 $C.I$ 与对应的 $R.I$ 的比值，称为一致性比率 $C.R$。这样可以用一致性比率 $C.R$ 检验判断矩阵的一致性。当 $C.R$ 越小，判断矩阵的一致性越好。一般认为，判断矩阵的一致性小于等于 0.1 时，判断矩阵符合满意的一致性标准，层次单排序的结果是可以接受的。否则需要修正判断矩阵，直到检验通过。

（4）层次总排序及其一致性检验。设在递阶层次结构模型相邻的两层次中，层次 A 包含 m 个元素 A_i，层次 B 包含 n 个元素 B_i，上一层元素总排序权重分别为 ω_{A1}，ω_{A2}，…，ω_{Am}，下一层元素关于上一层元素 A_j 的层次单排序权重向量为 $(b_{1j}$，b_{2j}，…，$b_{nj})^{\mathrm{T}}$。层次 B 的总排序权重公式如下：

$$\omega_{Bi}=\sum_{j=1}^{m}\omega_{Aj}b_{ij}$$

层次总排序的一致性检验也是从上到下逐层进行的。设层次 B 关于层次 A 的元素 A_j 单排序检验一致性指标为 $C.I_{BAj}$，平均随机一致性指标 $R.I_{BAj}$，则层次总排序的一致性指标为，平均随机一致性指标和一致性比率分别为：

$$C.I=\sum_{j=1}^{m}\omega_{Aj}C.I_{BAj}$$

$$R.I=\sum_{j=1}^{m}\omega_{Aj}R.I_{BAj}$$

$$C.R=\frac{C.I}{R.I}$$

10.2.2 层次分析方法的应用

1. 教材出版质量评价的意义及作用

教材是体现教学内容与教学方法的知识载体，是从事教学活动的基本工具，也是深化教育教学改革，全面推进素质教育，实现教学内容、课程体系以及教学方法和教学手段现代化的重要保证。教材质量是教材的生命。教育部关于印发《关于“十五”期间普通高等教育教材建设与改革的意见》的通知中明确指出，“要开展高等教育教材评介、选优质量体系与实施办法的研究，建立科学适用的教材质量评价体系”。《图书质量管理规定》（1997）、《图书编辑工作基本规程》（1998）和《图书质量保障体系》(1997)等都明文规定，教材出版机构要成立图书质量评审委员会定期对单位新出版的图书的质量进行认真的审读、评议，根据评审结果，奖优罚劣。

教材出版质量的评价，不仅有助于继承和弘扬传统优秀教材的优点和特色，总结出版经验和教训，发现高水平的作者，防止低水平的重复浪费，使有限的出版资源得到更有效的利用，而且有助于出版人员开拓思维，增强创新意识、竞争意识，充分发挥积极性、主动性、创造性，全面提高教材出版质量，促进优秀教材的出版。

2. 教材出版质量评价指标

教材出版质量评价就是针对教材出版的特点，从选题、组稿、审稿、编辑加工、校对、装帧设计、印刷装订、发行等各个环节对教材出版质量进行严格评审，借助科学、合理的教材出版质量评价指标和方法，全面、系统地评价教材的出版质量。

因此，教材出版质量应该从选题及组稿质量、审稿及加工质量、校对质量、装帧设计质量、印刷装订质量、发行质量这 6 大指标进行综合评价。而这 6 大指标又分别可以从不同的角度进行测度，例如选题及组稿质量可以从价值、作者水平、适用范围、风格特色、生命力和效益这 6 个方面进行测度。图 10—2 给出了教材出版质量评价指标体系。

教材出版质量 X																					
选题及组稿质量 X_1						审稿及加工质量 X_2			校对质量 X_3				装帧设计质量 X_4				印刷装订质量 X_5		发行质量 X_6		
价值 X_{11}	作者水平 X_{12}	适用范围 X_{13}	风格特色 X_{14}	生命力 X_{15}	效益 X_{16}	内容加工质量 X_{21}	文字加工质量 X_{22}	技术加工质量 X_{23}	内容校对质量 X_{31}	文字校对质量 X_{32}	符号校对质量 X_{33}	格式校对质量 X_{34}	整体设计质量 X_{41}	封面及扉页设计质量 X_{42}	版式设计质量 X_{43}	插图设计质量 X_{44}	印刷质量 X_{51}	装订质量 X_{52}	销售质量 X_{61}	回款质量 X_{62}	服务质量 X_{63}

图 10—2　教材出版质量评价指标体系

3. 层次分析方法在教材出版质量评价中的应用举例

以下具体说明应用层次分析方法对三本教材（教材 A、教材 B 和教材 C）进行评价。具体步骤如下：

(1) 首先构造递阶层次结构模型。通过分析教材出版质量评价指标体系得到递阶层次结构模型，如图 10—2 所示。

(2) 构造判断矩阵并进行一致性检验。以总指标 X 为准则，构造判断矩阵，如表 10—12 所示。

表 10—12　　判断矩阵

X	X_1	X_2	X_3	X_4	X_5	X_6
X_1	1	2	3	7	5	8
X_2	1/2	1	3	7	5	9
X_3	1/3	1/3	1	5	3	6
X_4	1/7	1/7	1/5	1	1/2	3
X_5	1/5	1/5	1/3	2	1	4
X_6	1/8	1/9	1/6	1/3	1/4	1

利用 Matlab 计算得到判断矩阵对应的最大特征值为 6.282，特征向量为 (0.38，0.308，0.162，0.047，0.076，0.027)，对应的一致性检验参数 $C.R=0.056<0.1$，一致性检验通过。

其他准则（如 X_{11} 等）下的判断矩阵以及相应的最大特征值、特征向量以及一致性指标值如表 10—13 所示。

表 10—13　　不同准则下对应的计算结果

准则	判断矩阵	$C.I$	$R.I$	$C.I$	最大特征值	特征向量
X	[1，2，3，7，5，8；1/2，1，3，7，5，9；1/3，1/3，1，5，3，6；1/7，1/7，1/5，1，1/2，3；1/5，1/5，1/3，2，1，4；1/8，1/9，1/6，1/3，1/4，1；]	0.056	1.26	0.045	6.282	(0.380，0.308，0.162，0.047，0.076，0.027)
X_1	[1，2，5，3，5，4；1/2，1，4，3，4，3；1/5，1/4，1，1/3，1，1/2；1/3，1/3，3，1，3，2；1/5，1/4，1，1/3，1，1/2；1/4，1/3，2，1/2，2，1；]	0.026	1.26	0.021	6.131	(0.377，0.265，0.058，0.146，0.058，0.096)
X_2	[1，6，9；1/6，1，3；1/9，1/3，1；]	0.027	0.52	0.052	3.054	(0.770，0.162，0.068)
X_3	[1，2，8，7；1/2，1，6，8；1/8，1/6，1，1；1/7，1/8，1，1；]	0.02	0.89	0.022	4.06	(0.524，0.356，0.061，0.059)
X_4	[1，1，3，9；1，1，3，9；1/3，1/3，1，9；1/9，1/9，1/9，1；]	0.051	0.89	0.057	4.153	(0.396，0.396，0.174，0.033)
X_5	[1，4；1/4，1；]	0	0	0	2	(0.800，0.200)
X_6	[1，3，5；1/3，1，4；1/5，1/4，1；]	0.043	0.52	0.082	3.086	(0.627，0.280，0.094)
X_{11}	[1，1，3；1，1，2；1/3，1/2，1；]	0.009	0.52	0.018	3.018	(0.443，0.387，0.169)
X_{12}	[1，1/2，3；2，1，4；1/3，1/4，1；]	0.009	0.52	0.018	3.018	(0.320，0.558，0.122)
X_{13}	[1，1，3；1，1，2；1/3，1/2，1；]	0.009	0.52	0.018	3.018	(0.443，0.387，0.169)
X_{14}	[1，1/2，1/3；2，1，1/2；3，2，1；]	0.005	0.52	0.009	3.009	(0.163，0.297，0.540)
X_{15}	[1，2，4；1/2，1，3；1/4，1/3，1；]	0.009	0.52	0.018	3.018	(0.558，0.320，0.122)
X_{16}	[1，1，3；1，1，2；1/3，1/2，1；]	0.009	0.52	0.018	3.018	(0.443，0.387，0.169)
X_{21}	[1，1/2，3；2，1，4；1/3，1/4，1；]	0.009	0.52	0.018	3.018	(0.320，0.558，0.122)
X_{22}	[1，1，3；1，1，2；1/3，1/2，1；]	0.009	0.52	0.018	3.018	(0.443，0.387，0.169)
X_{23}	[1，1/5，1/3；5，1，2；3，1/2，1；]	0.002	0.52	0.004	3.004	(0.109，0.582，0.309)

续前表

准则	判断矩阵	C. I	R. I	C. I	最大特征值	特征向量
X_{31}	[1，1/2，2；2，1，3；1/2，1/3，1;]	0.005	0.52	0.009	3.009	(0.297，0.540，0.163)
X_{32}	[1，1/2，2；2，1，3；1/2，1/3，1;]	0.005	0.52	0.009	3.009	(0.297，0.540，0.163)
X_{33}	[1，1/5，1/3；5，1，2；3，1/2，1;]	0.002	0.52	0.004	3.004	(0.109，0.582，0.309)
X_{34}	[1，1，3；1，1，2；1/3，1/2，1;]	0.009	0.52	0.018	3.018	(0.443，0.387，0.169)
X_{41}	[1，1/2，1；2，1，3；1，1/3，1;]	0.009	0.52	0.018	3.018	(0.240，0.550，0.210)
X_{42}	[1，1/2，3；2，1，6；1/3，1/6，1;]	0	0.52	0	3	(0.300，0.600，0.100)
X_{43}	[1，2，1/2；1/2，1，1/3；2，3，1;]	0.005	0.52	0.009	3.009	(0.297，0.163，0.540)
X_{44}	[1，1/5，1/3；5，1，2；3，1/2，1;]	0.002	0.52	0.004	3.004	(0.109，0.582，0.309)
X_{51}	[1，1，3；1，1，2；1/3，1/2，1;]	0.009	0.52	0.018	3.018	(0.443，0.387，0.169)
X_{52}	[1，2，4；1/2，1，3；1/4，1/3，1;]	0.009	0.52	0.018	3.018	(0.558，0.320，0.122)
X_{61}	[1，1，3；1，1，2；1/3，1/2，1;]	0.009	0.52	0.018	3.018	(0.443，0.387，0.169)
X_{62}	[1，1/2，3；2，1，4；1/3，1/4，1;]	0.009	0.52	0.018	3.018	(0.320，0.558，0.122)
X_{63}	[1，1，3；1，1，2；1/3，1/2，1;]	0.009	0.52	0.018	3.018	(0.443，0.387，0.169)

（1）表 10—13 中的判断矩阵采用 Matlab 的表示方式，例如 [1，1，3；1，1，2；1/3，1/2，1;] 和下列矩阵对应：

$$\begin{pmatrix} 1 & 1 & 3 \\ 1 & 1 & 2 \\ 1/3 & 1/2 & 1 \end{pmatrix}$$

（2）表 10—13 中除判断矩阵外的其他数据均是利用作者编写的 Matlab 程序计算得到。

从表 10—13 可知，一致性检验均通过。

（3）计算综合权重并进行评价。

通过计算得到三本教材对总指标 X 的综合权重为（0.350，0.472，0.178），由此可知教材 B 的出版质量的综合评价最高，其次是教材 A，最后才是教材 C。表 10—14 给出了三本教材相对不同指标的综合权重。从表 10—14 可以看出教材 B 的出版质量的综合评价最高，但相对指标 X_5 而言，教材 A 的综合权重高于教材 B 的综合权重，即教材 A 的印刷质量更好一些。

表 10—14　　不同指标下的综合权重

总指标 X 对应的权重	(0.350，0.472，0.178)
指标 X_1 对应的权重	(0.377，0.416，0.208)
指标 X_2 对应的权重	(0.325，0.532，0.142)
指标 X_3 对应的权重	(0.294，0.533，0.173)
指标 X_4 对应的权重	(0.269，0.504，0.227)
指标 X_5 对应的权重	(0.466，0.374，0.160)
指标 X_6 对应的权重	(0.409，0.435，0.156)

4. 结论

出版教材质量的综合评价是一个比较复杂的问题，它牵涉 6 大指标体系和 22 个具体评价指标。实际工作中，有关评价指标和权重可能会根据需要有所调整。值得注意的是，判断矩阵的构造带有主观性。为此，在确定判断矩阵或者权重因子时需要决策团队成员共同完成或聘请专家对其进行鉴定，如可以利用头脑风暴法、德尔菲法等，力求评价客观，以便得出比较科学的结论。

10.3 数据包络法

10.3.1 数据包络法的基本原理

数据包络分析（data envelopment analysis，DEA）方法，是美国著名运筹学家查恩斯（A. Chames）和库伯（W. W. Cooper）教授于 1978 年首先提出的。DEA 方法是对多指标投入和多指标产出的相同类型部门，进行相对有效性综合评价的一种新方法，也是研究多投入多产出生产函数的有力工具。随着理论研究的不断深入，在管理实践中的应用越来越广泛。近年来，DEA 方法在我国社会经济的许多领域取得了丰硕成果，例如经济效益综合评价、企业技术进步分析、投资项目评价等。

1. C^2R 模型

设有 n 个部门或企业，称为 n 个决策单元，每个决策单元都有 m 种投入和 p 种产出，分别用不同的经济指标表示。这样，由 n 个决策单元构成的多指标投入和多指标产出的评价系统 C^2R 模型用于评价第 j_0 个决策单元的有效性，它是相对于其他决策单元而言的评价相对有效性的 DEA 模型。其对应的等价的线性规划问题（P）及对偶规划问题（D）为：

$$(P)\begin{cases}\max V_p = \mu^{\mathrm{T}} y_0 \\ \text{s. t. } \omega^{\mathrm{T}} x_j - \mu^{\mathrm{T}} y_j \geqslant 0, \quad 1 \leqslant j \leqslant n \\ \omega^{\mathrm{T}} x_0 = 1 \\ \omega \geqslant 0,\ \mu \geqslant 0\end{cases}$$

$$(D)\begin{cases}\max V_D = \theta \\ \text{s. t. } \sum_{j=1}^{n} x_j \lambda_j + s^- = \theta x_0 \\ \sum_{j=1}^{n} y_j \lambda_j - s^+ = y_0 \\ \lambda_j \geqslant 0, \quad 1 \leqslant j \leqslant n \\ s^+ \geqslant 0, \quad s^- \geqslant 0\end{cases}$$

式中，$x_j=(x_{1j},\ x_{2j},\ \cdots,\ x_{mj})^{\mathrm{T}}$；$y_j=(y_{1j},\ y_{2j},\ \cdots,\ y_{pj})^{\mathrm{T}}$；松弛变量 $s^-=(s_1^-,\ s_2^-,\ \cdots,\ s_m^-)^{\mathrm{T}}$，$s^+=(s_1^+,\ s_2^+,\ \cdots,\ s_p^+)^{\mathrm{T}}$。

2. 评价系统的 DEA 有效性

用模型（P）给出评价决策单元 j_0 为 DEA 有效的定义。

定义 1　如果线性规划问题（P）的最优解 ω^0，μ^0 满足条件 $V_p=\mu^{0T}y_0=1$，则称决策单元 j_0 为弱 DEA 有效。

定义 2　如果线性规划问题（P）的最优解 ω^0，μ^0 满足条件 $V_p=\mu^{0T}y_0=1$，并且 $\omega^0>0$，$\mu^0>0$，则称决策单元 j_0 为 DEA 有效。

定理 1　线性规划（P）及其对偶规划（D）都有可行解，因而都有最优解，并且最优值 $V_P=V_D\leqslant 1$。

定理 2　关于对偶规划（D），有

（1）如果（D）的最优值 $V_D=1$，则决策单元 j_0 为弱 DEA 有效；反之亦然。

（2）如果（D）的最优值 $V_D=1$，并且每个最优解 $\lambda^0=(\lambda_1^0, \lambda_2^0, \cdots, \lambda_n^0)^{\mathrm{T}}$，$s^{0+}$，$s^{0-}$，$\theta^0$ 都满足条件 $s^{0+}=0$，$s^{0-}=0$，则决策单元 j_0 为 DEA 有效；反之亦然。

在实际应用中，评价系统的投入和产出指标均有不同的量纲，关于最优效率指标和量纲的关系有下面的定理。

定理 3　决策单元的最优效率指标 V_P 与投入指标 x_{ij} 及产出指标 y_{rj} 的量纲的选取无关。

3. 评价系统 DEA 有效性的判定

在实际应用中，通过定义 1 和定理 1 来判断系统的有效性是比较困难的。为了使判断决策单元有效简便实用，查恩斯和库伯引用了非阿基米德无穷小量的概念。从而可以利用单纯形方法求解线性规划问题，判断决策单元的 DEA 有效性。

设 ε 是非阿基米德无穷小量。在广义实数域内，ε 表示一个小于任何正数且大于零的数。带有非阿基米德无穷小量 ε 的 C^2R 模型（P_ε）及对偶规划问题（D_ε）如下：

$$(P_\varepsilon)\begin{cases}\max \mu^{\mathrm{T}} y_0 = V_{P_\varepsilon} \\ \text{s.t. } \omega^{\mathrm{T}} x_j - \mu^{\mathrm{T}} y_j \geqslant 0, \quad 1\leqslant j\leqslant n \\ \omega^{\mathrm{T}} x_0 = 1 \\ \omega^{\mathrm{T}} \geqslant \varepsilon \hat{e}^{\mathrm{T}} \\ \mu^{\mathrm{T}} \geqslant \varepsilon e^{\mathrm{T}}\end{cases}$$

$$(D_\varepsilon)\begin{cases}\max\{\theta-\varepsilon(\hat{e}^{\mathrm{T}} s^- + e^{\mathrm{T}} s^+)\} = V_{D_\varepsilon} \\ \text{s.t. } \sum_{j=1}^{n} x_j\lambda_j + s^- = \theta x_0 \\ \sum_{j=1}^{n} y_j\lambda_j - s^+ = y_0 \\ \lambda_j \geqslant 0, \quad 1\leqslant j\leqslant n \\ s^+\geqslant 0, \quad s^-\geqslant 0\end{cases}$$

式中，$\hat{e}^{\mathrm{T}}=(1, 1, \cdots, 1)$，$m$ 维向量；$e^{\mathrm{T}}=(1, 1, \cdots, 1)$，$p$ 维向量；松弛变

量 $s^-=(s_1^-, s_2^-, \cdots, s_m^-)^T$，$s^+=(s_1^+, s_2^+, \cdots, s_p^+)^T$。

定理 4　设 ε 是非阿基米德无穷小量，线性规划（D_ε）的最优解为 λ^0，s^{0+}，s^{0-}，θ^0，有

（1）如果 $\theta^0=1$，则决策单元 j_0 为弱 DEA 有效；

（2）如果 $\theta^0=1$，并且 $s^{0+}=0$，$s^{0-}=0$，则决策单元 j_0 为 DEA 有效。

实际应用中，$\varepsilon=10^{-6}$。

4. DEA 有效决策单元的构造

并非所有的决策单元都是有效的，经过判定后，如何对一些非 DEA 有效的决策单元进行分析，指出造成非有效的原因，并据此改进为具有 DEA 有效性的决策单元，需要讨论决策单元在相对有效面上的“投影”。

定义 3　设 λ^0，s^{0+}，s^{0-}，θ^0 是线性规划（D_ε）的最优解。令

$$\hat{x}_0=\theta^0 x_0-s^{0-},\quad \hat{y}_0=y_0+s^{0+}$$

称（$\hat{x}_0$，$\hat{y}_0$）为决策单元 j_0 对应的（x_0，y_0）在 DEA 的相对有效面上的“投影”。决策单元 j_0 对应的（x_0，y_0）的“投影”（$\hat{x}_0$，$\hat{y}_0$）构成了新的决策单元。

定理 5　设（$\hat{x}_0$，$\hat{y}_0$）为决策单元 j_0 对应的（x_0，y_0）在 DEA 的相对有效面上的“投影”，则新的决策单元（$\hat{x}_0$，$\hat{y}_0$）相对于原来的 n 个决策单元来说，是 DEA 有效的。

定理 5 告诉我们，对于一个非 DEA 有效的决策单元 j_0，它对应的（x_0，y_0）在 DEA 的相对有效面上的“投影”（$\hat{x}_0$，$\hat{y}_0$）是 DEA 有效的。从而，在 DEA 相对有效面上的新决策单元（$\hat{x}_0$，$\hat{y}_0$）给出了改进非 DEA 有效决策单元，构造新的 DEA 有效决策单元的方法。

5. DEA 有效性的经济意义

设线性规划（D_ε）的最优解为 λ^0，s^{0+}，s^{0-}，θ^0，以下分三种情况讨论：

（1）$\theta^0=1$，$s^{0+}=0$，$s^{0-}=0$。

由定理 4 知，决策单元 j_0 为 DEA 有效。其意义是决策单元 j_0 的生产活动（x_0，y_0）同时技术有效和规模有效。

（2）$\theta^0=1$，$\exists s_i^{0-}>0$，$i\in\{1, 2, \cdots, m\}$ 或 $\exists s_r^{0+}>0$，$r\in\{1, 2, \cdots, p\}$。

由定理 4 知，决策单元 j_0 为弱 DEA 有效。其意义是决策单元 j_0 的生产活动（x_0，y_0）不是同时技术有效和规模有效。某个 $s_i^{0-}>0$，表示第 i 种投入指标有 s_i^{0-} 没有充分利用。某个 $s_r^{0+}>0$，表示第 r 种产出指标与最大产出值尚有 s_r^{0+} 的不足。

（3）$\theta^0<1$。

由定理 4 知，决策单元 j_0 不是 DEA 有效。其意义是决策单元 j_0 的生产活动（x_0，y_0）既不是技术有效，也不是规模有效。

6. 生产活动规模收益的判定

定理 6　设线性规划（D_ε）的最优解为 λ^0，s^{0+}，s^{0-}，θ^0。

（1）若 $\frac{1}{\theta^0}\sum_{j=1}^{n}\lambda_j^0=1$，则决策单元 j_0 规模收益不变。

（2）若 $\frac{1}{\theta^0}\sum_{j=1}^{n}\lambda_j^0<1$，则决策单元 j_0 规模收益递增。

（3）若 $\frac{1}{\theta^0}\sum_{j=1}^{n}\lambda_j^0>1$，则决策单元 j_0 规模收益递减。

10.3.2 数据包络法的应用

以下将利用数据包络分析方法对几个教育类出版社的职工人数结构与定价总额之间关系进行分析，借此判断出版社是不是 DEA 有效的。其中，投入指标体系包括职工数、高级技术人员数和中级职称人员数，产出指标体系指包含定价总额一个指标。用出版社 A，B，C，D 和 E 来分别代表 5 个出版社的名称，这 5 个出版社分别对应决策单元 1，2，3，4 和 5。数据详见表 10—15。

表 10—15　　投入产出原始数据

		决策单元				
		出版社 A	出版社 B	出版社 C	出版社 D	出版社 E
		决策单元 1	决策单元 2	决策单元 3	决策单元 4	决策单元 5
投入	职工数	108	165	154	41	30
	高级技术人员数	38	32	30	25	14
	中级职称人员数	37	30	46	7	12
产出	定价总额（万元）	12 333	26 021	21 227	13 446	5 286

资料来源：定价总额源于 2002 年《中国出版年鉴》，职工数、高级技术人员数及中级职称人员数源于相应出版社的网站主页公布的数据。

评价决策单元 j 为相对有效性时的线性规划（D_ε）如下：

$$(D_\varepsilon)\begin{cases}\min\{\theta-0.000\,001(s_1^-+s_2^-+s_3^-+s_1^+)\}\\108\lambda_1+165\lambda_2+154\lambda_3+41\lambda_4+30\lambda_5+s_1^-=a\theta\\38\lambda_1+32\lambda_2+30\lambda_3+25\lambda_4+14\lambda_5+s_2^-=b\theta\\37\lambda_1+30\lambda_2+46\lambda_3+7\lambda_4+12\lambda_5+s_3^-=c\theta\\12\,333\lambda_1+26\,021\lambda_2+21\,227\lambda_3+13\,446\lambda_4+5\,286\lambda_5-s_1^+=d\end{cases}$$

模型（D_ε）中系数向量（a，b，c，d）为待评价决策单元 j（=1，2，3，4，5）对应的值，决策单元 1，2，3，4 和 5 对应的向量分别为（108，38，37，12 333），（165，32，30，26 021），（154，30，46，21 227），（41，25，7，13 446）和（30，14，12，5 286）。求解对应的线性规划模型（D_ε）得到的结果详见表 10—16。

表 10—16　　计算结果

决策单元序号	λ_1	λ_2	λ_3	λ_4	λ_5	s_1^-	s_2^-	s_3^-	s_1^+	θ	$\frac{\sum\lambda}{\theta}$
1	0	0.208 5	0	0.513 7	0	0	0	9.150 8	0	0.513 6	1.406 2
2	0	1	0	0	0	0	0	0	0	1	1

续前表

决策单元序号	λ_1	λ_2	λ_3	λ_4	λ_5	s_1^-	s_2^-	s_3^-	s_1^+	θ	$\frac{\sum\lambda}{\theta}$
3	0	0.812 2	0	0.006 8	0	0	0	15.700 4	0	0.872 1	0.939 1
4	0	0	0	1	0	0	0	0	0	1	1
5	0	0.040 9	0	0.313 9	0	0	0	4.424 3	0	0.654 1	0.542 4

1. 有效性分析

从表 10—16 中的计算结果可以看出，相对其他决策单元而言，决策单元 2（或 4）是 DEA 有效的，其他决策单元则是非 DEA 有效的。对决策单元 2（或 4）而言，由于 $\theta^0=1$，$s^{0+}=0$，$s^{0-}=0$，因此决策单元 2（或 4）（即出版社 B 或 D）的生产活动（x_0，y_0）同时技术有效和规模有效。

对决策单元 1（或 3，5）的 $\theta^0<1$，因此不是 DEA 有效的，其意义是决策单元 1（或 3，5）的生产活动（x_0，y_0）既不是同时技术有效，也不是规模有效。例如，对决策单元 1，$\theta^0=0.513\ 6$，则（D_ε）的约束变为：

$$\sum_{j=1}^{n} x_j\lambda_j + s^- = 0.513\ 6x_0$$

$$\sum_{j=1}^{n} y_j\lambda_j - s^+ = y_0$$

这表示，得到 y_0 单位的定价总额，至多只需投入 $0.513\ 6x_0$，换句话说，可以经过改进使得决策单元 1 只需原投入量的 0.513 6 倍便可得到原产量。同样，决策单元 2 只需原投入量的 0.872 1 倍便可得到原产量，决策单元 2 只需原投入量的 0.654 1 倍便可得到原产量。

利用投影方法，可以得到这些非 DEA 有效的决策单元对应的新的 DEA 有效的决策单元，详见表 10—17。

表 10—17　　　　投影后的新决策单元

决策单元名称	投影生成的新的决策单元
决策单元 1（（108，38，37），12 333）	（（55.468 8，19.516 8，19.003 2），12 333）
决策单元 3（（154，30，46），21 227）	（（134.303 4，26.163，40.116 6），21 227）
决策单元 5（（30，14，12），5 286）	（（19.623，9.157 4，7.849 2），5 286）

说明：（(a，b，c)，d）含义为，(a，b，c) 对应决策单元的投入，d 对应产出。

2. 生产活动规模收益分析

对决策单元 2（或 4）而言，由于 $\frac{1}{\theta^0}\sum_{j=1}^{n}\lambda_j^0=1$，因此决策单元 2（或 4）是规模收益不变；对决策单元 3（或 5）而言，由于 $\frac{1}{\theta^0}\sum_{j=1}^{n}\lambda_j^0<1$，因此决策单元 3（或 5）是规模收益递增；对决策单元 1 而言，由于 $\frac{1}{\theta^0}\sum_{j=1}^{n}\lambda_j^0>1$，因此决策单元 2（或 4）是规模收益递减。

3. 结论

DEA 方法是对多指标投入和多指标产出的相同类型部门进行相对有效性综合评价的一种新方法。利用该方法可以判断出版社是不是 DEA 有效的。对非 DEA 有效的出版社来说，可以通过调整投入以获得同样产出，从而提高经济效益。

10.4 模糊综合评价法

10.4.1 模糊综合评价法的基本原理

模糊综合评价法是一种基于模糊数学的综合评标方法。该综合评价法根据模糊数学的隶属度理论把定性评价转化为定量评价，即用模糊数学对受到多种因素制约的事物或对象做出一个总体的评价。它具有结果清晰、系统性强的特点，能较好地解决模糊的、难以量化的问题，适合各种非确定性问题的解决。

模糊综合评价方法评价步骤：

1. 确定评价对象的因素论域

$$m\text{ 个评价指标 } U=\{u_1, u_2, \cdots, u_m\}$$

2. 确定评价等级论域

$$n\text{ 个评价等级 } V=\{v_1, v_2, \cdots, v_n\}$$

n 为评价等级的个数，一般划分为 3～5 个等级。V 为等级集合，每一个等级可对应一个模糊子集。

3. 建立模糊关系矩阵

在构造了等级模糊子集后，要逐个对被评价事物从每个因素 $u_i(i=1, 2, \cdots, m)$ 上进行量化，即确定从单因素来看被评价事物对等级模糊子集的隶属度 $(R \mid u_i)$，进而得到模糊关系矩阵：

$$R=\begin{pmatrix} R\mid u_1 \\ R\mid u_2 \\ \vdots \\ R\mid u_m \end{pmatrix}=\begin{pmatrix} r_{11} & r_{12} & \cdots & r_{1n} \\ r_{21} & r_{22} & \cdots & r_{2n} \\ \vdots & \vdots & & \vdots \\ r_{m1} & r_{m2} & \cdots & r_{mn} \end{pmatrix}$$

r_{ij} 表示因素 u_i 被评为 v_j 的隶属度（$i=1, 2, \cdots, m$；$j=1, 2, \cdots, n$）。$\sum r_{ij}=1$。

4. 确定评价因素的权重向量

在模糊综合评价中，确定评价因素的权重向量 $A=(a_1, a_2, \cdots, a_m)$。权重向量 A 中的元素 a_i 本质上是因素 u_i 对模糊子集｛对被评事物重要的因素｝的隶属度。

求权重是综合评价的关键。权重 A 的确定方法很多，在实际运用中常用的方法有：层次分析法、德尔菲法、专家调查法、加权平均法。

层次分析法是一种行之有效的确定权重的有效方法，特别适宜于那些难以用定量指标进行分析的复杂问题。它把复杂问题中的各因素划分为互相联系的有序层使之条理化，根据对客观实际的模糊判断，就每一层次的相对重要性给出定量的表示，再利用数学方法确定全部元素相对重要性次序的权重。确定权重后，在合成之前归一化。

5. 合成模糊综合评价结果向量

利用合适的算子将 A 与各被评价事物的 B 进行合成，得到各被评价事物的模糊综合评价结果向量 B，即：

$$B=(b_1,b_2,\cdots,b_m)=AR=(a_1,a_2,\cdots,a_m)\begin{pmatrix} r_{11} & r_{12} & \cdots & r_{1n} \\ r_{21} & r_{22} & \cdots & r_{2n} \\ \vdots & \vdots & & \vdots \\ r_{m1} & r_{m2} & \cdots & r_{mn} \end{pmatrix}$$

6. 对模糊综合评价结果向量进行分析

实践中最常用的方法是最大隶属度原则，但在某些情况下使用这种方法会有些勉强，损失很多信息，甚至得出不合理的评价结果。此时使用加权平均求隶属等级的方法，对于多个被评价事物可以依据其等级位置进行排序。

10.4.2 模糊综合评价法的应用举例

1. 出版业逆向物流绩效评价的意义

自 20 世纪 90 年代起，随着获取自然资源的难度增加以及人们环境保护意识的加强，很多国家制定了严格的废弃物回收处理法规条例，逆向物流也逐渐成为一种企业战略，受到企业管理层的高度重视。目前越来越多的国际知名企业，如通用汽车、IBM、惠普、3M 等，纷纷通过一系列控制措施，制定逆向物流实施方案，希望借此降低由退货造成的资源损失；并通过对废弃物资的回收、重用，达到节约原料、降低成本的目的。企业实施逆向物流管理，不仅仅是出于环境保护法律法规的压力，更重要的在于，实施逆向物流管理还是一项能显示企业竞争优势的战略武器。

近 20 年来，世界出版业迅猛发展的同时，图书退货率却居高不下，不仅影响出版单位的利润，还威胁着出版单位的生存。据统计，世界各出版大国的平均退货率均比较高。在我国，教辅类、科技类、经管类、文艺类图书的退货率尤其高，其中，教辅书退货率高达 30%。前些年书店高校教材的退货率很低，但近两年高校教材的退货率上升较快，退货率为 10%左右。调查表明，大部分出版社 2009 年的退货率较 2008 年上升了 3～10 个百分点。部分出版社近两年退货率虽然没有上升，甚至有所下降，但因成本上升、折扣降低、印量减少、市场竞争激烈等诸多因素，出版社的利润空间在变小。业界人士指出，五年前 20%的退货率出版社还可以承受，现在 15%的退货率就没有什么利润可言了，原来业界常说的“30%是警戒线，40%是危险线，50%是生命线”如今已不再适用。

据英国出版商协会《2005 年统计年鉴》的数据显示，英国图书退货率超过

11%。根据该统计，2005 年英国图书零售商返给出版商的退货比率为 12.6%，而 2004 年的退货率是 11.3%。退货价值占到出版商销售总额的 15.7%。2005 年出版商在英国境内的图书销售总额为 17.7 亿英镑，比上年增长了 1%。图书销售册数为 4.95 亿册，比上年下降了 1.9%。

在这种背景下，出版业构建高效的逆向物流网络变得非常必要。优化的出版业逆向物流网络不仅能够降低成本，提高服务和管理水平，使其在激烈竞争的市场中拥有更强大的竞争力。换句话说，出版业逆向物流系统绩效可从经济效益、服务水平和管理水平三个方面进行衡量。然而，要精确给出经济效益、服务水平和管理水平这三个方面的绩效结果是比较困难的。本文探讨如何利用模糊综合评价方法来评估出版业逆向物流系统绩效。

2. 模糊综合评价法在出版业逆向物流绩效评价中的应用

由于出版业逆向物流系统绩效主要从经济效益、服务水平和管理水平这三方面进行评判，因此，可从这三方面来构建出版业逆向物流系统综合评价指标体系，如表 10—18 所示。

表 10—18　　出版业逆向物流系统综合评价指标体系

目标层	第一层	第二层
出版业逆向物流系统综合评价指标体系	经济效益指标（u_1）	逆向物流活动成本（u_{11}）
		逆向物流管理成本（u_{12}）
		逆向物流产生的营业收入（u_{13}）
		逆向物流活动运营效率（u_{14}）
		退回图书的再利用率（u_{15}）
	服务水平指标（u_2）	进货充足率（u_{21}）
		客户满意率（u_{22}）
		服务准确率（u_{23}）
		服务及时率（u_{24}）
	管理水平指标（u_3）	设施管理水平（u_{31}）
		信息管理水平（u_{32}）
		人员管理水平（u_{33}）

下面举例具体说明。

（1）确定评价对象的因素论域。

因素集 U 分为两层：

第一层：$U=\{u_1, u_2, u_3\}$

第二层：$u_1=\{u_{11}, u_{12}, u_{13}, u_{14}, u_{15}\}$，$u_2=\{u_{21}, u_{22}, u_{23}, u_{24}\}$，$u_3=\{u_{31}, u_{32}, u_{33}\}$

（2）确定评价等级论域。

评价等级 $V=$｛好，较好，一般，差｝，各因素相应的模糊评价结果如表 10—19 所示。

表 10—19　　对各因素的模糊评判

因素	好	较好	一般	差
逆向物流活动成本（u_{11}）	0.1	0.4	0.2	0.3
逆向物流管理成本（u_{12}）	0.3	0.15	0.3	0.25
逆向物流产生的营业收入（u_{13}）	0.2	0.15	0.4	0.2
逆向物流活动运营效率（u_{14}）	0.1	0.3	0.3	0.3
退回图书的再利用率（u_{15}）	0.1	0.4	0.2	0.2
进货充足率（u_{21}）	0.2	0.4	0.2	0.2
客户满意率（u_{22}）	0.1	0.4	0.2	0.3
服务准确率（u_{23}）	0.25	0.35	0.2	0.2
服务及时率（u_{24}）	0.2	0.3	0.3	0.2
设施管理水平（u_{31}）	0.2	0.3	0.3	0.2
信息管理水平（u_{32}）	0.2	0.3	0.4	0.1
人员管理水平（u_{33}）	0.3	0.4	0.3	0.2

（3）建立模糊关系矩阵。

基于表 10—19，可以得到相应的模糊关系矩阵，如下：

$$R_1=\begin{pmatrix}0.1 & 0.4 & 0.2 & 0.3\\ 0.3 & 0.15 & 0.3 & 0.25\\ 0.2 & 0.15 & 0.4 & 0.2\\ 0.1 & 0.3 & 0.3 & 0.3\\ 0.1 & 0.4 & 0.2 & 0.2\end{pmatrix},\quad R_2=\begin{pmatrix}0.2 & 0.4 & 0.2 & 0.2\\ 0.1 & 0.4 & 0.2 & 0.3\\ 0.25 & 0.35 & 0.2 & 0.2\\ 0.2 & 0.3 & 0.3 & 0.2\end{pmatrix}$$

$$R_3=\begin{pmatrix}0.2 & 0.3 & 0.3 & 0.2\\ 0.2 & 0.3 & 0.4 & 0.1\\ 0.3 & 0.4 & 0.3 & 0.2\end{pmatrix}$$

（4）确定权重。

这里采用 AHP 方法确定权重。专家对各因素两两比较的结果如表 10—20、表 10—21、表 10—22 和表 10—23 所示。

表 10—20　　一级指标判断矩阵

AU	u_1	u_2	u_3
u_1	1.000	3.000	5.000
u_2	0.333	1.000	4.000
u_3	0.200	0.250	1.000

表 10—21　　经济效益二级指标判断矩阵

AU_1	u_{11}	u_{12}	u_{13}	u_{14}	u_{15}
u_{11}	1.000	2.000	5.000	1.000	2.000
u_{12}	0.500	1.000	2.000	0.500	2.000
u_{13}	0.200	0.500	1.000	0.200	0.500
u_{14}	2.000	1.000	5.000	1.000	2.000
u_{15}	0.500	2.000	2.000	0.200	1.000

表 10—22　服务水平二级指标判断矩阵

AU_2	u_{21}	u_{22}	u_{23}	u_{24}
u_{21}	1.000	2.000	8.000	7.000
u_{22}	0.500	1.000	6.000	8.000
u_{23}	0.125	0.167	1.000	1.000
u_{24}	0.143	0.125	1.000	1.000

表 10—23　管理水平二级指标判断矩阵

AU_3	u_{31}	u_{32}	u_{33}
u_{31}	1.000	1.000	3.000
u_{32}	1.000	1.000	2.000
u_{33}	0.333	0.500	1.000

基于表 10—20、表 10—21、表 10—22 和表 10—23，利用 Matlab 程序计算得到相应的 $C.I$ 值、$R.I$ 值、$C.R$ 值、特征值 $E.V$、特征向量 W，结果如表 10—24 所示。

表 10—24　计算结果

矩阵	$C.I$ 值	$R.I$ 值	$C.R$ 值	特征值 EV	特征向量 W
AU	0.043	0.520	0.082	3.086	(0.627，0.280，0.094)
AU_1	0.098	1.120	0.088	5.393	(0.310，0.170，0.068，0.310)
AU_2	0.020	0.890	0.022	4.060	(0.524，0.356，0.061，0.059)
AU_3	0.009	0.520	0.018	3.018	(0.443，0.387，0.169)

从表 10—24 可以看出，所有 $C.R$ 值均小于 0.1，通过一致性检验。因此，各因素的权重为：

$$A=(0.627，0.280，0.094)$$
$$A_1=(0.310，0.170，0.068，0.310)$$
$$A_2=(0.524，0.356，0.061，0.059)$$
$$A_3=(0.443，0.387，0.169)$$

（5）分层综合评判。

$$u_1=\{u_{11}, u_{12}, u_{13}, u_{14}, u_{15}\},\quad A_1=(0.310，0.170，0.068，0.310)$$

$$R_1=\begin{pmatrix} 0.1 & 0.4 & 0.2 & 0.3 \\ 0.3 & 0.15 & 0.3 & 0.25 \\ 0.2 & 0.15 & 0.4 & 0.2 \\ 0.1 & 0.3 & 0.3 & 0.3 \\ 0.1 & 0.4 & 0.2 & 0.2 \end{pmatrix}$$

利用模型 $M(\cdot, +)$ 计算得到：

$$B_1=A_1 * R_1=(0.141,0.309,0.262,0.271)$$

经过类似计算得到：

$B_2 = A_2 * R_2 =$ (0.167, 0.391, 0.206, 0.236)

$B_3 = A_3 * R_3 =$ (0.217, 0.317, 0.339, 0.161)

（2）高层综合评判

第一层：$U = \{u_1, u_2, u_3\}$， $A = (0.627, 0.280, 0.094)$， $R = [B_1; B_2; B_3;]$

$B = A * R = (0.155, 0.333, 0.253, 0.251)$

根据最大隶属度原则，该逆向物流系统总体评价结果为“好”。

3. 结论

出版业逆向物流绩效综合评价是一个比较复杂的问题，它牵涉经济效益、服务水平和管理水平等3大指标体系和12个具体评价指标。由于这些指标的评价结果具有不确定性，且指标所占权重也是待定的，因此，使用模糊综合评价方法对出版业逆向物流绩效进行综合评价是非常必要的。

习　题

1. 试从上市公司公开的财务报表中收集每股收益 x_1（元）、每股净资产 x_2（元）、净资产收益率 x_3（%）、每股资本公积 x_4（元）、总资产周转率 x_5（次）、资产利润率 x_6（%）、资产负债率 x_7（%）等财务数据，然后对上市公司的财务状况运用主成分分析法作综合评价。

（1）每股收益：本年收益与年末普通股份总数的比值。该指标是衡量上市公司盈利能力最重要的指标。其计算公式为：

$$每股收益=\frac{净利润}{年末普通股份总数}$$

（2）每股净资产：期末净资产（即股东权益）与年末普通股份总数的比值。该指标反映发行在外的每股普通股所代表的净资产成本权益。其计算公式为：

$$每股净资产=\frac{年末股东权益}{年末普通股份总数}$$

（3）净资产收益率：净利润与平均净资产的百分比。该指标反映公司所有者权益的投资报酬率，具有很强的综合性。其计算公式为：

$$净资产利润率=\frac{净利润}{年末股东权益}\times 100\%$$

（4）每股资本公积：期末资本公积与年末普通股份总数的比值。其计算公式为：

$$每股资本公积=\frac{年末资本公积}{年末普通股份总数}$$

（5）总资产周转率：销售收入与平均资产总额的比值。该指标反映资产总额的周转速度。周转越快，反映销售能力越强。其计算公式为：

$$总资产周转率=\frac{销售收入}{平均资产总额}\times 100\%$$

（6）资产利润率：企业净利润与平均资产总额的百分比。该指标表明企业资产利用的综合效果。指标值越高，表明资产利用效率越高。其计算公式为：

$$资产利润率=\frac{净利润}{平均资产总额}\times 100\%$$

（7）资产负债率：负债总额与资产总额的百分比。该指标反映在总资产中有多大比例是通过负债来筹资的，也可以衡量企业在清算时保护债权人利益的程度。其计算公式为：

$$资产负债率=\frac{负债总额}{资产总额}\times 100\%$$

2. 假定某公司马上要上会计信息系统，企业面临三种选择，分别称为方案 1、方案 2 和方案 3。结合图 10—3 中的情况具体说明层次分析法在会计信息系统评价中的应用。

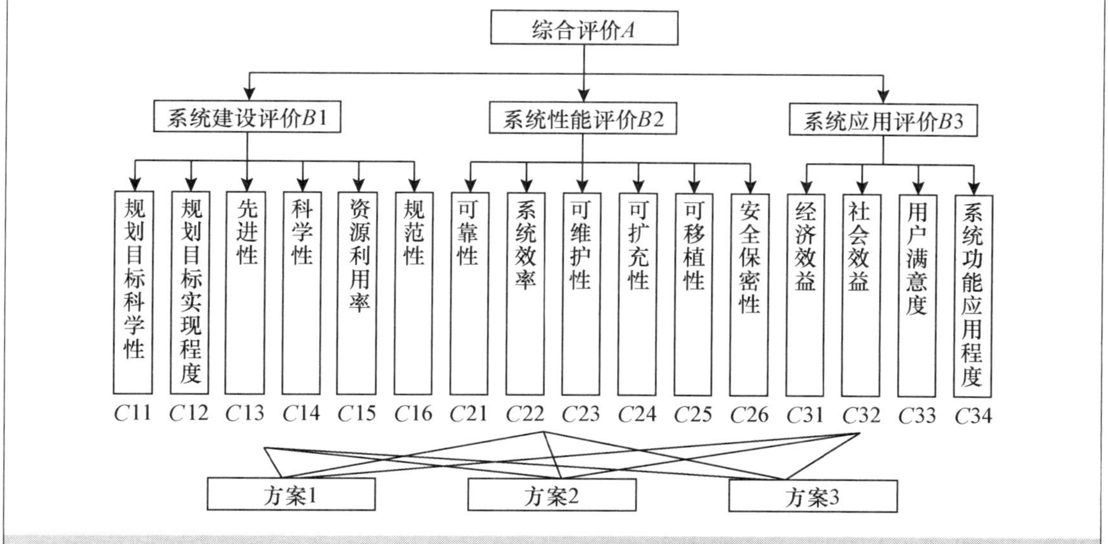

图 10—3　会计信息系统评价指标体系

3. 现有 6 所大学的有关数据（见表 10—25），这 6 所大学都属于综合性大学，不仅在国内享有较高声誉而且规模接近，符合数据包络分析方法的要求。试用数据包络法评价高等院校经营效益。

表 10—25　　某年 6 所高校输入输出指标

学校	输入			输出	
	X_1	X_2	X_3	Y_1	Y_2
大学 1	1 599	356	3.5	454	1.59
大学 2	1 533	272	6.9	1 019	1.52
大学 3	2 100	519	2.1	540	0.76

续前表

学校	输入			输出	
	X_1	X_2	X_3	Y_1	Y_2
大学 4	1 741	170	5.67	498	0.77
大学 5	1 300	433	2.7	944	1.02
大学 6	2 919	400	8.99	2 212	3.27

说明：X_1——副教授以上教师人数；X_2——馆藏图书数量（万册）；X_3——科研经费投入（亿元）；Y_1——SCI收录论文数（篇）；Y_2——校办企业净利润（亿元）。

附　录

第 4 章

宏函数 linetrend1（　）

格式：linetrend1（data，timeno），data 为已知的序列数据对应的单元格区域，timeno 为时间序列编号对应的单元格区域。

功能：以矩阵形式返回线性趋势外推预测法（直线方程法）模型的参数。

以下举例说明。

假定 data 对应的单元格区域为 c2:c12，data 对应的单元格区域为 b2:b12，模型的参数对应的单元格区域为 a18:b19。使用宏函数 linetrend1（　）的具体过程如下：

选择一个输出单元格区域 a18:b19，然后按 F2 键，输入格式"＝linetrend1（c2:c12，b2:b12）"，然后按组合键 Ctrl＋Shift＋Enter，则在单元格区域 a18:b19 输出模型的参数，详见表 A—1。

表 A—1　　Excel 中计算结果输出

	A	B	C	…
⋮	⋮	⋮		
18	a=	111.072 7		
19	b=	8.245 5		
⋮				

宏函数 linetrend2（　）

格式：linetrend1（data，timeno，weight），data 为已知的序列数据对应的单元格区域，timeno 为时间序列编号对应的单元格区域，weight 为各期权值对应的单元格区域。

功能：以矩阵形式返回线性趋势外推预测法（加权拟合直线方程法）模型的参数。

以下举例说明。

假定 data 对应的单元格区域为 c2:c12，data 对应的单元格区域为 b2:b12，weight 对应的单元格区域为 d2:d12，模型的参数对应的单元格区域为 a25:b26。使用宏函数 linetrend2（ ）的具体过程如下：

选择一个输出单元格区域 a25:b26，然后按 F2 键，输入格式"＝linetrend2(c2:c12，b2:b12，d2:d12)"，然后按组合键 Ctrl＋Shift＋Enter，则在单元格区域 a25:b26 输出模型的参数，详见表 A—2。

表 A—2　　Excel 中计算结果输出

	A	B	C	…
⋮	⋮	⋮		
25	a=	110.403 2		
26	b=	8.341 3		
⋮				

宏函数 conictrend（ ）

格式：conictrend (data，timeno)，data 为已知的序列数据对应的单元格区域，timeno 为时间序列编号对应的单元格区域。

功能：以矩阵形式返回线性趋势外推预测法（直线方程法）模型的参数。

以下举例说明。

假定 data 对应的单元格区域为 b2:b10，timeno 对应的单元格区域为 a2:a10，模型的参数对应的单元格区域为 a24:b26。使用宏函数 conictrend（ ）的具体过程如下。

选择一个输出单元格区域 a24:b26，然后按 F2 键，输入格式"＝conictrend(b2:b10，a2:a10)"，然后按组合键 Ctrl＋Shift＋Enter，则在单元格区域 a24:b26 输出模型的参数，详见表 A—3。

表 A—3　　Excel 中计算结果输出

	A	B	C	…
⋮	⋮	⋮		
24	a=	5 941.263 6		
25	b=	919.335 0		
26	c=	56.720 5		

宏函数 growth1（ ）

格式：growth1 (data)，data 为已知的序列数据对应的单元格区域。

功能：以矩阵形式返回生长曲线预测法模型的参数。

以下举例说明。

假定 data 对应的单元格区域为 c2:c19，模型的参数对应的单元格区域为 b22:

c24。使用宏函数 growth1 (data) 的具体过程如下。

选择一个输出单元格区域 b22:c24，然后按 F2 键，输入格式“=growth1 (c2:c19)”，然后按组合键 Ctrl+Shift+Enter，则在单元格区域 b22:c24 输出模型的参数，详见表 A—4。

表 A—4　　Excel 中计算结果输出

	A	B	C	…
⋮				
22		a=	−5.910 7	
23		b=	0.808 4	
24		K=	10.531 6	

第 7 章

宏函数 solverpq2 ( )

格式：solverpq2 (arr1, arr2)，arr1 为序列 $\{y_t\}$ 所在的一维列向量区域，arr2 为差分设置所在的一维列向量区域。

功能：将自相关函数、偏相关函数和差分输出到相应的单元格区域。

以下举例说明。

假定 $\{y_t\}$ 对应的单元格区域 arr1 为 c2:c25，差分设置所在的一维列向量区域 arr2 为 a2:a2（单元格 a2 的值为 0，表示不进行差分处理；单元格 a2 的值为 1，表示 1 阶差分处理），输出单元格区域为 d2:g25。具体过程如下：

选择输出单元格区域 d2:g25，按 F2 键，输入格式“=solverpq2 (c2:c25, a2:a2)”（双引号不属公式），按组合键 Ctrl+Shift+Enter，这样在 d2:g25 区域自动显示出结果，详见表 A—5。

表 A—5　　Excel 中计算结果输出

	A	B	C	D	E	F	G
1	差分	t	y(t)	γ(k)	ρ(k)	φ(kk)	∇y(t)
2	0	1	17 665	862 820.809 1	1.000 0	0.471 1	0.00
3		2	27 861	406 463.345 2	0.471 1	−0.297 7	10 196.00
4		3	38 623	−8 364.020 383	−0.009 7	0.035 5	10 762.00
5		4	49 606	−104 410.728 1	−0.121 0	−0.206 0	10 983.00
6		5	60 140	−173 719.460 4	−0.201 3	0.141 6	10 534.00
7		6	71 421	−71 299.298 59	−0.082 6	−0.262 5	11 281.00
8		7	82 345	−89 265.705 76	−0.103 5	0.068 3	10 924.00
9		8	93 158	−106 142.160 2	−0.123 0	−0.058 4	10 813.00

10		9	102 930	−15 864.344 29	−0.018 4	0.04 12	9 772.00
11		10	111 722	16 480.002 79	0.019 1	−0.042 1	8 792.00
12		11	119 937	41 063.408 48	0.047 6	−0.049 6	8 215.00
13		12	128 885	−982.788 855 1	−0.001 1	−0.262 3	8 948.00
14		13	139 446	−173 939.662 9	−0.201 6	−0.190 2	10 561.00
15		14	149 768	−288 969.338 5	−0.334 9	−0.049 4	10 322.00
16		15	160 617	−203 861.541 5	−0.236 3	−0.058 9	10 849.00
17		16	170 654	−54 701.107 5	−0.063 4	−0.051 7	10 037.00
18		17	179 705	45 507.621 44	0.052 7	0.008 5	9 051.00
19		18	189 733	106 344.080 1	0.123 3	−0.101 6	10 028.00
20		19	199 726	71 191.498 97	0.082 5	−0.045 9	999 3.00
21		20	210 358	41 256.573 85	0.047 8	0.043 9	10 632.00
22		21	220 484	94 406.711 1	0.109 4	−0.105 5	10 126.00
23		22	229 735	42 590.003 37	0.049 4	0.013 8	9 251.00
24		23	241 186	−5 193.492 644	−0.006 0	−0.024 8	11 451.00
25		24	253 504	0	0.000 0	0.000 0	12 318.00

第 8 章

宏函数 transmatequ（ ）

格式：transmatequ（data），data 为正规概率矩阵对应的单元格区域。

功能：计算固定概率向量，输出到相应的单元格区域。

以下举例说明。

假定正规概率矩阵对应的单元格区域为 a2:c4，输出单元格区域为 a8:c8。具体过程如下：

选择输出单元格区域 a8:c8，按 F2 键，输入格式“=transmatequ（a2:c4）”，按组合键 Ctrl+Shift+Enter，这样在 a8:c8 区域自动显示出结果（=[0. 377，0.336，0.309]）。

宏函数 transmat1（ ）

格式：transmat1(data)，data 为销售状况对应的一维列向量单元格区域。

功能：以矩阵形式返回频数矩阵和转移矩阵。

以下举例说明。

假定 data 为销售状况对应的一维列向量单元格区域 b2:b61，输出频数矩阵和转移矩阵的单元格区域为 d2:h11，使用宏函数 transmat1（ ）的具体过程如下：

选择一个输出单元格区域 d2:h11，然后按 F2 键，输入格式“=transmat1(b2:b61)”，然后按组合键 Ctrl+Shift+Enter，则在单元格区域 d2:h11 输出频数矩阵和转移矩阵，详见表 A—6。

表 A—6 Excel 中计算结果输出

	…	D	E	F	G	H
1						
2		频数矩阵	一般	差	中等	很好
3		一般	7	4	8	1
4		差	2	3	5	1
5		中等	9	5	7	2
6		很好	1	0	3	1
7		转移矩阵	一般	差	中等	很好
8		一般	0.350	0.200	0.400	0.050
9		差	0.182	0.273	0.455	0.091
10		中等	0.391	0.217	0.304	0.087
11		很好	0.200	0.000	0.600	0.200

宏函数 matpowerN（ ）

格式：matpowerN（data，N），data 为方阵对应的单元格区域，N 为幂次。

功能：以矩阵形式返回方阵的幂次方。

以下举例说明。

假定方阵 data 对应的单元格区域为 a2:c4，方阵的幂次方对应的单元格区域为 a6:c8，幂次 N=2，使用宏函数 matpowerN（data，N）的具体过程如下。

选择一个输出单元格区域 a6:c8，然后按 F2 键，输入格式“=matpowerN(a2:c4，2)”，然后按组合键 Ctrl+Shift+Enter，则在单元格区域 a6:c8 输出方阵的 2 次方的矩阵。

宏函数 arrmult（ ）

格式：arrmult（MA，MB），MA，MB 分别为相乘的两矩阵对应的单元格区域。

功能：计算两矩阵的乘积 MA * MB。

以下举例说明。

假定转移矩阵 P 对应的单元格区域为 a2:c4，初始状态方对应的单元格区域为 a5:c5，计算结果对应的单元格区域为 a6:c8，使用宏函数 arrmult（MA，MB）的具体过程如下。

选择一个输出单元格区域 a6:c8，然后按 F2 键，输入格式“=arrmult（a6:c8，

a2:c4)”，然后按组合键 Ctrl＋Shift＋Enter，则在单元格区域 a6:c8 输出矩阵相乘的结果。

第 10 章

宏函数 mainmethod（ ）

格式：mainmethod（data），data 为原始数据区域。

功能：给出原始数据归一化处理后的结果和相关系数。

以下举例说明。

假定原始数据区域 data 对应的单元格区域为 b2:e6，输出单元格区域为 b8:e18。具体过程如下。

选择输出单元格区域 b8:e18，按 F2 键，输入格式“＝mainmethod（b2:e6）”，按组合键 Ctrl＋Shift＋Enter，这样在 b8:e18 区域自动显示出结果，详见表 A—7。

表 A—7　　Excel 中计算结果输出

	A	B	C	D	E
⋮					
8		归一化值			
9		0.134 6	1.131 9	0.641 2	−0.411 5
10		1.047 7	0.466 1	0.217 8	1.280 1
11		0.871 5	0.244 1	1.185 6	0.687 6
12		−0.938 8	−0.310 7	−1.173 5	−0.273 9
13		−1.115 0	−1.531 4	−0.871 0	−1.282 3
14		相关系数			
15		1.000 0	0.713 2	0.855 2	0.893 0
16		0.713 2	1.000 0	0.703 8	0.586 9
17		0.855 2	0.703 8	1.000 0	0.567 1
18		0.893 0	0.586 9	0.567 1	1.000 0

宏函数 jcbi（ ）

格式：jcbi（data），data 为相关系数对应区域。

功能：返回相关系数对应的特征值、特征向量和贡献率。

以下举例说明。

假定相关系数区域 data 对应的单元格区域为 b15:e18，输出单元格区域为 a20:f24。具体过程如下：

选择输出单元格区域 a20:f24，按 F2 键，输入格式“＝jcbi（b15:e18）”，按组合键 Ctrl＋Shift＋Enter，这样在 a20:f24 区域自动显示出结果，详见表 A—8。

表 A—8　　**Excel 中计算结果输出**

	A	B	C	D	E	F
⋮						
14		相关系数				
15		1.000 0	0.713 2	0.855 2	0.893 0	
16		0.713 2	1.000 0	0.703 8	0.586 9	
17		0.855 2	0.703 8	1.000 0	0.567 1	
18		0.893 0	0.586 9	0.567 1	1.000 0	
⋮						
20	特征值	v(i，1)	v(i，2)	v(i，3)	v(i，4)	贡献率
21	3.170 2	0.548 3	0.471 1	0.494 8	0.482 3	0.792 6
22	0.493 0	−0.213 9	0.516 9	0.433 5	−0.706 5	0.123 2
23	0.322 6	−0.222 4	0.714 6	−0.631 5	0.202 6	0.080 6
24	0.014 2	−0.777 3	−0.014 4	0.410 4	0.476 6	0.003 5

参考文献

[1] 顾岚．时间序列分析预测与控制．北京：中国统计出版社，2003.
[2] 盛骤等．概率论与数理统计（第三版）．北京：高等教育出版社，2005.
[3] 冯文权．经济预测与决策（第五版）．武汉：武汉大学出版社，2008.
[4] 同济大学数学系．新编统计学教程．北京：高等教育出版社，2008.
[5] 安鸿志．时间序列分析．上海：华东师范大学出版社，1992.
[6] 张有为．预测的数学方法．北京：国防工业出版社，1991.
[7] 李华，胡奇英．预测与决策．西安：西安电子科技大学出版社，2005.
[8] 朱冰静，朱宪辰．预测原理与方法．上海：上海交通大学出版社，1991.
[9] 陈玉祥，张汉亚．预测技术与应用．北京：机械工业出版社，1985.
[10] 魏权龄．数据包络分析．北京：科学出版社，2006.
[11] 陈铤．决策分析．北京：科学出版社，1987.
[12] 彭勇行．管理决策分析．北京：科学出版社，2000.
[13] 韩伯棠．管理运筹学．北京：高等教育出版社，2002.
[14] 吴仁群．Excel 财务量化分析．北京：中国人民大学出版社，2003.
[15] 王维鸿．Excel 在统计中的应用．北京：中国水利水电出版社，2004.
[16] 于洪彦．Excel 统计分析与决策．北京：高等教育出版社，2001.
[17] 刘善存．Excel 在金融模型分析中的应用．北京：人民邮电出版社，2004.

图书在版编目(CIP)数据

经济预测与决策/吴仁群主编．—2版．—北京：中国人民大学出版社，2015.6
通用管理系列教材
ISBN 978-7-300-21366-8

Ⅰ.①经… Ⅱ.①吴… Ⅲ.①经济预测-高等学校-教材②经济决策-高等学校-教材 Ⅳ.①F20

中国版本图书馆CIP数据核字（2015）第113966号

通用管理系列教材
经济预测与决策（第二版）
主　编　吴仁群
Jingji Yuce yu Juece

出版发行	中国人民大学出版社		
社　　址	北京中关村大街31号	**邮政编码**	100080
电　　话	010－62511242（总编室）		010－62511770（质管部）
	010－82501766（邮购部）		010－62514148（门市部）
	010－62515195（发行公司）		010－62515275（盗版举报）
网　　址	http://www.crup.com.cn		
经　　销	新华书店		
印　　刷	北京鑫丰华彩印有限公司	**版　　次**	2011年9月第1版
规　　格	185 mm×260 mm　16开本		2015年6月第2版
印　　张	14.25插页1	**印　　次**	2021年4月第6次印刷
字　　数	304 000	**定　　价**	28.00元

教师教学服务说明

中国人民大学出版社管理分社以出版经典、高品质的工商管理、统计、市场营销、人力资源管理、运营管理、物流管理、旅游管理等领域的各层次教材为宗旨。

为了更好地为一线教师服务，近年来管理分社着力建设了一批数字化、立体化的网络教学资源。教师可以通过以下方式获得免费下载教学资源的权限：

在中国人民大学出版社网站 www. crup. com. cn 进行注册，注册后进入“会员中心”，在左侧点击“我的教师认证”，填写相关信息，提交后等待审核。我们将在一个工作日内为您开通相关资源的下载权限。

如您急需教学资源或需要其他帮助，请在工作时间与我们联络：

中国人民大学出版社　管理分社

联系电话：010－82501048，62515782，62515735

电子邮箱：glcbfs@crup. com. cn

通讯地址：北京市海淀区中关村大街甲 59 号文化大厦 1501 室（100872）